高等法律职业教育系列教材
审定委员会

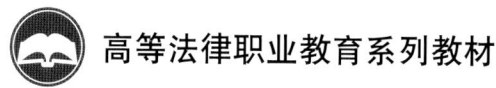

高等法律职业教育系列教材

犯罪预防

FANZUI YUFANG

主　编○齐　霞　许戈垠

主　审○许保疆　牟绍龙　董　状

副主编○贾甲麟　王凌云　刘洪群

撰稿人○(以编写内容先后为序)

齐　霞　许戈垠　田　鹏　许保疆

王凌云　林　岚　程孟良　牟绍龙

刘洪群　王明才　侯　文　董　状

贾甲麟　田加知

中国政法大学出版社

2019·北京

总 序
Preface

　　高等法律职业化教育已成为社会的广泛共识。2008 年，由中央政法委等 15 部委联合启动的全国政法干警招录体制改革试点工作，更成为中国法律职业化教育发展的里程碑。这也必将带来高等法律职业教育人才培养机制的深层次变革。顺应时代法治发展需要，培养高素质、技能型的法律职业人才，是高等法律职业教育亟待破解的重大实践课题。

　　目前，受高等职业教育大趋势的牵引、拉动，我国高等法律职业教育开始了教育观念和人才培养模式的重塑。改革传统的理论灌输型学科教学模式，吸收、内化"校企合作、工学结合"的高等职业教育办学理念，从办学"基因"——专业建设、课程设置上"颠覆"教学模式："校警合作"办专业，以"工作过程导向"为基点，设计开发课程，探索出了富有成效的法律职业化教学之路。为积累教学经验、深化教学改革、凝塑教育成果，我们着手推出"基于工作过程导向系统化"的法律职业系列教材。

　　《国家中长期教育改革和发展规划纲要（2010~2020 年）》明确指出，高等教育要注重知行统一，坚持教育教学与生产劳动、社会实践相结合。该系列教材的一个重要出发点就是尝试为高等法律职业教育在"知"与"行"之间搭建平台，努力对法律教育如何职业化这一教育课题进行研究、破解。在编排形式上，打破了传统篇、章、节的体例，以司法行政工作的法律应用过程为学习单元设计体例，以职业岗位的真实任务为基础，突出职业核心技能的培养；在内容设计上，改变传统历史、原则、概念的理论型解读，采取"教、学、练、训"一体化的编写模式。以案例等导出问题，根据内容设计相应的情境训练，将相关原理与实操训练有机地结合，围绕关键知识点引入相关实例，归纳总结理论，分析判断解决问题的途径，充分展现法律职业活动的演进过程和应用法律的流程。

法律的生命不在于逻辑，而在于实践。法律职业化教育之舟只有驶入法律实践的海洋当中，才能激发出勃勃生机。在以高等职业教育实践性教学改革为平台进行法律职业化教育改革的路径探索过程中，有一个不容忽视的现实问题：高等职业教育人才培养模式主要适用于机械工程制造等以"物"作为工作对象的职业领域，而法律职业教育主要针对的是司法机关、行政机关等以"人"作为工作对象的职业领域，这就要求在法律职业教育中对高等职业教育人才培养模式进行"辩证"地吸纳与深化，而不是简单、盲目地照搬照抄。我们所培养的人才不应是"无生命"的执法机器，而是有法律智慧、正义良知、训练有素的有生命的法律职业人员。但愿这套系列教材能为我国高等法律职业化教育改革作出有益的探索，为法律职业人才的培养提供宝贵的经验、借鉴。

2016 年 6 月

前　言
Foreword

　　"预防是最好的治疗"，犯罪预防学是一门新兴的学科，理论体系、结构和学科内容并不很完善，在为数不多的犯罪预防教材中，选取一本适合高职学生的教材并不容易，故教材编写组于 2018 年 3 月向广东司法警官职业学院教材编写委员会提出编写申请，在近一年的编写过程中，各位编者克服种种困难，完成编写任务，使得教材与大家见面，实属不易。

　　本教材呈现三个特点：一是力求完整、准确、深入浅出地阐述犯罪预防的基本概念、基本原理和基础知识。二是注重内容的科学性和实用性，注重阐述犯罪状况、成因，同时吸收当代犯罪预防理论研究的最新成果，以期提高教材的学术水平和应用价值。三是选取"有意思"的知识放于"拓展阅读"中，为课后延展学习提供线索。编写过程中，我们使用"典型"和"新鲜"两个标准对案例和数据进行选择。故本教材中的大多数案例是当年的"热点"或"焦点"，案例、数据主要源自近三年，个别案例是在最终定稿前发生的。

　　本教材分三编，十六个学习单元。上编"犯罪预防基础知识认知"包括五个学习单元，系统地介绍犯罪预防的基本概念、基础理论，揭示犯罪是诸多社会因素和个体因素彼此联系、相互作用的结果和反映；中编"犯罪预防的方式和手段"包括第六至第十学习单元，针对犯罪的社会预防、犯罪控制及被害人预防进行整体阐述，包括犯罪的宏观社会预防、微观社会预防及犯罪的治安控制、刑罚控制等；下编"典型犯罪预防分析"，包括第十一至第十六学习单元，针对恐怖主义、网络、诈骗、毒品、盗窃、未成年人等典型犯罪预防进行专门探讨。

　　本教材由齐霞（广东司法警官职业学院）、许戈垠（中国人民公安大学）担任主编并统稿，许保疆（深圳市中级人民法院）、牟绍龙（云南省红河州金平县公安局）、董状（深圳铁路公安处宣教室）担任主审，贾甲麟（广东司法警官职业学院）、王凌云（广东司法警官职业学院）、刘洪群（广东省司法厅）担任副主编，另有田鹏（重庆市公安局）、程孟良（广东司法警官职业学院）、王明才（山东省淄博市沂源县公安局）、侯文（广东省公安厅）、田加知（广东司法警官职业学院）、林岚（广东司法警官职业学院）等行业专家和教师参与编写。在编写过程中，方子祺和王玺宇两位同学积极寻找网络案例，为编写工作提供了大量网络素材。

各学习单元的具体撰写分工如下：

齐　霞：第一、十六学习单元；

许戈垠：第二、四学习单元；

田　鹏：第三学习单元；

许保疆：第五学习单元；

王凌云：第六学习单元；

林　岚：第七学习单元；

程孟良：第八学习单元；

牟绍龙：第九学习单元；

刘洪群：第十学习单元；

王明才：第十一学习单元；

侯　文：第十二学习单元；

董　状：第十三学习单元；

贾甲麟：第十四学习单元；

田加知：第十五学习单元。

本教材完稿之后，许保疆支队长、牟绍龙局长、董状主任对本教材再次进行认真审读，并提出宝贵的修改意见，我们在编写过程中吸收了许多学者的理论观点和实践专家的劳动成果，所以，本教材是站在这些"巨人肩膀上"的成果，在此一并表示衷心的感谢。

由于我们经验不足，水平有限，书中的缺点、疏漏和不足之处在所难免，恳请广大读者、同仁批评指正。

编　者

2018 年 9 月 9 日于广州

中编　犯罪预防的方式和手段

下编　典型犯罪预防分析

上编　犯罪预防基础知识认知

学习单元一

犯罪预防学概述

项目一　犯罪的涵义

📖 学习导语

　　法律之所以具有威严，就在于它是一把刚性的尺子，不会因时因事而动，更不会弹性处理。

📖 学习情境1

　　安徽怀远县一小学生赖某任该班副班长兼语文科代表，拥有检查作业、监督背书等权力。他多次以检查同学作业、学习进度为由，收受被检查同学的"贿赂"几万元，逼迫没有贿赂他的同学吃屎喝尿。赖某全班只有7个人，他上网、上学，有专门的孩子骑自行车接送，他要来的钱，有专门的孩子替他保管……实际上赖某个头矮小，不过12岁，却把这点权力运用到了极致。他在5年多内硬是从6个零花钱只有十几块的小朋友手里搜刮出2万多元，平均一年敛财竟达4000余元……

一、犯罪的概念

　　犯罪是一种反社会的行为，也是危害社会的丑恶现象，既包含法定犯罪，又包含非法定犯罪（主要指严重危害社会，但因法定责任条件的限制而不受刑事处罚的准犯罪、某些处于犯罪临界点的违法行为、待犯罪化的行为、严重越轨行为等），都是应当受到限制、禁止乃至处罚的，亟待治理的行为。

二、犯罪的特征

　　犯罪预防学中的"犯罪"同刑法所规定的"犯罪"有所不同，刑法学研究犯罪现象的目的是为了严格按照《刑法》规定定罪量刑，而犯罪预防学研究的犯罪不仅包括刑法中所规定的犯罪，也包括刑法中没有规定但对社会具有严重危害的行为，如卖淫嫖娼、赌博等。这些危害社会的行为，在我国刑法未明确规定，但在其他法律中有所规定，犯罪预防学的研究对象就应当包括这些危害社会的违法行为。

1. 犯罪是一种社会现象，是为法律所确认的。

2. 犯罪预防学中认定"犯罪"还依据了除《刑法》以外的其他法律，包含了违法行为，违法行为不仅会危害掌握政权的统治阶级的政治和经济利益，而且也会对社会生活造成危害。

3. 犯罪预防学中认定"犯罪"还包含不良行为，这样能更完整地把握犯罪发展进程，特别是对青少年的不良行为应该从小抓起和从小事抓起，防微杜渐，有效地预防犯罪和治理犯罪。

三、犯罪预防学中犯罪与刑法学中犯罪的异同

刑法学上的犯罪是狭义的犯罪，犯罪预防学上的犯罪，是在刑法学上的犯罪基础上发展起来的，是以刑法作为依据，但却不局限于刑法的规定，还包括其他法律文件所规定的违法行为，以及有可能发展为犯罪的不良行为。犯罪学中有关犯罪的概念对犯罪预防学中犯罪的概念起到至关重要的影响作用，但是作为犯罪预防学的科学价值观，其主要的功能在于超前预防，"防患于未然"是其价值体现。如果将犯罪预防学研究拘泥于刑法学规定之内，坚持犯罪的法律定义，就会产生如下问题：

1. 犯罪预防学不能仅局限于对刑法规定的犯罪行为进行研究。若犯罪预防学仅局限于对刑法规定的犯罪行为予以研究，缺乏运用已经发生变化的价值观念对法定犯罪以外的有害于社会行为研究，犯罪预防学将成为一门滞后的学科，犯罪预防学的生命力将荡然无存。

2. 刑法不可能把一切犯罪行为规定在刑法之中。刑法不可能对新出现或未来将出现的犯罪加以规定，犯罪预防学若对此不予研究，就必然失去对具有极大社会危害性犯罪行为的客观规律的把握，预防就失去了意义，犯罪预防学也失去了建立的必要和基础。

3. 法律规定的犯罪具有相对性。现在规定的法定犯罪行为，过一段时期可能不再是犯罪的行为，甚至是符合社会道德规范的行为，如我国旧刑法规定的"投机倒把罪"被取消；过去不是犯罪的行为或还没有被列入犯罪的行为，随着社会的发展和法制建设的发展则可能成为严重危害社会的行为，如法人犯罪等。

项目二 犯罪预防的涵义

🔖 **学习情境2**

2015年9月，被告人余某的妻子周某怀孕，2015年底，余某让被告人高某寻找需

要婴儿并能支付 6 万元"营养费"的人。经高某联系，被告人黄某某因儿媳结婚多年未生育，愿意收养。经协商，余某同意以 5.6 万元的价格将婴儿"送"给黄某某。2016 年 6 月 21 日，余某以假名为周某办理住院手续，次日周某生育一男婴。6 月 23 日，余某以给孩子洗澡为由私自将男婴从家中抱走送给黄某某，得款 5.6 万元。黄某某将男婴带至安徽省淮北市相山区家中抚养。男婴母亲周某获悉后到公安机关报案，公安人员至黄某某住处将被拐卖的男婴解救。安徽省淮北市相山区人民法院经审理认为，被告人余某以非法获利为目的出卖亲生子，被告人高某居间介绍，二被告人的行为均已构成拐卖儿童罪。被告人黄某某对被拐卖的儿童予以收买，其行为构成收买被拐卖的儿童罪。高某在共同犯罪中起次要作用，系从犯，可依法减轻处罚。黄某某收买被拐卖的儿童抚养，对被拐卖的儿童没有虐待，未阻碍解救，可依法从轻处罚。依照刑法有关规定，以拐卖儿童罪判处被告人余某有期徒刑 5 年，并处罚金人民币 3 万元；以拐卖儿童罪判处被告人高某有期徒刑 3 年，缓刑 3 年，并处罚金人民币 1 万元；以收买被拐卖的儿童罪判处被告人黄某某有期徒刑 6 个月，缓刑 1 年。

本案是一起出卖亲生子女构成犯罪的典型案例。当前，在司法机关严厉打击下，采取绑架、抢夺、偷盗、拐骗等手段控制儿童后进行贩卖的案件明显下降，但父母出卖亲生子女的案件仍时有发生。子女不是父母的私有财产，孩子应该享有独立人格尊严，绝不允许买卖。无论孩子年纪大小，父母都无权以爱为名剥夺他们的生命，孩子的生命权必须得到保护和尊重。根据 2010 年最高人民法院、最高人民检察院、公安部、司法部发布的《关于依法惩治拐卖妇女儿童犯罪的意见》第 16 条规定，以非法获利为目的，出卖亲生子女的，应当以拐卖妇女、儿童罪论处。没有买就没有卖，收买与拐卖相伴而生，《刑法修正案（九）》对收买被拐卖的妇女、儿童罪作了重大修改，删除了原规定具备特定情节可以不追究刑事责任的条款，体现了对买方加大惩治力度的精神。本案被告人黄某某主观上虽然是为帮助他人收养而收买被拐卖的儿童，但其行为同样构成犯罪。

一、犯罪预防的概念和特征

（一）犯罪预防的概念

犯罪预防是指国家、社会和个人为消除或减少犯罪原因，针对犯罪现象产生的各种主客观因素，科学预测犯罪的发展趋势，在犯罪行为发生之前采取的，旨在减少或消除诱发犯罪的犯罪原因，加强社会监督与社会控制，防止和减少犯罪而采取的一系列防范策略和控制措施的总和。

（二）犯罪预防的特征

1. 预防犯罪的主体是国家、社会和公民个人，不仅是国家刑事司法机关。犯罪是复杂的社会现象，是多种社会因素和社会矛盾以及个体因素综合作用的结果。预防犯罪不能只靠一个机关或一个部门，而需要全社会参与，需要各部门齐抓共管通力合作，既要依靠公安、检察、法院等专门机关的骨干力量，及时、有力地打击犯罪，又要充分发挥社会各界包括公民个人的力量。

2. 犯罪预防的对象是犯罪原因和条件。犯罪预防以科学分析犯罪原因为前提，通过发展经济不断提高人们的物质生活水平，同时提高人们的道德素养和守法意识，减少社会矛盾冲突，消除和减少犯罪产生的原因，治安预防和刑罚预防减少和消除犯罪发生的有利条件，防止犯罪人重新犯罪，防止有犯罪倾向的人以及普通公民堕入犯罪深渊。

3. 预防犯罪的目标是减少和控制犯罪发生。在现实社会中，犯罪的存在是不可避免的，想要消灭犯罪是不切实际的，预防犯罪的现实目标是通过消除、减少犯罪发生的原因和条件，减少和控制犯罪发生。犯罪虽然是一种复杂的社会现象，但犯罪现象是由各种社会因素决定的，其形成与多种社会现象之间具有因果性或相关性，同时，犯罪的产生、发展和变化也是有规律可循的，认识并掌握这些规律，就能够积极、主动采取防范措施，防止犯罪发生。

4. 犯罪预防是一系列防范策略和控制措施所组成的对策体系。犯罪是一个综合的社会问题，诱发促成犯罪的原因是复杂的、多方面的，不仅涉及社会的政治、经济、文化、教育等问题，也涉及具体行为人的家庭、学校、社区环境等客观原因，而且还涉及主观的生理和心理等因素。与此对应，犯罪预防应该是多环节、多层次的对策体系，犯罪预防措施的制定、犯罪预防体系的建立都必须与犯罪原因的体系设置相联系。

（三）犯罪预防的目的

犯罪预防的目的是在对犯罪现象进行预测基础上，采取某种行为来消除或降低犯罪的危险性，控制犯罪行为不发生或者使之降到最低限度，防止犯罪活动对社会造成的危害，而且也使可能违法犯罪的人不因其行为后果而受到危害。

二、犯罪预防的可能性

犯罪能否预防？能在何种程度上被预防？有人认为犯罪是天生的，是由行为人的生理因素、遗传因素所决定的，犯罪无法预防。有人认为犯罪是一种永恒的社会现象，犯罪的预防和消除是不可能的。如法国社会学家迪尔凯姆认为，"犯罪并非社会病理现象，而是与社会共存亡的一种正常的、必然的现象"，"犯罪的发生是不可避免的，消除犯罪的唯一条件是集体意识完全支配个体意识，但是这样的社会是不存在的"。

我国犯罪学界普遍认为，犯罪是阶级社会特有的一种社会历史现象，会随着生产力水平的不断提高和生产方式基本矛盾的不断解决而逐渐减少直至最终消灭，但这一过程是相当漫长、艰难的，在现有的社会条件下，犯罪只能在一定程度上得到控制和预防。目前我们寻找出犯罪形成的各种原因和条件，正确地认识、把握犯罪发生、发展及其变化的规律，预防犯罪、减少犯罪就是完全可能的。

（一）犯罪的产生及其变化是有规律的

犯罪现象虽然纷繁复杂，变化多样，但与其他社会现象一样，是有规律可循的，这些规律是能够被认识、掌握并加以控制的。犯罪学研究表明：透过犯罪现象的状况、结构和动态的描述，能够寻找出犯罪发生、发展及其变化的规律，并且可以运用这些规律采取有效对策，预防犯罪、减少犯罪。

（二）产生与引起犯罪的诸因素之间存在着一种不可分割的因果联系

从宏观来讲，犯罪现象是社会政治、经济、文化、教育等多种原因综合作用的结果；从微观看，具体犯罪行为的发生是行为人主客观因素的综合产物，只要寻找出发生犯罪的原因，相应地采取措施，就能有效地控制、阻止或消除形成犯罪的原因和条件，减少或防止犯罪的发生。

（三）犯罪心理的形成及犯罪行为的发展变化是一个由量变到质变的过程

犯罪学理论告诉我们，犯罪心理的形成过程不管长短怎样，都是各种内在与外在因素相互作用的结果。犯罪心理的外化，必须通过犯罪行为加以实施。犯罪行为的实施需要一个过程，受到各种外界因素的制约。正是因为任何犯罪都有一个生成过程，这个过程的产生、变化和结局，必然受到主观因素和客观因素的作用和制约，而这些因素，是可以消除或者改变的，所以，通过一定的渠道和方式，运用人所特有的能动性消除或改变犯罪生成的因素，阻截犯罪生成的过程，改变行为主体个人的发展方向，是完全可能的。

项目三 犯罪预防学的研究对象

学习情境3

2017年6月10日，一条时长51秒的视频在微博和微信朋友圈"刷了屏"，视频显示，在一场婚礼内，两名男子分坐在伴娘身边，对伴娘袭胸脱衣。伴娘喊叫，甚至咬其中一名男子手臂，均未能阻止两名男子，两名男子将伴娘裙子掀开，称要脱掉其内衣。

……

2017年8月12日晚7时许，在南京高铁南站候车室，一名20岁左右的小伙段某某，将一名叫自己哥哥的12~13岁的小女孩抱坐在大腿上，并将手伸进女孩的裙内，在其胸部"活动"，小女孩神情麻木，没有拒绝。

……

无论是在街头还是在喜庆的婚礼上，无论是针对陌生人还是朋友之间，猥亵女性就是违法行为，侮辱他人就要承担法律责任；猥亵儿童应当从重处罚。学习情境3中的嫌疑人当众将手伸进被害人的衣服内抚摸其胸部，而胸部属于性象征意义的隐私部位，该案发生在公共场所，人流量大，影响恶劣，说明嫌疑人主观恶意很深，对这种行为应该加大打击力度。我国刑法并没有规定"亲情关系"可以减轻对犯罪嫌疑人的处罚。在司法实践中，有亲生父母强奸或猥亵未成年子女的案件，依照法律规定，司法机关更应予以从严惩处。

上文中伴郎胡某某（男，21 岁）和陈某某（男，19 岁）最终因涉嫌强制猥亵，被当地警方逮捕；上文中的嫌疑人段某某（男，18 岁）因涉嫌猥亵儿童被依法刑事拘留。

犯罪预防学是一门运用社会科学与自然科学方法，系统研究犯罪预防问题及其规律的独立的综合学科，研究对象涉及犯罪预防学的本体范畴、学科性质、理论体系、研究方法、科学价值等。

一、对犯罪预防学研究对象的历史评价

（一）对犯罪预防学研究对象的历史回顾

任何一门学科都必须有自己的研究对象，缺乏独立研究对象的学科是不能成为一门学科的。犯罪学成立二百多年来，关于研究对象的认定及其范围的广狭程度等问题始终有争议，中国真正开展犯罪预防学研究与教学仅有二十余年历史。真正意义上，犯罪预防学成为一门独立的学科并对其加以研究的历史更短，但是国内学者们对开展对犯罪预防研究的必要性观点取得了一致：主张对犯罪预防学研究对象及其基础理论进行专题研究，为犯罪预防学的诞生和发展提供了较为广阔的土壤。纵览已出版的犯罪预防学教科书和学术著作，相当一部分学者在其著作中，对犯罪预防问题都有涉及，尽管在这些研究上的篇幅较少或涉及的仅是皮毛或星星点点，但从来都不排斥对犯罪预防的研究。

（二）相关学科的研究缺陷

研究犯罪、犯罪现象或犯罪预防的学科很多，刑法学、刑事诉讼法学、刑事执行法学（监狱学）、刑事侦查学、司法精神病学等都在各自的基点上研究犯罪及犯罪预防问题，但同时也暴露了犯罪预防学研究的弊病，几乎或很少有就犯罪预防进行专门研究的学科，犯罪预防学在纯理论和罪因研究上花费了太多精力，忽略了犯罪预防在实证方面的巨大功能，近二十年的犯罪预防实践告诉了一个事实：刑事案件发案率始终处于高发阶段，预防犯罪、遏制和控制犯罪等方面的研究并未发挥应有的实效。

二、犯罪预防学的研究对象

每门学科都有特定的研究对象，犯罪预防学的研究对象是什么，独特性在哪里？犯罪预防学研究对象有较大的随意性，可以以犯罪行为为研究对象，着重研讨刑罚预防；可以以犯罪人为研究对象，着重研讨犯罪人实施犯罪行为的内在原因；可以以犯罪现象为研究对象，着重研讨犯罪的社会原因及其外在因素……上述研究对象的研究成果，在犯罪预防上或多或少都能涉及。作为专门研究犯罪预防的犯罪预防学的研究对象主要是：其一，以犯罪预防为研究的基本出发点；其二，犯罪预防学要重点研究犯罪的行为结构模式，并寻找犯罪预防的重点；其三，犯罪预防学以预防为要旨、为本体，研究现代犯罪预防的体系和机制；其四，犯罪预防学着重探讨犯罪的原因与预防对策的运用和实证；其五，犯罪预防学研究犯罪预防和国家安全、社会稳定、经济和社会发展的可持续战略和区域社会发展战略问题；其六，最重要的是，犯罪预防学要研究具体的各种类型犯罪及其具体预防对策。

三、研究犯罪预防学研究对象的意义

（一）犯罪预防学对犯罪问题的认识，从过去单一的从"犯罪"为本位，变为从"犯罪"与"预防"双本位角度

将犯罪与预防双方结合起来予以综合考察、研讨，扩大了对犯罪问题研究的认识领域，有利于全面、客观地解释人类社会存在的犯罪问题，重新审视在犯罪预防方面的得与失，重新规划在犯罪预防方面的政策和对策。

（二）犯罪预防学研究将注意力调整到注重犯罪预防对策

犯罪预防对策的研究，使犯罪预防学的研究成果能更有效地为刑事立法提供决策依据，直接为司法工作提供可供参考的实证，犯罪预防学的研究成果为刑事司法所吸收和接受，充分发挥出犯罪预防学服务社会的功能。

（三）犯罪预防学以其独特的、可操作性的措施和方法，为犯罪预防实践提供具体的模式

犯罪预防学及其相关科学从理论的象牙塔中跳脱出来，发挥犯罪预防学应有的科学价值。

拓展阅读

别不当回事，一转身你可能就是犯罪嫌疑人 [1]

犯罪，是指对犯罪各种内在、外在特征的高度、准确的概括，是对犯罪的内涵和

---

[1] 参见"常见 23 种'没事'，一转身你就是犯罪嫌疑人！真的不是在吓你！"，https：//mp. weix-in. qq. com/s/vHfkJFp3mft_ FHM2I12D8Q，2018－12－21。

外延的确切、简要的说明。大家看着犯罪这个词的解释，会觉得犯罪离自己很远，但是真的是这样吗？

一个简单的案例：三兄弟"桃园结义"、举杯豪饮，觥筹交错一番后，甲不省人事，乙、丙晕头转向。酒后三人回住处，乙、丙一路搀扶甲，行至屋外，将甲放下，各自回屋倒头便睡。时值寒冬腊月，屋外兄弟衣衫单薄，天为被、地为席。第二天早上悲剧发生，甲被冻死，乙、丙涉嫌过失致人死亡。

喝个酒就有可能犯罪了，所以犯罪离我们并不远！它也许就隐藏在你的一个个不小心之中。

1. 假如，你是一个"学霸"，你有一个"学渣"的好兄弟，或者好姐妹，他（她）在高考的时候叫你去帮他（她）考试，你替他（她）去考了，结果被抓住，你可能构成代替考试罪。

2. 假如，你是"学霸"旁边的那个"学渣"，眼看着"学霸"就要如愿考上理想的大学了，再看看自己的成绩，不平衡。于是你通过非法的手段，上网把"学霸"的志愿给篡改了，殊不知可能构成破坏计算机信息系统罪。

3. 假如，你是一个工人，老板拖欠你的工资，你用尽了各种办法，老板就是不发工资。于是你一怒之下，把老板打了一顿，还打伤了，这个时候你就有可能构成故意伤害罪；或者，你把老板给拘禁了，要他发工资，你的行为可能构成非法拘禁罪！或者，你看着老板的车非常不顺眼，把车给砸了，你的行为可能构成故意毁坏财物罪；或者，在上班的时候，看着那轰轰的机器，想起了自己的工资，生气了，把机器给砸了，你的行为可能构成破坏生产经营罪；或者，你看着工厂的设备，不砸，但是你默默地拿走设备抵工资，你的行为可能构成盗窃罪。

4. 假如，你还是一个工人，但是你的工作环境是赌场，你每天负责开车接送赌徒、端茶倒水、核对身份、发牌……甚至专门给人开车门。那么你的行为可能涉嫌开设赌场罪，虽为从犯，一样要被判刑，一般在3年以下量刑。

5. 假如，你是一个老板，可是你很吝啬，怎么也不愿意给员工工资，还转移自己的财产，那你的行为可能构成拒不支付劳动报酬罪。或者，你在从事生产经营的过程中，并没有取得相关的许可就从事法律禁止的相关活动，扰乱市场秩序。这时，你的行为可能构成非法经营罪！你还是一个老板，你依旧欠钱，这一次，欠了人家几十万不还。对方起诉了，法院判决下来，要拿你的车去拍卖还债，但是，你不配合，还偷偷地把车卖给别人，这时，你的行为可能构成拒不履行法院判决、裁定罪。

6. 假如，你是一个淘宝或者微信的卖家，你觉得那些高仿的品牌销量不错，也去卖，那你的行为可能构成销售假冒注册商标商品罪或销售伪劣产品罪。或者，你看到××牌的减肥药不错，然后，你明知该药含有国家禁止使用的制剂和原料的情况下，仍在网上销售含有该成分的减肥药品，你的行为可能构成销售假药罪。

7. 假如，你建个微信群，在群里发淫秽小视频，你的行为可能构成传播淫秽物品罪，后来群变大了，你觉得可以盈利，就建个会员制收费，你的行为可能构成传播淫秽物品牟利罪。

8. 假如，你是一个"愤青"，觉得世界太黑暗，但是自己闲着无聊，就编造点虚假的灾情、警情，在微信等自媒体上传播，或者明知是别人编造的虚假信息，在微信等自媒体上传播，你的行为确实可能吸引了眼球，但你的行为可能构成编造、故意传播虚假信息罪。

9. 假如，你和朋友去酒吧喝酒，看到对面的姑娘挺漂亮的，在酒精的作用下，调戏了那个姑娘，还不管姑娘的反抗，摸了不该摸的地方，这个时候你可能构成猥亵妇女罪。不巧的是，当你得手离开继续喝酒，姑娘的男朋友出现了，找你们理论，你们打了他一顿，你们的行为就可能构成寻衅滋事罪。由于你们的人数多，姑娘的男朋友表示不服，要约架，找回丢失的尊严。于是，你们答应了，并找了一帮人，对方找了一帮人，干了一架，你们的行为就可能构成聚众斗殴罪。打架的时候，你下手狠了，捅了对方一刀，重伤，那你的行为就可能构成故意伤害罪；把人扎死了，那你的行为就构成故意杀人罪。

10. 假如，仍旧是在酒吧喝酒，喝酒的时候，你很安分，没有惹事，但在喝完要回家时，这个时候你不找代驾，自己开车上路，后来被交警逮住了，血液酒精含量又大于80mg/100ml，那你的行为就构成危险驾驶罪。在交警执法的时候，你不配合交警，还把交警给打了，被打交警受了轻微伤，此时你就涉嫌妨害公务罪。或者你开车上了路，不小心把他人撞成了重伤，你的行为就可能构成了交通肇事罪。接着，你看着把人撞伤了，慌了，逃逸！然后，你在逃的时候一路跌跌撞撞地又撞死、撞伤了好几个人，那你的行为就可能构成以危险方法危害公共安全罪。

11. 假如，你开车出了事故，或者没出事故，但是你想骗保险公司点钱用。于是，你故意编造事故、制造事故、夸大损失程度向保险公司索赔，这个时候，你的行为可能涉嫌保险诈骗罪。

12. 假如，你开车出了事故，把人给撞了，不知死活。但是你非常害怕，然后去找人顶替你，此时你构成交通肇事罪，顶替你的人构成包庇罪！

13. 假如，在你开的宾馆、旅店、理发店，或者是你自己家，你明知有人卖淫而提供场所，即涉嫌容留卖淫罪。

14. 假如，你是一个行人，在马路上走，撞了别人一下，别人骂了你，你在马路上推搡他，结果他摔倒撞在马路牙上或者被后面的车给撞死了，那你的行为可能构成过失致人死亡罪，如果你打了他一拳，伤情鉴定轻伤以上，你的行为可能构成故意伤害罪。

15. 假如，你有一张信用卡，信用额度1万元，开卡初期规律还款，不久后，信用额度飙升至10万元。于是你透支本金1万多。次月，银行来电催收几次，你均信誓旦旦马上还款。但那段时间恰逢租房"押一付三"，哥们儿扎堆结婚，月工资3700元，哪里招架得住。又过了 3 个月仍未还款，这时你可能构成信用卡诈骗罪！

16. 假如，你面临着就业、参军等情形，为了满足某些需要，你去伪造、变造、买卖假证件。这时，你的行为可能构成伪造、变造、买卖国家机关公文、证件、印章罪。

17. 假如，你家停电了，你在桌子上点了一根蜡烛，后来你睡着了，整栋房子都被烧了，你的行为可能构成失火罪。

......

身在江湖，你"一不小心"，就可能深陷牢狱之灾。

学习单元二

犯罪现象

项目一　犯罪现象的涵义

学习导语

海恩法则：每一起严重事故的背后，必然有 29 次轻微事故和 300 起未遂先兆以及 1000 起事故隐患。

学习情境1

20 世纪 70 年代，美国一个名叫洛伦兹的气象学家在解释空气系统理论时说，亚马孙雨林一只蝴蝶偶尔振动翅膀，也许 2 周后就会引起美国得克萨斯州的一场龙卷风，这就是著名的蝴蝶效应。即，初始条件十分微小的变化经过不断放大，对未来状态会造成极其巨大的影响。

同理，犯罪个案也许对社会造成的危害性并不大，但是如不加以制止和控制，小事经系统不断放大，则对一个地区、一个城市、一个国家来说将会造成无法估量的灾害。

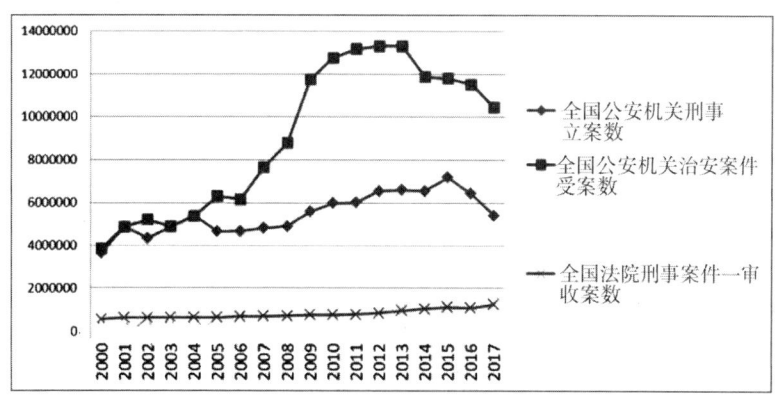

图 1　2000~2017 年全国公安机关案件受理和全国法院刑事案件一审情况

根据全国公安机关统计，2017 年全国刑事案件立案数同比有所下降，尤其是严重暴力犯罪案件下降幅度较大，刑事案件破案率明显提高，人民群众安全感和满意度大幅度提升。2017 年全国放火、爆炸、劫持、杀人、伤害、强奸、绑架、抢劫等严重暴力案件同比下降 15.6%。2017 年全国命案新发案件数量下降 9.7%，新发命案破案率高达 98.8%，全国命案积案破案数上升 95.1%，中国已成为世界上命案发案率最低的国家之一，每 10 万人发生命案 0.81 起。

从全国检察机关 2013~2017 年起诉的刑事案件的犯罪嫌疑人数来看，侵犯财产犯罪、妨害社会管理秩序犯罪、危害公共安全犯罪、侵犯公民人身权利民主权利犯罪、破坏社会主义市场经济秩序犯罪等是当前主要的犯罪类型，其中盗窃、诈骗、危险驾驶、故意伤害、走私贩卖运输制造毒品、交通肇事等占比例较大（见图 2）。从全国公安机关刑事案件立案数量来看，侵犯财产犯罪仍占主导，但传统的盗窃、诈骗、抢劫、抢夺等侵犯财产犯罪逐步减少，非接触性的、通过或发生在电信网络空间的侵犯财产犯罪逐步增加；非法集资、网络传销等涉众型经济犯罪持续高发；网络空间涉黄赌毒、贩卖枪支、倒卖公民个人信息等犯罪日益增多；社会关注度较高的食品药品安全犯罪、环境污染犯罪持续增加。

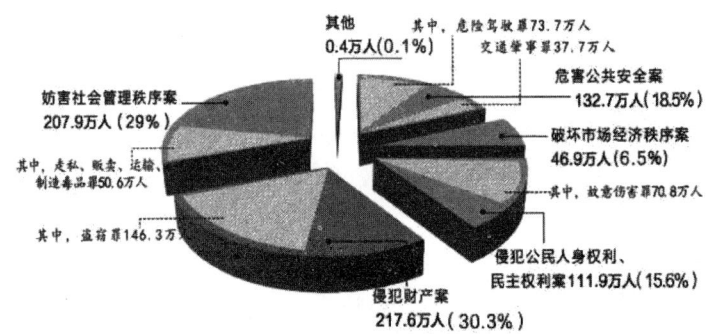

图 2　全国检察机关 2013~2017 年起诉的刑事案件犯罪嫌疑人情况

一、犯罪现象的概念

犯罪现象是指在一定时空条件下由犯罪原因所决定的有关犯罪、犯罪人及其被害人形态的诸客观事实的总和。

犯罪原因引发一定的犯罪现象，犯罪现象是一定犯罪原因的外化和结果。通过犯罪现象，可以查明犯罪现象背后的深层次犯罪原因，提出有的放矢的犯罪预防对策。对犯罪的规定和社会反应会随着时间和空间条件的变化而不同，在一定时空中，只有从这一前提出发，才能准确把握和正确理解犯罪现象的状态、结构和变化趋势等情况。

二、犯罪现象的特性

(一) 犯罪现象具有历史性

学习情境2

2018 年 7 月 5 日，印度一家慈善机构的修女和员工，因联手卖婴而被印度警方在印度东部贾坎德邦首府兰契抓捕。据指控，这两人至少从修女会卖出过 5 名婴儿。表面上心地善良的修女，实际却是买卖儿童的人贩，这样的事实已经足够让人失望，但更令人背脊发凉的是，类似事件并不是第一次发生。

自 20 世纪起，在西班牙一群道貌岸然的神父、修女、医生和护士的肆虐操纵下，30 万无辜的婴儿以各种各样的方式被贩卖给他人收养，甚至牵扯出一条遍布全球的黑色产业链。2011 年 7 月，西班牙一名 78 岁的老人向法院提起诉讼，要求寻找自己 40 年前失踪的新生婴儿。40 年前，老人在西班牙首都马德里一家诊所给出生 3 天的儿子喂奶时，一名护士抱走了孩子，此后却再也没有抱回来。2 天后，老人被告知孩子已经夭折，但她并未获得孩子的死亡证明。

这位老人的遭遇不是个案，在西班牙，数以千计的老人在 20 世纪 40 年代至 70 年代有过类似经历。2011 年初，人口贩卖受害者协会向西班牙总检察长提交了 261 起案件，随着西班牙检控机关接到更多伤心欲绝的父母的投诉，一个产生于弗朗哥独裁时代、肆虐了近半个世纪，由医生、护士和修女组成的贩婴网络越来越清晰。

1936 年，彼时独裁者弗朗西斯科·弗朗哥（Francisco Franco）通过兵变上台，随后开始在西班牙国内残酷逮捕和暗杀异己，手法之一便是夺走那些人的孩子。为了让这些孩子"从远离西班牙新政权的物质与精神痛苦中解放出来"，婴儿会被送往有利于政权的天主教家庭。然而，这种做法却逐渐扩大到了从贫困的家庭中偷走新生儿，由教会卖到外地或被卖给外国的收养者。20 世纪 30 年代到 90 年代，西班牙约有 30 万婴童以不同的方式被人从母亲身边带走，至今下落不明。

到了 20 世纪 50 年代之后，魔爪伸向了社会地位比较低的女性，比如妓女、非婚生子的女性以及贫困妇女身上。为了使整个事件更加掩人耳目，很多诊所的出生记录和墓地登记簿都被销毁，弗朗哥政府甚至在 1941 年出台了一项法律，允许将这些孩子的出生记录抹去，并为他们改姓。根据西班牙法律，为保护未婚生育的母亲，诊所可以在登记时为她们匿名，这也往往会成为遮掩偷盗婴儿罪恶的保护伞。直到 1987 年西班牙收养法改革之前，医生们都可以毫不费力地在生母一栏中写上养母的姓名。

在巨大的利益下，这种出于政治和宗教目的的贩婴行为在弗朗哥死后还持续了近20 年。修女、护士、医生将偷婴变为牟利手段，这一产业链一直持续到 20 世纪 90 年代，而范围也扩张到普通家庭。

尽管对犯罪定义的概括，古今中外各有所述，而犯罪现象是一个历史范畴，是与人类社会发展阶段相联系的，这是一个不争的事实。犯罪与法、阶级和国家都是源于私有制基础之上而产生的现象，犯罪现象不是人类社会与生俱来的。犯罪是一种历史现象，犯罪现象的存在不会是永恒的。犯罪的历史性的特征，决定了犯罪预防的基础，反映犯罪预防学存在的价值。犯罪的历史性特征也给了我们一个启示，那就是犯罪预防的真正目的是消除犯罪。

（二）犯罪现象具有阶级性

马克思在谈到犯罪时，从本质上揭示了犯罪的阶级性特征。统治阶级以法的形式规定某种行为为犯罪，其目的是维护其阶级利益，必然带有明显的阶级色彩。犯罪现象是一种法律现象，与国家和法有着不可分割的联系。因为一定的社会现象之所以被称为犯罪，是以国家强制力量作为后盾的，是以国家所颁布的法律中对其否定性评价为依据的。

（三）犯罪现象具有相对性

1. 法律是统治阶级意志的表现，必然带有一个国家的、民族的烙印，人们对罪与非罪的看法不可能完全统一。有些时候，统治阶级与被统治阶级对罪的看法可能不同，甚至相反。

2. 由于社会发展和进步，人们对犯罪的理解也在加深，在特定情况和社会制度背景下，判断某一行为是否为犯罪，也会有所不同。

3. 从刑法学犯罪的定义出发，犯罪只是法律规定的，但是由于法律调整，将新的犯罪写入法条，保证法律符合社会。

（四）犯罪现象具有法律性

法律规定的犯罪本质是对统治阶级利益的破坏，统治阶级为了维护自己的统治地位，安定社会秩序，把严重危害其利益的行为以法律形式规定为犯罪。

（五）犯罪现象具有社会性

犯罪同阶级、国家和法一样，是一定历史条件下的必然的，不以人的意志为转移的产物。从犯罪产生的原因、条件、所造成的危害以及实施犯罪行为的人来看，具有社会属性。犯罪是对社会关系的破坏，离开社会和社会关系，就无法理解犯罪。特定社会的犯罪现象，同该社会的经济结构、社会结构、政治形势、文化背景等有着密切联系，从而使犯罪具有一定的社会性。在不同历史类型的社会，犯罪具有不同的特点和规律，犯罪现象并非静止的，会随着社会的发展和变化而改变。

三、犯罪现象的基本组成

犯罪状况、犯罪结构、犯罪动态，以及犯罪所带来的消极后果及造成的损失，构成犯罪现象的总和。

（一）犯罪状况

现阶段我国犯罪数量平稳，重大案件的发生率未见增长。就犯罪类型来看，财产犯罪突出，暴力犯罪向恶性发展，性犯罪比重增加，职务犯罪层出不穷，毒品犯罪有增无减，黑社会组织犯罪有所下降，网络等新型智能犯罪手段和方式不断翻新。

（二）犯罪结构

犯罪结构是依据犯罪学原理，通过对各种犯罪进行分类确定比例关系。通过犯罪结构的测量、分析，对犯罪类型的社会危害性进行比较，对犯罪成员的构成作出评价，在总体上把握住犯罪活动的规律和特点，为某一类型犯罪的预防提供依据。

1. 犯罪性质的比例关系。其包括重罪与轻罪的比重；传统犯罪或新型犯罪所占比重；依据犯罪学原理所划分的各类犯罪的比重。

2. 犯罪成员身份结构特点。

（1）青少年（或未成年人）与老年人犯罪的比重，这种比例关系依据对一定年龄段的划分及其犯罪年龄群和非犯罪年龄群的比较来确定的。

（2）男性犯罪与女性犯罪的比重。

（3）初犯（偶犯）与重新犯罪的比重。

（4）不同职业或社会阶层成员犯罪的比重。

3. 犯罪的实施方式。犯罪实施方式是衡量一个国家或地区犯罪的组织化程度和破坏能量的主要依据之一。近年来，犯罪行为结构的变化突出反映在高科技犯罪和跨国犯罪的增多，随着高、新、尖技术的普遍应用，使新技术领域的犯罪越来越多，相对而言，这类犯罪的社会危害性也相对较大。从犯罪学角度看，可分为单独犯罪和有组织犯罪；自然人犯罪和单位犯罪。

4. 犯罪的空间分布。犯罪的空间分布特点表现为不同地理区域的犯罪率和犯罪类别的差异。作为测量基本范围的有：农村与城市、沿海地区与内陆地区、经济发达地区与经济不发达地区等空间范围内。

5. 犯罪的时间分布。犯罪的时间分布是指在一天的不同时刻或一年的不同季节中，犯罪数量和不同类型犯罪的发生率。

（三）犯罪规律

犯罪规律是指在一定时空条件下，犯罪的升降、涨落与犯罪变化发展的一般规律或必然倾向。

1. 犯罪高峰期。这是指在一定时期内，犯罪绝对数量最高的一段时间和犯罪的高发年龄段。

2. 犯罪趋势。这是指根据犯罪统计的归纳和概括而得出的一段时间内的犯罪发展动向，包括犯罪绝对量的增减，犯罪主体结构变化，犯罪行为结构变化。犯罪趋势是犯罪动态的客观反映，对于一定时期内刑事政策的制定具有重大参考价值，犯罪趋势变化与社会政治、经济形势、文化结构的变化有密切关系。

犯罪现象的发生会带来多方面的消极后果，在这些消极后果中，最直接的并且可以进行计量的是经济损失。

项目二　犯罪现象的分类

学习情境3

2018 年 3 月 1 日，60 岁的王大爷驾驶电动三轮车带着老伴，陪第二天就要过 7 岁生日的孙子去买玩具。王大爷驾车行驶到县城一十字路口时，被犯罪嫌疑人阮某驾驶的机动三轮汽车撞翻在地。

看孩子伤得很重，阮某喊着："抓紧时间上车，去医院！"王大爷赶忙抱起孩子坐上了阮某的汽车。车上除了老人和孩子，还有阮某的同伴邢某、苏某。三人嘴上说要送孩子去县人民医院抢救，车辆与医院却背道而驰，距离医院越来越远。苏某中途趁老人不备，扔掉了王大爷的手机。行驶到一偏僻村庄时，三人索性趁老人带着孩子下车方便时，驾车逃离。孩子最终在就医前伤重而亡。

3 月 9 日，公安机关以交通肇事犯罪提请审查逮捕犯罪嫌疑人阮某、苏某。

3 月 15 日，检察院以故意杀人罪批准逮捕阮某、苏某，3 月 27 日，追加逮捕犯罪嫌疑人邢某。

这个案件本来仅是一起普通的交通肇事，但是后来却转化为故意杀人。交通肇事是过失犯罪，但由于犯罪嫌疑人阮某等的无知，将过失犯罪转化成为故意杀人罪。过失犯罪没有共犯，只能追究司机阮某一个人的责任，且量刑偏低；一旦成为故意杀人罪，可依照共同犯罪追究责任，处罚也更为严厉。

一、按犯罪现象分类

1. 按照犯罪现象基本构成要素，分为犯罪人、犯罪行为、被害人、犯罪后果等。
2. 根据被揭示程度，分为显犯罪现象和隐犯罪现象。
3. 根据犯罪与被害之间的内在联系，分为犯罪现象和被害现象。

二、按照犯罪预防分类

1. 根据犯罪现象的时空分布，分为城市犯罪和农村犯罪。
2. 根据犯罪行为的性质，分为恐怖主义犯罪、诈骗犯罪、毒品犯罪等。
3. 根据犯罪行为的社会危害程度，分为危害国家安全罪、普通刑事犯罪和轻微违法犯罪。

4. 根据犯罪的形态，分为单个犯罪、团伙犯罪和集团犯罪。

5. 根据犯罪主体的生理因素，分为男性犯罪和女性犯罪等。

6. 根据犯罪人的主观恶性程度，分为初犯和惯犯。

7. 根据刑满释放人员在法定期限内是否再犯罪，分为原有犯罪和重新犯罪。

项目三　我国的犯罪现状

📝 **学习情境4**

2018 年 1 月，27 岁的李某在一招聘网站上找工作时，被一则"总经理助理"的招聘信息吸引："月薪一万二到一万五，有宿舍，还有 1500 元的房屋补贴。"

李某觉得待遇优厚、职位合适，于是应聘了总经理助理和网拍模特职位，面试时都被要求先"提升形象"，为了获得"月入过万"的工作机会，她跟着招聘公司人事来到海淀区一家"有合作关系"的医院。之后摆在面前的，是动辄数万元的整容方案。因无力承担费用，招聘公司便谎称"最后公司出钱"，诱骗她办理网贷整容。整容后公司既不安排工作，也不履行之前"公司还贷"的承诺，反而安排她提供"陪酒""开房"服务，赚钱还款。

犯罪现象是一种复杂的社会现象，不是孤立存在的，随着政治、经济的发展和变革而变化。事实证明，犯罪是特定历史时期多方面因素综合作用的结果，是各种社会矛盾相互作用、相互冲突的结果。

进入 21 世纪以来，我国犯罪同上个世纪相比，在犯罪类型、结构、主体等方面都发生了重大变化。

一、经济犯罪呈增长态势，新型犯罪不断产生

📝 **学习情境5**

曾某在路上发现有一个牛皮信封，打开一看，里面有银行卡还有一封信。原来这是一封某工程公司的行贿信，是要感谢帮助招标成功的王处长，内容如下：

王处长：感谢您在招标过程中对我们公司的帮助，因为不方便登门致谢，特附上银行卡一张，里面是我公司的一点心意。密码是工程开工日期（20180328），如果在取款中遇到问题，请咨询开户银行（028-87012827）。

曾某看后找个 ATM 机插卡、输入密码，查得可用余额 30 万，他想："那就先取两万"，输入密码之后，却不予承兑，致电开户行被答复："先生，查到这张卡有 5000 元滞纳金，您只要往该卡转 5000 元，就能自由存取！"

曾某想："要交钱，不会是骗子吧？"但是又想："钱是转到我手里这张卡的，肯定

没有什么问题!"于是用支付宝转账 5000 元，再查：仍然不予承兑!

随着我国经济的持续快速发展，经济领域的犯罪出现了快速增长态势。近年来，我国经济犯罪立案数不断攀升，不断创下历史新高，2012 年经济犯罪呈井喷式发展。经济犯罪的主体呈现年轻化；发案区域多，涉及面广；犯罪手段智能化，且隐蔽性强。

二、侵犯财产犯罪仍然是犯罪的主要类型

📖 学习情境6⏋

最近骗子把行骗的战场转移到农村，一般 10~20 人一组，身穿燃气公司服装，佩戴工作证（当然都是伪造的），乘车到某一村庄后，分组作业，挨家挨户敲门行骗。进入到村民家中后，会先表明身份，并称是来免费检测煤气安全。装模作样检测完毕后，会说家中煤气罐存在安全隐患，有漏气、爆炸风险，必须换购国家认证气瓶及相应维保服务，今天搞优惠活动，只需交 100 元押金即可享受原价 500 元的服务。如果不换购会强制停止使用，将煤气罐拖走。由于农村家中很多都是老人、妇女和孩子留守，对于"正规煤气公司"工作人员又是恐吓、又是利诱的说辞，往往没有任何防御能力，乖乖交出 100 块钱，等待煤气公司到时送符合规定的钢瓶过来。

这种骗局虽然每一户诈骗金额不多（100~200 元），但是成功率极高，而且用时极短，诈骗团伙一天可以扫荡几个村，1 个百来户的村庄，损失就达上万元。

改革开放以来，侵犯财产犯罪迅猛增长，数量居于各类犯罪之首。进入 21 世纪以来，这种状况仍然没有被打破，盗窃犯罪立案数仍然遥遥领先，盗窃、抢劫、诈骗三类犯罪的立案数处于全国公安机关刑事案件立案数的"前三位"，在数量上一直保持着一个较高的水平，且比较稳定，没有出现大起大落的情况，三类犯罪的立案总数比例维持在 80% 左右。

三、暴力犯罪表现突出，有组织犯罪活动十分猖獗

近几年来，在刑事犯罪中，凶杀、抢劫、强奸、伤害以及爆炸等暴力型犯罪案不断增多，特别是过去较少发生的因盗窃、抢劫、强奸等犯罪而杀人灭迹、杀人越货的一案多罪的混合暴力型案件明显增多。暴力犯罪，是指非法地使用公开武力（实施殴打、捆绑、伤害等暴力行为），或秘密胁迫（以暴力相威胁，从而控制对方）的手段，侵犯他人人身、健康以及财物的攻击性行为。暴力犯罪侵害的客体是受法律保护的公民的人身权利，即生命、身体健康和人身自由的不可侵犯性，有的实施暴力手段或以暴力胁迫的目的在于非法占有他人财物，侵犯了受法律保护的财产关系。除此之外，还有暴力犯罪侵害不特定的多数人的生命健康、正常生活和工作安全以及重大公私财

物安全，暴力犯罪呈现以下特点：

1. 突发性。

学习情境7

2004 年 2 月 23 日，在云南昆明云南大学北院鼎鑫学生生活区 6 幢 317 室男生宿舍内发生一起四人被杀案件，警方在案发现场发现大量喷溅的血迹并提取了一把石工锤。警方进行了大量的调查走访和痕迹鉴定工作，专案组确定，该宿舍失踪的学生马某某有重大嫌疑。2004 年 3 月 15 日 19 时 35 分，马某某在海南三亚被抓获，经警方审讯，对犯罪事实供认不讳。他交代了杀人原因：上大学后，他一直有很大的压力，过得不好；总觉得同学们看不起他，在背后议论他的一些生活习惯甚至个人隐私。引起这场杀人案件的导火索是：血案发生前几天，他和几个同学打牌，有同学认为他作弊，让马某某积累多年的怨气终于爆发，他觉得，既然你们看不起我，不如杀了你们，惨案就因此发生……

虽然不少暴力犯罪是行为人事先经过精心策划和充分准备的，但是也有相当数量的暴力犯罪行为缺少预谋，犯意表示不明显，甚至临时起意，偶然发生，过程极短。

2. 凶残性。

学习情境8

陕西榆林米脂县城郊镇赵家山村，于 1990 年 1 月 20 日出生的赵某某，初中毕业，曾在榆林某专科学校就读两年，之后，留在榆林打工；2016 年回村后赋闲在家，整日沉迷于游戏，其称在米脂三中上学时受同学欺负，遂记恨在心。2018 年 4 月 27 日 18 时 10 分许，赵某某寻找当年欺负他的同学未果后，在米脂县第三中学校外巷道持匕首杀死 9 名放学回家的学生，砍伤 19 名师生。

暴力犯罪往往作案手段凶狠残忍，毫无顾忌，甚至以社会为敌，株连无辜。有的犯罪分子随意施暴，动辄杀人，杀人后碎尸灭迹；有的犯罪分子为了发泄个人不满，在公共场所制造恶性爆炸事件，炸死炸伤无辜群众。值得注意的新趋势，是利用现代科学技术，谋取杀伤力强、破坏力大的枪支、爆炸物、机动车辆等工具和手段，实施杀人等暴力犯罪。

3. 交错性。

学习情境9

2016 年 4 月 15 日 6 时 30 分许，深圳市罗湖区桂园辖区都市名园 A 座某单元发生一起火警，民警接到报警后迅速到场处置，现场发现室内三名女子，其中两人受锐器伤已死亡，另一名伤者被迅速送往医院救治。经查：嫌疑人谢某在楼下网吧上网结束之后，后半夜时分沿着消防通道爬上 6 楼平台物色可盗窃的目标，在六楼平台搜索很久，突然发现 7 楼一套房子窗户没关，随即通过窗户潜入室内。正当谢某在客厅内搜寻可窃取的财物时，其中一个被害人听到客厅的响动，于是入室盗窃演变为了屠杀和纵火。

暴力犯罪与其他形式的犯罪活动相互交错，相互促成。除了典型的以暴力或暴力威胁手段获取财物，集暴力犯罪和财产犯罪为一体的抢劫犯罪，以暴力或暴力威胁手段奸淫妇女，集暴力犯罪和性犯罪为一体的强奸犯罪以外，还有入室盗窃被察觉行凶杀人的，以及近年在一些地区连续发生的抗拒、阻碍公务人员依法执行公务的暴力抗法等。

四、高校内高智商人群犯罪令人痛心

📖 学习情境10

复旦大学上海医学院 2010 级硕士学位研究生黄某于 2013 年 4 月 1 日遭室友林某某投毒，投毒药品为剧毒化学品 N-二甲基亚硝胺，经附属医院医治无效，于 4 月 16 日死亡。2014 年 2 月 18 日，上海市第二中级人民法院一审宣判，被告人林某某犯故意杀人罪被判死刑。

2013 年 4 月 16 日晚上 10 点左右，南京航空航天大学金城学院宿舍楼内，该校 2010 级自动化专业住同一个宿舍的两名舍友，袁某和蒋某为点小事发生争执，袁某冲动之下持刀刺向蒋某，蒋某被刺伤后，送往医院，抢救无效死亡。

犯罪趋于高智商是社会趋势，大学里的大学生、研究生院中硕士、博士研究生犯罪时有听闻，投毒杀人、校园暴力、成果造假、网络赌博、网络盗窃、网络诈骗、网络诬陷、网络抄袭、网络剽窃、网络洗钱等犯罪形式，不胜枚举。犯罪后果令人痛心，如此高智商人才成为罪犯或犯罪牺牲品，实在令人扼腕叹息。

五、青少年犯罪严重，始犯年龄和高峰年龄提前

📖 学习情境11

2018 年 3 月，湖北孝感邓某在放学途中，遭人持刀暴力劫持 2 个小时，其间遭强奸威胁，被脱光衣服，身体多处被割伤。事发后，当地派出所以加害者不满 14 岁为由，对此事不予立案，基于同样的理由，加害者也不必负刑事责任。

2016 年 6 月，四川一名 13 岁少年小武为抢一部手机将汽油泼向素不相识的 23 岁女教师，纵火将对方烧成特重度烧伤。而在泼汽油伤人到被警方控制的这几天内，小武又接连犯下了盗窃和抢夺路人两起案件。

2010 年底，广西壮族自治区桂平市罗播乡凤镇村满塘屯的 13 岁少年韦某，将其 4 岁半的亲弟弟掐死。

2016 年，广西壮族自治区岑溪市诚谏镇石桥村的沈某某，时年 13 岁，诱骗 3 名儿

童（分别 4、7、8 岁，为三姐弟）外出后，威逼其讲出家中藏钱位置，未果后以石头和刀子击打三人致死，并抛尸废弃水井。

青少年犯罪一直是现代各国政府和有关国际组织关注的重点问题之一。青少年犯罪一般有预谋策划，但作案却不分时间、地点、场所，犯罪行为不仅侵害特定对象，也残害无辜。青少年犯罪除了受自身的生理、心理影响外，也受我国社会转型时期各种负面效应的影响，加之大众传播媒介的消极影响，青少年犯罪表现出一些成人化的特点，犯罪活动中智力特征日益明显，后果严重。

六、流动人口和社会闲散人员犯罪成为城市社会治安的突出问题

学习情境12

犯罪嫌疑人黄某某在多地就业不顺，2018 年 6 月初来上海找工作无着，产生厌世情绪，转而萌发行凶报复社会的念头。6 月 28 日上午，犯罪嫌疑人黄某某随身携带一把菜刀，从居住的旅馆出发，乘坐公交车到达上海徐汇区桂林西街世界外国语小学附近，伺机行凶作案。中午 11 时许，其看见该校学生放学，因顾忌校门口有保安巡逻，便尾随学生其后，在离校门口 130 米左右处持刀砍向 3 名学生和 1 名家长，行凶过程中被迅速赶来的接报民警、学校保安和周边群众制服，最后致 2 名学生死亡。

大量的农村剩余劳动力从农村涌入城市，是伴随着改革开放和社会主义市场经济的建立而出现的一种必然现象，流动人口对经济发展起到促进作用的同时，也引起了一系列的社会问题，最突出的就是城市社会治安恶化、犯罪增多。

七、毒品犯罪日益严重，卖淫嫖娼等无被害人犯罪不断蔓延、滋长

学习情境13

1988 年出生的徐某某与丈夫在 2012 年 2 月、2014 年 2 月生下两个女儿。2014 年，其丈夫因贩卖毒品罪被判死缓，同年 12 月 4 日，徐某某因非法持有毒品罪被抓获，由于当时处于哺乳期被取保候审。徐某某在取保候审期间并未停止从事毒品交易，并与他人发生关系怀上第三胎。2016 年 11 月 25 日此案审判时，徐某某因作案时怀孕，以贩卖毒品罪被判无期。当年 12 月 6 日，她以婴儿需要哺乳为由申请监外执行。法院做出暂予监外执行决定，期限到哺乳期结束。2017 年 2 月 27 日，在收押前例行体检中，徐某某又处于早孕状态，法院再次决定对其暂予监外执行。当年 9 月，她生下小儿子。考虑到哺乳期内，一旦将其收监，四个孩子都无人照料，法院又一次决定对徐某某暂予监外执行。经调查了解，徐某某的两次非婚生子，都不是同一个父亲，而这些男子都是涉毒人员。

像徐某某这样用孩子当保护伞的罪犯，精确计算时间，反复利用怀孕、哺乳逃避

处罚，继续从事毒品有关活动，且在社区矫正期间不服从管理，违反国家法律法规，收监执行是必须的。2018年1月，法院妥善安置4个孩子后，对徐某某下达收监执行决定。

我国自从在20世纪50年代禁毒成功后，毒品犯罪在我国大陆基本绝迹。1983年以后，伴随着国际毒潮的掀起，我国的毒品犯罪案件不断出现，并呈现逐年上升的趋势，形势日益严重。由于受毒品暴利的诱惑和境内外贩毒活动的刺激，私种罂粟，进行鸦片的粗加工的现象在许多地方产生并蔓延。境外毒品渗透日益严重，国际贩毒势力与国内贩毒分子相勾结，假道我国的云南、广西等边境省份，企图以其作为国际贩毒通道，使这些省区成为受毒品危害的重灾区。内陆地区成为贩运毒品的中转站和毒品集散地，我国已由毒品过境国转变为毒品过境与消费并存的毒品受害国。

八、有组织犯罪已经从犯罪团伙的低级形式向黑社会性质犯罪转换

📖 学习情境14

广州市黄埔区东区街刘村居委会原党委书记刘某添等54人涉黑案与传统"打打杀杀"的涉黑案不同，刘村村民并不恐惧刘某添等人的存在。这主要是因为刘某添犯罪团伙善于自我包装，一些不明真相的村民在配合团伙进行"摆场"等扰乱施工秩序的活动时，该团伙会将部分非法所得"惠及"上述村民。

1999年，刘某添当选广州市萝岗区（现为黄埔区）东区街刘村社区居民委员会党委书记。2004年12月24日，刘某添纠集刘某东等人，在刘村居委会门前持枪、木棍、铁棍等工具，对他人实施围攻追打、砸烧车辆，一举奠定了以刘某添为首的刘村"村霸"地位。同年，刘某添、朱某高等人共同成立广东砼利混凝土有限公司（下称"砼利公司"），由朱某高任法定代表人。

2006年9月，刘某东成立广州市萝岗区宏盛土石方工程队（下称"宏盛工程队"）。随后，刘某添利用其居委会党委书记的身份，逐渐形成了"刘村辖区内所属村、社土地上的工程必须由本村、社人员承建，外人不能插手"的规则。陈某登、刘某东进一步约定：刘村辖区内刘北、刘南、刘中、华甫、洋城岗所属区域的工程、地材由宏盛工程队承接，岗贝、元岗、双井、荷村、新南村等其余区域的工程、地材由陈某登承接，处于边界或各村土地交界的工程则共同承建。2010年，砼利公司更名为广东穗强混凝土有限公司（下称"穗强公司"），在公司仍由朱某高实际操纵的情况下，变更了法定代表人，并制定公司内部规定：当穗强公司在争抢刘村范围内的建筑工程混凝土业务或供应过程中，与其他公司或个人出现纠纷时，公司法定代表人、总经理及所有业务员都必须赶到现场帮忙，确保穗强公司最终获利。

纵观刘某添等人犯罪事实，一个明显特点就是几乎所有犯罪活动都以"公司"名义进行，绝大多数强迫交易均以"合同"方式开展。庭审中，辩护人发表辩护意见称，

涉案人员没有形成黑社会性质组织，认为他们只是在进行"正常生意"，刘某添等人则辩称"都是村集体的决议"，不少被告人也辩称"我是公司职员，我只是在做公司分配的事"。所谓"正常生意"，不过是刘某添等人以公司为掩护的暴力垄断。

2009年12月，广州梁某建筑工程有限公司竞标获得黄埔区某工业区内的数控项目（位于刘村社区）。施工期间，砼利公司通过派人强行拦截混凝土搅拌车、阻挡施工等手段，导致其他供货商不敢供货。梁某公司只好将混凝土供货商更换为砼利公司，后与砼利公司签订远高于市场价格的供货合同。

2013年至2015年间，湖北华某建设工程有限公司和江苏南通某建集团有限公司先后承建中海誉城（位于刘村社区）二期A7、A8栋和三期A9、A10栋土建、初装工程。刘某添犯罪团伙利用长期以来形成的在该地区的威慑力，与湖北华某建设工程有限公司及江苏南通某建集团有限公司谈判，迫使两家公司将工程的建材和混凝土业务交由宏盛工程队和穗强公司承接，并由刘某添犯罪团伙中的刘某坤负责工程的财务管理。据统计，两家公司混凝土共损失约335.3万余元，建筑材料共损失约122.9万余元。

经检察机关审查，2008年至2016年间，刘某添、朱某高、陈某登、刘某东，纠集刘村华甫一社原社长钟某泉、原副社长钟某恒，刘村华甫二社原社长钟某成、原副社长钟某坚、钟某华，刘村北一社原社长刘某明，穗强公司总经理孔某熊，带领各自社员、公司业务员等人，通过实施强迫交易、寻衅滋事等违法犯罪手段争抢工程。同时，在工程混凝土供应业务由其他公司承接的情况下，或通过语言威胁、阻挠施工，或通过刘某添以居委会党委书记身份出面"调解谈判"等方式，向承建方或其他混凝土公司索取"地材费""管理费"等作为补偿。"通过这些手段，该团伙逐步形成了以刘某添、朱某高、陈某登、刘某东为组织、领导者，以刘某钊等人为积极参加者，以孙某文等人为一般参加者的黑社会性质组织"。

有的犯罪组织采用暴力、诈骗、伪造、贿赂等手段，有预谋、有计划、有分工地进行走私、贩卖毒品、盗窃、抢劫、绑架人质、开设赌场、性交易等违法活动；有的称霸一方，恃强凌弱，垄断当地行业，公然非法聚敛巨额财富，然后以洗钱或以其他方式渗透各种合法赢利活动中，如以合法形式投资办企业，最大限度地掠夺利润，以用于非法活动。

九、食品、药品领域安全形势严峻

学习情境15

2013年12月，深圳康泰生物生产的乙肝疫苗疑似造成8名婴儿死亡，食药监总局调查组进驻康泰，最终官方通报称未发现深圳康泰公司生产的疫苗存在质量问题。

2016年3月，山东警方破获案值5.7亿元非法疫苗案，犯罪嫌疑人庞某、孙某（二人系母女）在此前6年将未经严格冷链存储的二类疫苗运输销往24个省市，疫苗含 25 种儿童、成人用二类疫苗，最终山东、河南、河北等地检察机关批捕 355 人，起诉 291 人。

2017 年 9 月，国家食药监总局发布通告，山西振东安特生物制药生产的红花注射液和江西青峰药业生产的喜炎平注射液发生几十例严重不良反应，已销往 20 多个省市区。

2018 年 7 月 11 日，之前在长生生物内部生产车间工作过的老员工实名举报长春长生生物科技有限责任公司在冻干人用狂犬病疫苗生产过程中存在记录造假，违反《药品生产质量管理规范》，随后其生产的百白破疫苗"效价测定"项也被发现不符合规定。

《人民日报》评论指出，疫苗比"失效"更可怕的是"失信"。政府机构在疫苗生产、使用上的监管，需要更有力，对非法的生产经营行为"重拳治乱"，如果处罚只是"雨过地皮湿"，就无法形成教训、震慑；企业不能为了追求利益，把儿童的健康和家庭的幸福当作谋取非法利润的代价，"喻于利"的企业必须守住起码的道德底线，不能赚带着血的黑心钱。无论是生产企业还是监管部门，都必须以"敬畏生命"为信条，以更严格的生产标准、更严厉的常态监管、更严重的违法处罚规范行业发展，保住公众对疫苗的信任。作为与老百姓生命和健康安全紧密相关的领域，疫苗行业在生产、运输、储存、使用等任何一个环节都容不得半点瑕疵，要对构建更加完善的监管制度、更严格的惩戒体系、更畅通的信息发布机制提出更高的要求。

十、严重侵害弱势群体的合法权益案件呈多发状态

📋 **学习情境16**

王某、孙某某原系吉林省四平市铁西区某幼儿园教师。2015 年 11 月至 12 月间，王某、孙某某因幼儿穿衣慢或不听话等原因，在幼儿园教室内、卫生间等地点，多次恐吓所看护的幼儿，并用针状物等尖锐工具将肖某某等十余名幼儿的头部、面部、四肢、臀部、背部等处刺、扎致伤。王某、孙某某身为幼儿教师，多次采用针刺、恐吓等手段虐待被看护幼儿，情节恶劣，其行为均已构成虐待被看护人罪。依照刑法有关规定，以虐待被看护人罪分别判处被告人王某、孙某某有期徒刑 2 年 6 个月。

《刑法修正案（九）》增设了虐待被监护、看护人罪，改变了刑法之前的虐待罪主体只能由家庭成员构成的状况，对待弱势群体的态度，体现了一个国家的文明程度。我国刑法新增设的虐待被监护、看护人罪，彰显了我国法律对老年人、未成年人、患病的人、残疾人等弱势群体的合法权益加大保护力度的精神。

拓展阅读

犯罪黑数〔1〕

犯罪黑数，又称犯罪暗数、刑事隐案，是指一些隐案或潜伏犯罪虽然已经发生，却因各种原因没有被计算在官方正式的犯罪统计之中，对这部分的犯罪估计值，又被称为犯罪暗数、刑事隐案。

犯罪黑数存在，是世界各国的普遍现象。德国学者曾于 1975、1976、1987 年做过三次抽样调查，结果表明犯罪黑数在一般盗窃案中的比例分别为 1∶15、1∶6、1∶8。在美国，全国犯罪调查组织对被害人调查的结果显示，公民向执法机关报告的犯罪数量仅为他们调查发现的犯罪的 1/3。

自 20 世纪 80 年代后期以来，我国警界突破过去罪案统计严重不实的禁区，开始关注并不断组织犯罪黑数问题的实证研究。据国家"七五"社科规划重点项目《中国现阶段犯罪问题研究》公安部课题组于 1985 年、1987 年、1988 年对 15 个省、300 余个市的派出所进行为期 3 年的刑事隐案调查结果显示，我国犯罪黑数问题相当严重：

1. 犯罪明数最多只占实际发生的 1/3，其中重特大案件的明数相对接近实际，占接报案数的 2/3。

2. 各类犯罪明数与暗数的比率差异悬殊，杀人、强奸、爆炸、涉枪等严重侵犯人身、公共安全案件隐案较少，明数约占 90%；盗窃非机动车、扒窃等侵犯财产犯罪案件黑数较大，往往只占接报案件数的 10%。

一、黑数的潜在危害

（一）延误投入

由于多年来仅以单纯的发破案数作为公安工作考评的主要依据，许多的警务基础工作和其他公安业务并未进入刑事统计领域。根据基层警方逐级上报公安部的汇总统计，我国 1998 年立案数，与全国当年总警力对比，每个民警全年平均才刑事立案 1.6 起。如湖南省怀化市 13 个县级公安机关 1999 年度共立刑事案件 3984 起，破 2790 起，按当年 3380 余名行政公安民警计算，人均立、破案数亦只有 1.15 起与 0.86 起。而实际情况却是该市与全国每个民警人均年立、破案数都要大 2～3 倍。立案不实，警方得到的只是破案数与立案数接近、人为浮夸的高破案率，失去的却是实事求是反馈治安忧患、超常工作量及正当呼吁增加警务资源的正当理由和良机。因此基层民警长年累月超负荷工作的状况及一线公安工作亟须增加编制、改善装备、吃足"皇粮"的要求

---

〔1〕 本部分内容参考"点评中国 2018 十大疫苗事件！疫苗冷链管理怎么才规范、安全？"，https：//mp.weixin.qq.com/s/52Fl3HkGXiCQL_ e6eqtUNw，2018-12-28；"盘点：2016 年与疫苗相关的十大热点事件"，https：//mp.weixin.qq.com/s/PkIsCLuTr2KoFp36cmNBMA，2018-12-22；"人民日报评'疫苗事件'：一查到底，方可纾解疫苗焦虑"，https：//mp.weixin.qq.com/s/vTGhX8FUe58U49Czwa8REQ，2018-7-22。

得不到客观反映，进而直接影响中央和地方政府对解决警务保障困难的理解和支持。

（二）妨碍决断

掩盖罪案总量，妨碍党和政府对整个治安形势的决断。世纪之交，我国正持续处于新一轮犯罪高峰期。如何全面把握各地刑事犯罪数量、犯罪类型结构、犯罪成员结构、犯罪规律特点；各地刑事犯罪状况与升降规律同当地改革进程乃至执政方略有无关系；商品经济的消极作用、党内腐败现象与刑事犯罪增多有无必然联系；公安机关在控制犯罪方面如何寻求严打、刑罚效应与社会治安综合治理最佳结合点等及对这些重大现实课题作出正确决策，都离不开对包括刑事隐案类型、数量、特点在内的整个社会犯罪现象的综合分析研究。否则，各级党委、政府实难对当地犯罪现状作出科学、全面、准确的估价，不利于适时调整、决定刑事对策和治安方略。

（三）阻碍立法效应

干扰司法公正，阻滞刑事立法效应的完满实现。修订后的刑法典将我国的刑事罪名由原来的 151 个增加到 415 个。其中，属公安机关立案管辖的罪名多达 333 个。但是，新刑法实施 3 年来，许多地方警方实际立案侦查的刑事案件常常才几十种，而且大都集中在那些带有暴力性质和急、险、恶特点等"传统"案件，许多依法应立案受理的新型刑事案件，真正立案侦查并诉之刑律的，不足此类案源的 20%。

二、立案不实的原因

纵观我国警学界目前对刑事立案水分问题实证研究结果，犯罪黑数成因大致有警方不破不立、隐瞒不立、立而不统、立案不准等表现形式，以及诸如现场未获痕迹物证、作案人姓名身份不清、发案地不详、发案时间不知、案件性质不明、受案损失不准或无法查证，或查而无果，于是擅自提高刑事立案标准，或将犯罪案件降格作治安处罚结果，以及受案人、知情人未报案等主客观原因。其中，警方在刑事立案问题上的"难言之隐"，主要有以下几个方面：

（一）传统思维模式的羁绊

如地方党委政府和上级公安机关决策层，长期受在计划经济体制下形成的静态治安、求稳怕乱传统观念的影响，对改革开放历史条件下犯罪剧增现象的长期性、复杂性估价不足，急于求稳、追求政绩，为实现经济发展、案件下降的既定目标，曾多年要求发案率控制在当地总人口的万分之几，指令警方对全部刑事案件和重特大案件的破案率分别达到 80%、90% 以上，并将这些不切实际的低发案率、高破案率等人为参数，纳入公安工作目标管理、社会治安综合治理检查验收、县市党政领导人任期责任等年度考评指标体系，加之社会各界和群体公众对警方单一力量控制犯罪增长和公共安全感期望值过高，为满足硬性指标和公众期望，警方不得不层层照搬照喊，相互攀比。于是普遍在立、破案数据上做手脚、搞平衡，以致刑事隐案底数不清，立、破比率虚实难辨，造成历年破案率偏高的假象，结果一级蒙骗一级。即使有的地方明知很难达到脱离实际的指标要求，但迫于重重压力，在刑事立案统计上不得不掺杂水分。

似乎中国警方盛行多年的高破案率一旦降下来，与传统定势、各界期望和自身脸面都过不去，于是年复一年处在立案不实的阴影之中。

（二）现行公安体制的局限

目前，全国公安机关实质意义上的警务体制改革尚未深入。从中央到地方基层，在警务序列、机构、警力组合上的"倒金字塔"结构，与一线警方实际承担的"正三角形"任务，形成鲜明反差。加之各项法定的公安业务职能分工愈来愈细，基层公安机关担负的非刑事侦查如治安管理与社会服务职责愈来愈重，处于实战前沿的城市分局、县、市公安局内设机构一般多达二十余个，基层派出机构则达数十个，因而真正用于侦查破案的警力往往只占全局总警力的10%左右。虽然全国范围内开展刑侦改革以来，许多地方刑警所占比例已增加到17%左右，但公安部要求的由刑侦部门全权承担全部破案责任和侦审一体化等改革设计理想模式，在一些地方却没有配套运行，使刑侦工作实则较改革前有所弱化。尤其是覆盖社会面的责任区的刑警中队建设，因警力、办公用房和装备投入难以到位而举步维艰；以安全防范为重心和以"发案少、秩序好、群众满意"为目标的派出所工作改革，同刑侦改革的打防关系也难以界定和衔接。相对于原来基层派出所大都承担本辖区的侦破任务，与目前几乎全靠刑侦部门孤军破案的情形对照，基层警方实际投入侦查破案的警力，反而相应减少。由于只能以有限的刑警力量突出抓大打恶，难免在刑事案件主攻方向上，顾此失彼。近年来，各级公安机关按公安部的有关规定，自上而下重新划分多警种各自负责管辖本业务范围内的刑事案种，无形中又冲击了原本较强的"传统"刑侦部门的受案范围与职能，因为各地警方的侦查业务机构重新分权组建，侦查技术专门人才平均指派分配，使得基层公安机关无法实现整体作战、建制统一的大刑侦格局。况且，条块领导关系的某些不顺和地方保护主义的干扰，导致各侦查警种在受案管辖上的内耗与空档，一些犯罪隐案乘虚而生。

（三）警务保障困难

虽然党中央、国务院已再三强调各级党委政府要切实保障公安机关"吃皇粮"，以确保公安机关治理"三乱"，不搞利益驱动，严格公正执法，并由中央财政对地方警务急需项目给予必要的投入。但不少地方尤其是"老少边穷"地区因经济发展仍未走出低谷，当地政府财政紧张，连保住全体民警的人头"裸体工资"都勉为其难，于是公安机关刑事执法办案的旅差与加班补助、勘验器材和车辆油料消耗、装备更新、后勤福利及基建维修等费用几乎全靠罚没折抵。这些地方的刑侦部门既要穷于对付频频发生的大要恶性刑事案件，又得千方百计地自谋生路，试办一些可罚没、能创收的"油水"案件，无力深挖细查那些只有大量耗费付出、却无所谓"好处"的刑事隐案。况且，还有一些大都由城乡派出所和治安管理部门管辖的可高额罚款案由，如"黄、赌、毒"案件，其中有些已明显构成刑事犯罪，本应移送刑事立案侦查的，却因热衷于罚没创收，而降格作治安处罚结案。

（四）政法几家的相互钳制

公检法三机关在刑事诉讼职能上各有侧重，往往产生法律适用和案情定性上的差异，使许多案件被退回补充侦查、不起诉或作出无罪判决，很难一致断定。长此以往，使得警方对类似的疑难案由，仅凭惯例、负面经验作出不立案决定，成为隐案。还有一些地方，曾经因劳改劳教场所的改造、挽救工作不尽如人意，减刑、假释、保外就医、监外执行控制不严，刑释解教人员重新犯罪率偏高；或因刑事看守羁押场所人满为患，压力太大，成文或不成文地对凡可能只判 3 年以下有期徒刑及拘役的犯罪嫌疑人，实行"变通"做法，大都以劳教手段处理结案，甚至对类似罪案只立易不立难，或可立可不立的则不立，造成隐案。

三、受害不报的原因

在诸多犯罪隐案中，被害单位、群体和个人，因种种原因没有投诉，不愿或不敢报案，大致有下列情形：

1. 担心名誉受损。很多被害人因碍于情面、维护隐私，或为保住名声、害怕家人亲朋或所在单位指责，忍气吞声，宁愿自食苦果，拒不报案，尤以女性被害人、在校未成年被害人以及知识阶层被害人、公务员被害人最为典型。如怀化市麻阳县警方1998 年 8 月就曾侦破蒙面大盗谭某累累入室行窃、抢劫，先后伺机强奸 50 余名妇女的恶性系列案件，从发案到破案前，历时 1 年多，众多受害妇女竟无一人报案，直到警方结案取证时才默认被奸事实。青少年被害人，因害怕父母、学校和单位责备而不报警的案件也较多。还有一些国有企事业、金融信贷、行政机关等单位，发生资产资金被骗、被盗或被损案件，为保全单位名声信誉，防止所谓负面影响，而自行私了被害事实或内部消化财物损失，却不投诉报警的案例，也常有发生。

2. 害怕遭到报复。因为与犯罪行为人具有同事、业务、亲朋或上下级关系的被害人，害怕打击报复，没有报案，如人身伤害、侵犯公民民主权利和侵犯财产等案件。尤为典型的是那些被某些流氓犯罪集团、带黑社会性质犯罪或恐怖组织控制的区域、行业和单位，以及受制于犯罪行为的受害人，如在"三资"企业、金融业、建筑业、娱乐业、出租车业、废旧物品收购业和流动暂住人口密集区、城郊接合部、边远乡镇地段，直接或间接受害人对侵犯自己人身、财产权益或危害公共安全、破坏市场经济秩序，妨碍社会管理秩序等犯罪行为，隐匿案情、拒不报警的案例，则更为多见。

3. 顾及连带责任。有些被害人自身实施了违法犯罪行为，因为害怕暴露，或者自己对受侵害事实也有一定过错责任，不敢报案。特别是那些群体内部成员参差不齐、组织管理松散混乱的行业、单位和群体，因担心社会治安综合治理检查考评一票否决，害怕当地警方依法追究单位连带过错责任，或恐惧主管部门、有关方面追索被害损失与赔偿，对发生在本单位、团体或群体的重大责任事故、玩忽职守、诈骗侵占财物、制贩伪劣产品、非法经营或流氓斗殴、黄赌毒等违法犯罪案件，持搪塞遮掩态度，不报警报案的，不胜枚举。

4. 怀疑警方无能。有些直接或间接受到犯罪行为侵害的单位、群体和个人，对警方能否破案、挽回损失持怀疑猜测心理。认为即使投诉、报案，警察也管不过来，或者因为自身已遭受的人身、财物利益损失并非惨重不堪，类似受害情形未曾得到当地警方应有的关注与重视，或者受消极舆论的影响，采取隐瞒案情，遇害不报，甚至用非法方式化解被害后果，形成大量刑事隐案。如盗窃非机动车辆、偷窃少量财物、敲诈勒索、轻伤害、拐卖妇女儿童、侵占、诈骗、制贩伪劣产品等隐蔽性较强或侦破难度较大的犯罪案件，等等。

此外，研究犯罪黑数的成因，还不可忽视犯罪知情人、犯罪行为人两大原因。有些直接感受或间接知晓犯罪案情的犯罪知情人之所以见案不报、知情不举，大都因为害怕打击报复，顾及连带责任，怀疑警方无能，以及因其与犯罪人、被害人无利害冲突关系而持与己无关、消极观望等不作为心态。一些触犯刑律的犯罪行为人，为逃避立案和刑罚制裁，或隐姓埋名，流窜作案，制造现场假象嫁祸于人，或利用科技手段掩饰案情后果，凭借隐匿方法毁灭罪案证据，以对抗警方的发现、打击，抵赖受害人、知情人的检举、控告，由此萌发一些刑事隐案。

学习单元三

犯罪原因

📖 学习导语 ⌐

慢藏诲盗，冶容诲淫。

项目一　犯罪原因概述

📝 学习情境1 ⌐

在美国历史上，曾经有过这样两个家族：爱德华兹家族和朱克家族，有人跟踪了爱德华兹家族和朱克家族 200 年来的情况，统计结果如下：

爱德华兹家族，其始祖爱德华兹是位满腹经纶的哲学家，他的后代大多传承了勤学善思的传统，后代 1394 人中，有 1 位美国副总统、3 位美国参议员、3 位地方长官、3 位市长、13 位大学校长、30 位法官、65 位大学教授、80 位公职人员、100 位律师、100 位传教士、75 位海军陆军军官。

朱克家族始祖叫朱克，是个不读书、缺乏修养的赌徒和酒鬼，他的后代大多不爱学习，后代 1200 人中，有 1/4 的人于童年夭折；310 人是乞丐；50 个妇女生前因淫荡声名狼藉；400 多人因为自己道德的败坏遭遇不测；7 个谋杀犯、60 个惯犯，平均每年作案 12 次；130 个人被定罪；只有 20 个学习经商，其中还有 10 个是在监狱里学会的。

爱德华兹和朱克两人同样生活在乡下，都生长在国家边境，但是爱德华兹出生在基督教家庭，是被哈佛授予最高荣誉的教士的儿子，爱德华兹家族普遍接受了很好的教育，常常以纯洁的心，认真的态度，奉献着自己的思想和行动，从不嬉笑，总是保持朴素、严肃和高尚，它留给世界的 1394 名的后裔，诠释了力与美。朱克家族与之完全相反，来到这个世界的 1200 人中大都是乞丐和罪犯，他们大多喜欢宴乐、懒惰、缺少目标。

光明和黑暗、天堂和地狱的差别，在爱德华兹家族和朱克家族的对比中最为明显。

一、犯罪原因概念

犯罪原因的系统结构理论认为犯罪原因是一个复杂的系统结构，从系统论的认识出发，提出犯罪是一种复杂的社会现象，是各种社会现象纵横交错、互相综合作用的结果。犯罪原因是由多种因素相互作用而形成的，如果只有单一因素，没有其他因素的相互联系、彼此作用形成合力，是不能或不足以引起犯罪的。犯罪是社会中诸多矛盾因素综合作用的结果，这些因素构成了一个多元、多层次、多变量的动态系统，有政治、经济、思想、文化、教育等因素，也有心理、生理以及行为等因素。

二、犯罪原因系统结构

犯罪原因系统的结构，是构成原因体系的各犯罪因素有机联系、相互作用的方式或秩序，各犯罪因素在犯罪原因系统中的排列秩序与组合方式。

（一）犯罪根源

犯罪根源，又称犯罪本源，在犯罪原因系统中居于最高层次，是多种犯罪因素中主要的、起决定作用的因素，犯罪的因果链条中的最终端，从根本上决定着一个社会的犯罪形态与变化规律，也是"原因的原因"或犯罪的"终极原因"。在犯罪原因系统中，根源代表着一种确定不移的趋势，正是这种趋势带来了犯罪存在的不可避免性。

（二）犯罪一般原因

在犯罪原因系统中，犯罪的一般原因是最重要的因素，是直接引起犯罪结果的现象和因素。例如，一些错误的思想观念、反社会心理以及异常的个性特征，是某些人犯罪的直接因素，构成个体犯罪的一般原因。

（三）犯罪条件

在犯罪原因系统中，有些因素对犯罪的发生显然起着一定的作用，但却不足以引起或决定犯罪的必然发生，这种因素只是犯罪条件，与所发生的犯罪结果之间的联系只是一种外在的、偶然的联系。犯罪条件在多种犯罪因素中是次要的、从属的，又是必不可少的，离开了条件因素，犯罪结果不能完成。西方学者倡导的环境预防论，就是一种针对犯罪条件的、行之有效的犯罪控制理论。这种理论就主张在环境设计上堵塞犯罪发生的可能性，创造一种阻碍犯罪实施的环境状况，或者加大犯罪人实施犯罪的成本，以控制犯罪条件来达到预防犯罪的目的。有学者提出，既然我们不能抑制人们的犯罪动机，我们何不从犯罪的目标与条件限制犯罪，因为没有作案的目标和条件，犯罪是不可能发生的。以金融犯罪为例，"金融管理中存在的漏洞"这个因素本身并不会导致盗窃、诈骗和挪用公款等犯罪，但当犯罪人利用了这个条件，金融犯罪就会变成现实，相反，如果缺少了这一条件因素的作用，行为人也无从下手，因此，犯罪条件是伴随一般犯罪原因促成犯罪发生的因素，虽不像一般原因那么直接，但确实是必要的。

项目二　犯罪的社会原因

学习情境2

只有初中文化的 29 岁农民黄某，自幼受暴力题材影视剧的影响，梦想成为一名职业杀手。2001 年夏，黄某将自己家中的轧面条机机架改装成杀人机械，取名为"智能木马"。精心策划后，决定向出入网吧、录像厅、游戏厅的男性青少年下手，实施杀人计划。自 2001 年 9 月至 2003 年 11 月，黄某先后从网吧、录像厅、游戏厅等场所，以资助上学、帮助提高学习成绩、外出游玩和介绍工作为诱饵将被害人骗到自己家中，以被害人要想实现自己的愿望，必须经过"智能木马"测试为由将被害人绑在木马上，或先把被害人用酒灌醉，然后用布条将被害人勒死。至案发计杀死无辜青少年 17 人，轻伤 1 人，黄某在短短 2 年多的时间内，连续杀人，其犯罪性质恶劣，手段残忍，罪行极其严重，社会影响极坏。

随着经济的日益发展，人们的思想越来越开放，某些公共场所和行业管理不严，众多不良文化泛滥，加之大众传媒促进作用，在青少年的生活中广泛传播，类似黄某这样的青少年极易在这样的文化环境中习得一些不良习惯，并且积淀犯罪的想法和意念。仅隔 3~4 米的周围邻居没有发现一点疑点，"事不关己，高高挂起"，"鸡犬相闻却老死不相往来"，社会的冷漠应引起我们的警觉。

一、犯罪社会原因的概念

犯罪的社会原因是一个与犯罪的个体原因相对应的集合概念，是指能够引起犯罪发生的各种社会因素及其过程，包括宏观层面的政治因素、经济因素和文化因素以及微观层面的家庭因素、学校因素、社区因素和自然因素等，犯罪的社会原因内容广泛而复杂，是一个多层次、多方面的综合体系。

任何人都生活在社会环境中，受一定社会环境的影响，同时又以自己的思想行为影响着社会。对于个人来说，并不是所有社会环境都直接产生影响，能够直接影响个人行为的社会环境只是一部分，还有一部分社会环境间接地对个人产生影响。从个人行为形成这个角度出发，可以将社会环境分成两大类：第一类是宏观社会环境，指社会制度、意识形态、经济发展和文化变革等，是对个人行为产生普遍而间接影响的社会环境；第二类是微观社会环境，是对个人行为发生直接影响的社会环境，是指在个人直接交往范围内对个人发生具体而直接影响的人际关系和生活条件。社会环境是随着社会的发展而不断变化的，个人要适应这种变化的环境，就要不断地社会化，否则就会与客观世界发生冲突，导致违反社会规范的行为偏差，甚至造成违法犯罪行为。因此，犯罪与社会密不可分，对于犯罪的社会原因的研究，就是要对社会改革、经济发展以及随之发生的各种社会矛盾和社会问题以及引发犯罪的多种因素进行分析。

二、宏观层面

学习情境3

广东省汕尾市陆丰市制造的冰毒产量一度占全国缴获份额超过 1/3。曾于 1999 年、2011 年两度被国家禁毒委挂牌整治，但因利益巨大，当地制贩毒屡次死灰复燃。尤其是博社村，该村制贩毒犯罪呈现"家族式运作、产业化经营、地方性保护"特点，不法分子长期疯狂作案、逃避侦查甚至集体暴力抗法。

2013 年 6 月，公安部成立"雷霆扫毒"专案组，集中全力打击博社村制贩毒犯罪。专案组通过严密的侦察摸底和案情分析，发现当地毒情非常复杂，不仅村民自治组织完全瘫痪，村庄外围还布有很多暗哨且配有枪支，连基层警察也沦为其保护伞，稍有动静就会通风报信、打草惊蛇。2013 年 12 月 29 日，"雷霆扫毒"行动收网，当天，汕尾市人大代表、博社村支书记蔡甲首先落网，作为当地主要干部，彼时他正带着几个马仔在惠州找办案民警，想办法"捞"出了事的堂弟——制贩毒"开山元老"蔡乙。蔡甲早期参与制贩毒，案发前主要充当"保护伞"，涉及贪污行贿、玩忽职守等罪，参与包庇制贩毒犯罪嫌疑人。博社村党支部副书记、村委会副主任蔡丙是另一把"保护伞"，其涉嫌参与贩毒、行贿等犯罪行为，警方从他家搜出了 350 公斤成品冰毒。当地党政部门干部中充当毒贩"保护伞"的有 14 人，除了村干部，还有陆丰公安局机关干部以及当地派出所所长和民警等。

109 个抓捕小组 6700 余警力分头对博社村内外 18 个制贩毒团伙、77 个重点目标展开集中清剿，摧毁 18 个特大制贩毒犯罪团伙，捣毁制毒工场 77 个和 1 个炸药制造窝点，缴获冰毒 2925 千克、"K 粉" 260 千克、制毒原料 23 吨，枪支 9 支、子弹 62 发、手雷 1 枚等，该案的破获刷新了我国制贩毒犯罪案件的记录。

博社村人口密度极大，村道狭小，房子低矮，使得有限的空间无法满足存放冰毒原材料和半成品的需求。有村民直接把原材料或是半成品存放在屋与屋之间不到一米宽的过道上，可谓明目张胆。在博社村村口，垃圾堆放处甚至曾立了一个告示牌：严禁乱倒制毒垃圾！博社村制贩毒状况如此猖獗，可见此处滋生毒品犯罪土壤之肥沃。

（一）犯罪的政治因素

政治原因是犯罪学研究中一个既显得古旧，又十分复杂沉重的话题。意大利刑事古典学派创始人贝卡利亚，在《论犯罪与刑罚》中提到"有些犯罪直接地毁伤社会或社会的代表"这种所谓的"叛逆罪"；著名的意大利犯罪学家加罗法洛，在《犯罪学》一书中提到的"在文明的欧洲，政治观点与国家统治者有分歧也被认为是重大犯罪"

即所谓的"法定犯罪";我国刑法曾经规定的"反革命罪""政治犯"等罪名和概念,现行刑法中的"危害国家安全罪""黑社会性质犯罪""邪教犯罪",都蕴涵着"政治"的基本内涵。

政治与犯罪之间的关系密切,既有内在的作为犯罪问题产生的原因、因素等,又有作为外在的带有政治色彩的犯罪行为活动。储槐植先生在《犯罪学》中将政治表述为:政治作为一个权力、控制、功能系统以静态和动态两种形式存在。从静态看,政治由诸多要素组成,除了构成国家机器的立法者、元首、政府、军队、警察、法庭、监狱等组织机构外,也包括意识形态、社会制度等内容。从动态看,政治表现为一个过程,其目的在于取得并有效控制政权,调整阶级内部、阶级或阶层之间、群体之间以及国家之间的关系。政治的静态存在和动态过程都取决于社会的经济基础,但政治不是单纯的经济的附属或机械反映,它本身具有独立存在的属性。政治对社会经济因素具有重大的影响作用,是社会发展变革中的一个极为重要并且十分活跃的因素。犯罪作为一种社会法律现象,更具有鲜明的"政治色彩",犯罪与社会政治关系密切。

(二) 犯罪的经济因素

社会经济制度中对犯罪具有决定作用的是所有制形式。所有制形式是由社会生产力发展水平所决定的,决定了社会政治制度,决定了人们的社会政治经济地位,也决定了人们的思想意识和价值原则以及各种社会关系。我国实行的是社会主义公有制,现阶段所有制形式是以公有制为主体,多种经济成分并存的多元形态的所有制,既有全民和国家所有制经济,又有集体所有制经济,还有个体经济、私营经济以及中外合资、中外合作经济和外商投资经济、港澳台投资经济。这种多种所有制形式并存的局面,适应了我国当前社会生产力的发展水平,有利于发展生产和活跃经济。我国在所有制结构方面,以公有制为主体,多种所有制形式并存,这其中必然包括雇佣与被雇佣的关系,这种关系容易形成社会阶层分化和集团间的对抗,特别是私营企业主阶层出现,社会贫富差距加大,引起社会不同阶层的对抗和对社会不满情绪。从分配制度上看,以按劳分配为主的多种分配形式并存,其中包括非劳动所得。非劳动收入对全体社会成员来说,机会是不均等的,与劳动收入的差距容易拉大,从而刺激社会上消费竞争和相互攀比,造成人们心理的不平衡甚至产生某些反社会倾向。私营经济集体经济和国有经济等多种经济成分的并存和竞争,发生利益上的冲突。私营经济在同其他经济成分竞争时,为了维护自己的利益,在争取资金、原料、项目以及产品市场时,有可能利用非法手段来达到自己的目的。

(三) 犯罪的文化因素

📖 学习情境4

某商场竖着一个大大广告牌:一个女孩,长腿,穿超短裤,双脚被脚镣铐着,私处面向消费者。旁边几个大字："鲜，嫩，多汁，想要吗？"而这只是某鸭脖的广告。

一位母亲带着儿子上街，碰上一家餐厅在做活动，活动内容是：根据女性罩杯的大小来打折扣，罩杯越大，折扣越大。很多胸部挺立的女子非常高兴地排队测量罩杯。不解的儿子抬头问："妈妈，她们在干什么呀？"母亲一时语塞，不知道怎么向不足10岁的儿子解释。

……

这是一个"流量为王"的时代，赢得了关注就赢得了人气，但很多商家的行为已经无法用打"擦边球"来形容了，而是赤裸裸的性暗示。商场是公众场合，那么多孩子来来往往，其潜在影响十分恶劣。而在巨大的、没有边界的互联网空间，可能充斥着更多的我们想象不到的"黑暗内容"。

《中国青年报》曾报道：一位妈妈荣女士有一次偶然观察女儿上网时发现，女儿自己和她很多朋友圈中的好友，头像都是穿着超短裙白丝袜的卡通美少女，或者是嘟嘴挺胸的二次元动漫少女。起初，荣女士并不觉得有什么不正常，现在的孩子都喜欢二次元人物，用卡通美少女作为头像，也是常事。后来，当她进入女儿和她朋友们常去的那几个APP后，就发觉不对劲。这种"白丝袜、超短裙"的美少女，看似童真纯洁，但在这几个APP里，完全变了味道。她们常常和"深夜的野外""萝莉控来了""迷失"这种充满诱惑性的标题联系在一起，再点开图文，看具体内容，更是很多少儿不宜、不堪入目的画面。

虽然没有赤裸裸的色情场面，但观者可以看到这些动漫美少女大大敞开的领口、成年人面对未成年少女时那种贪婪饥渴的眼神，无处不在挑逗观者的欲望，诱惑其想入非非。"这是一种非常隐晦的软色情"。

所谓"软色情"，指的是一种不会直接出现性器官和性行为等词，但充满挑逗、诱惑、想入非非的内容。

首都师范大学心理学院教授、多年从事青少年性教育研究的张玫玫说："这些（软色情）信息，不仅不是科学的性教育，反而会给孩子带来更深层次的伤害。"这种伤害，一旦造成，就是终身的。

换言之，软色情，甚至比真正的色情更可怕。真正的色情尚且有相关部门来管控，有父母过滤，有学校筛除。软色情在法律边缘游离，流窜于各大平台，畅通无阻，裹挟一个个孩子。

文化是人类在社会实践过程中创造的物质和精神财富的总和，文化作为一个社会现象，不仅反映一定历史阶段的技术进步、生产经验、劳动技能，也反映一定历史时期的教育、科技、文学艺术等及与其相适应的设施所达到的水平。文化通过社会活动而传播，具有历史延续性，带有鲜明的阶级性和民族传统特色。作为意识形态的文化，是社会经济、政治状况的反映，也反过来影响经济、政治的发展。

犯罪行为是受一定的思想意识和价值观念支配，犯罪也是一种社会文化现象。有的学者认为："犯罪不过是文化的一个侧面，并且因文化的变化而发生异变"，"文化是一个复杂的整合体，它是人作为社会的一员时，所学习而得到的所有事物。包括知识、信仰、艺术、道德、法律、风俗，以及其他的能力和习惯"。虽然我们说这种"文化决定论"的观点值得商榷，但是电影、电视、戏剧、音乐、美术、小说等文艺作品，直接刺激着感官，而信仰、道德、知识直接影响着思想，因此，在一定程度上文化影响人们的需求和欲望，支配人们的行为。

文化包含两个方面，一方面是社会提倡的主导性文化，另一方面是变态副文化，即在社会中既有积极文化因素的方面，又有消极文化因素方面；既有精华部分，又有糟粕部分。精华部分是与我们这个社会的精神文明同步的，而落后腐朽的文化因素不仅可以使一个人颓废堕落，甚至可以引起或加剧一些人的消极意识形成，特别是影响青少年的生活目标及价值取向，甚至导致犯罪。

三、微观层面

📖 **学习情境5**

2006年5月的一天，华某的妈妈接到了一个"你的儿子参与了帮派枪案，涉嫌杀人"的电话，对于一个模范华裔家庭来说，这种消息不啻晴天霹雳。在所有人眼中，华某是绝对的天之骄子。父母皆是高级知识分子，母亲是南加大的教授，父亲是当地房地产行业小有名气的企业家。

华某一直背负着父母的期望成长，他没有辜负父母的期望，曾就读于全美前50的特洛伊理工高中，作为奥赛小组成员，获得全美总冠军，也曾代表特洛伊理工高中参加全美工程比赛，读书期间获得两次全美总冠军、一次亚军。高中一毕业，他就凭借优异的成绩被南加大电子工程专业录取。

华某在入校不久后就瞒着父母加入了学校兄弟会组织。随后在朋友的"劝导"下，逐步加入了洛杉矶圣盖博谷的华人黑帮"华青帮"，从毒品交易到不当性行为，甚至发展到最后的参加枪战。

据警方文件所述：案发当天，还是帮派"小弟"的华某被黑帮中的一个朋友交代去圣地亚哥"追讨一笔欠款"。当华某赶到后，他才发现，所谓的追讨欠款就是在公寓内持枪监守屋内的人。混乱之中，双方成员爆发了枪战。枪战中两人当场死亡，而华某则被对方殴打至昏迷。幸亏警方及时赶来，才让华某逃出生天，然而即便逃过死劫，最终华某以持枪企图谋杀、入室抢劫、故意伤害等罪名被判处了13年的重刑。

华某让所有人满意，却始终没有让自己满意。为了寻求自身的价值和释放内心的孤独痛苦，他加入了当地的黑帮组织。在那里他交到了一些"朋友"，终于得到了在父母身上没有得到的关心与肯定。相比于在受众人排斥的学校，他反而在黑帮中找到了归属感。在帮派中，"兄弟们"教会了他开枪、教会了他打架、甚至教会了他贩毒，最终酿成了无法挽回的苦果。

在被捕后，华某说："我在黑帮中陷得不算太深，总有什么东西在拉着我。但我确实成了黑帮的成员，在帮会里有不少朋友，经常跟他们到外面混，对他们非常尊重。我想如果时间再长一些，我肯定会和他们一样了。"

2017 年 4 月，华某因在狱中表现良好而被提前假释出狱。让他感到惊喜与意外的是，出狱后的他时常会接到狱友的感谢信，原来由善行善心所带来的信任感与归属感，远比表面上的称兄道弟、拉帮结派拥有更大力量。

华某从小成长于我们最熟悉的"虎妈式"教育之下。父母关心的只有成绩。从小华某就有一个懵懵懂懂的认知，那就是"只有成绩好了父母才会多关注我"。在他眼中，父母忙于工作和事业，跟他几乎没有沟通。背负了家庭高期望的华某只能努力学习以求父母的认可，将父母的梦想当作了自己的梦想。在成长的过程中，被父母紧逼着前进的压力和孤独始终伴随着华某。在成年前，他几乎没什么朋友。甚至在高中阶段，他的语言能力一度出现了退化。作为一名华裔，特别是学习特别好又不善言辞的华裔。华某成了学校中其他同学眼中的"怪胎"，在人生最重要的时刻，逐渐建立三观的年龄段中，华某一度被孤立、被嫉妒，甚至被霸凌。这些内在和外在的压力，华某的父母都没有意识到。在他们眼中只要华某的成绩依然优秀，就没有任何问题。甚至当华某主动和父母谈起自己的压力和痛苦时，却被告知："你的父母从中国千里迢迢地移民到这里，最终能够在一个陌生的国度站稳脚跟，都是靠着自己去解决一个又一个难题。你也不该这么软弱，而应该自己克服困难！"这成了压倒华某的最后一根稻草。

华某入狱后，他的双亲反省了自己，如果当初不给予孩子那么大的压力，如果当初他们认真倾听孩子的不安与痛苦，或许最终不会走向这样的结局。在华某服刑的十多年中，父母一直坚持不懈的前去探望，与华某沟通谈心，亲子之间的坚冰终于逐渐消融。父母的坦诚让他动容，也让他学着以崭新姿态拥抱这个世界的善意与爱。他在狱中静思己过，与人为善，还向狱友赠送书籍，帮助他人走回正轨。

重获新生的华某没有闲着，他想起自己身陷黑帮的时候，有次曾通过网络向青少年发送"入会"邀请，短短一天之内就有 300 多个年轻人登记注册，到场参加活动的华人学生竟高达 5/6。其中还有不少是来自中国国内的留学生，现在回想起来，这种现象无疑让人忧心。华某虽然已经迷途知返、改过自新，但在人们看不见的阴暗角落里，误入歧途的"华某"们也许还有很多。

为此，华某选择站出来"重揭伤疤"，以自己的亲身经历为主题进行公开演讲，在洛杉矶尔湾市的华裔社区里，他勇敢地迎着人们或鄙视或同情的目光，讲述了自己如何从名校学子堕落为黑帮分子，最终因卷入枪杀案而坐牢 11 年的惨痛经历。他这样做不是为了别的，而是希望用自己这个活生生的"反面教材"，为在美求学、工作、生活的华裔同胞提供警醒，他希望家长们可以更多地关注孩子的心理健康而不是一味地用学业成绩衡量一切，也希望年轻人可以用正确的方式排解压力，千万不要因一时糊涂而做下让自己后悔终生的事。

"我想和那些来美国的中国留学生说，你们被爱着，你们的未来有无限的可能。希望你们跟从你心，不要在乎别人说什么。当你们感到孤独的时候，一定要相信自己。学会合理倾诉和释放自己的情绪，不要一时迷失，未来的路还很长。"

（一）犯罪的社区、家庭、学校因素

家庭是构成社会的最基础的结构，通过正常发挥自身功能，促使人们社会化的顺利实现，在帮助个体掌握基本生活技能，接受社会规范，引导生活目标确立等方面发挥着重要作用。人一出生便置身于一定的家庭环境中，接受这种环境的影响并开始了最初的也是最重要的社会化过程，家庭环境是影响一个人心理和行为健康发展的第一场所。教育功能是家庭社会功能比起学校教育、社会教育更具有独特作用。国内外研究资料表明，儿童早期的生活经验深刻地影响其一生的发展。

家庭环境的好坏，对于一个人的思想意识、性格特征和道德品质的形成与发展起着关键作用。良好的家庭环境有助于一个人健康成长，顺利完成其社会化过程；不良的家庭环境就可能使子女的个性发展受到阻碍，导致异常心理，增加其犯罪的可能性。家庭环境因素与犯罪的关系，特别是与未成年人犯罪的关系主要表现在以下几个方面：

1. 家庭关系不和睦。家庭关系不和睦主要是指家庭成员之间感情失和，如夫妻之间感情破裂，父母子女之间感情危机，兄弟姐妹之间感情不融洽等。家庭成员之间感情上的障碍，会在一定程度上影响到未成年人的个性形成。父母的一言一行，无论好、坏，道德与不道德，都可以潜移默化地影响到孩子。青少年好奇心强，易受暗示，善于模仿，不是说他们见到任何人的行为都会去模仿，而是对于他们来说越重要，越为他们喜欢的人的行为，他们越是要模仿。跟他们接触最多的在学校是同学，在家里就是家庭成员，特别是他们的父母。而在父母与子女关系紧张的家庭中，子女对父母的尊重和崇拜不复存在，父母的说教不起任何作用。

2. 家庭结构不完整。结构不完整的家庭是指缺少一方或双方父母的家庭。家庭不完整对未成年人影响极大，往往被认为是影响未成年人犯罪的一个重要因素。一般来说，父亲会给孩子坚强、勇敢、权威等方面影响，使孩子有安全感，母亲则会给孩子以无微不至的关爱和体贴。父母的角色互有差异，相互补充，不可相互取代。单亲家庭的子女往往因缺少母爱或父爱而在幼小的心灵上引起各种种不良反应，容易导致心理失衡。

3. 家庭教育能力不足。家长的素质偏低，难以给子女正确的引导和教育。家长的素质对家庭成员的文化知识、道德养成、心理素质和行为习惯的培养具有决定性作用。现代新型家庭除了要求家长具备一些基本素质以外，还要求掌握教育子女的科学知识。而我国广大农村的人口文化素质较低，即使在文化水平相对较高的城市中，现代生活节奏加快，年轻的父母工作忙，压力大，与子女的接触、交流较少，结果对子女思想上的迷惘、心理上的苦闷以至生理上的问题无力或无暇及时予以指导，造成子女内心的欲望和要求得不到满足，心理得不到慰藉，进而形成焦虑、冷漠、烦躁以及责任感和同情心缺乏等不健康心理。一些违法犯罪的未成年人就是在无父母关心和陪伴的无助心理状态下被他人引诱或利用的。

4. 家庭教育不当。家庭教育问题是家庭环境中最主要的问题，良好的家庭教育是青少年健康成长的重要条件，也是抵挡其他不良因素影响的最有效的力量，而不良的家庭教育则会直接影响孩子的身心健康，也是关系青少年从小养成恶习，从而导致违法犯罪的关键因素。

（二）犯罪的自然因素

学习情境6

上海交大教授武筱林和博士生张熙的《基于面部图像的自动犯罪性概率推断》用机器学习算法和图像识别技术扫描了 1856 张中国成年男子的身份证照片，让算法来判断这个人是不是罪犯，称成功率达到了 90%。武筱林和张熙还总结了这些罪犯的面相特点：内眼角间距比普通人短 5.6%，罪犯的上唇曲率不一样，罪犯的鼻唇比非罪犯角度小 19.6%，罪犯跟普通人相比，面部特征来的更明显。这篇文章在发布之初就惹来了一些种族歧视的争议。5 月初，Google 和普林斯顿大学的三位研究人员写了一篇反驳文章，名为《相面学的新衣》。他们在文章中认为武筱林的研究方法跟 150 年前的意大利的"医学相面术"类似，只是使用了机器学习算法："1870 年意大利医生龙勃罗梭（Lombroso）打开了意大利罪犯维莱拉尸体的头颅，发现其头颅枕骨部位有一个明显的凹陷处，它的位置如同低等动物一样。这一发现触发了他的灵感，他由此提出'天生犯罪人'理论，认为犯罪人在体格方面异于非犯罪人，可以通过卡钳等仪器测量发现。龙勃罗梭认为犯罪人是一种返祖现象，具有许多低级原始人的特性，可被遗传。"

龙勃罗梭先后对 5907 名犯罪人进行了人体测量和观相术、颅相学研究，他还对 383 名死刑犯罪人的颅骨（头盖骨）进行了解剖检查，发现这些犯罪人具有不同的解剖学特征。1870 年 12 月，在意大利帕维亚监狱，他打开了意大利著名的土匪头子维莱拉尸体的头颅，发现其头颅枕骨部位有一个明显的凹陷处，位置如同低等动物一样。于是他得出结论：这种情况属于真正的小脑蚓部肥大，可以说是真正的正中小脑。这一发现触发了他的灵感，他认为，犯罪者与犯罪真相的神秘帷幕终于被揭开了，原因就在于原始人和低等动物的特征必然要在我们当代重新繁衍，从而提出了他的天生犯罪人理论。龙勃罗梭 1876 年发表了他的《犯罪人论》，断言带有生理性"返祖"现象的人具有天生的犯罪倾向，提出了著名的天生犯罪人理论。认为生来犯罪人是隔代遗传的结果，他们有独特的生理解剖特征，这些特征在现代人中是罕见的，是原始人和野蛮的种族所特有的，这些特征的结合，决定着暴露在外面的生来犯罪的类型。生来犯罪人的犯罪行为是由他们原始野蛮的生理解剖特征所决定的，不管社会环境如何，他们都会进行犯罪。龙勃洛梭以他的生来犯罪人犯罪原因理论为基础，并提出了相应的犯罪控制理论。认为生来犯罪人是隔代遗传的结果，生来犯罪人在生理特征及心理特征方面，都与正常人有所不同，也与其他犯罪人有一定差别，这种人的犯罪行为是他们的遗传特性的自然表露，是其不适应现代文明社会的结果，社会环境只不过对其实施犯罪提供了机会，而不可能对他们是否实施犯罪加以影响，不可能对这种犯罪人进行改造。对犯罪的处罚幅度不能以犯罪行为对社会的危害程度而定，根据犯罪人的主观恶性大小而采取不同的处罚，对由遗传决定的天生犯罪人，在他们没有犯罪前就可以适用保安处分，犯罪后则应适用终身监禁、永远流放、终身隔离、终身割除生殖器官和死刑的办法。

《相面学的新衣》的第三作者，普林斯顿大学法学系教授 Alexander T. Todorov 告诉《好奇心日报》，"有些人认我们的文章是在攻击武筱林，但并不是有意如此。我们想做的是展示这个结果并不如他们展现的那样'客观'，武筱林进行的假设是未经检验的"。

1. 地理环境与犯罪。从地理环境来看，地理条件不同，对犯罪的影响也不同。一般来说，拦路强奸、抢劫多发生在行人稀少的偏僻地段；扒窃犯罪则常发生在繁华的商业中心、旅游胜地和公共汽车上；寻衅滋事案件多见于体育场、影剧院、娱乐中心和闹市区等公共场所；走私、贩毒等犯罪活动多发生在沿海和内陆国境、边境地区。人口流动性大的地区犯罪率往往高于流动性小的地区，这是由于人口流动性大的地区的环境影响，必然导致社会控制和监督的相对松懈，使犯罪分子易于作案，便于逃匿。城市环境与农村环境对犯罪的影响也有所差别。一般来说，城市的犯罪率高于农村的犯罪率，尤其是大城市犯罪率最高，这是由城市所具有的不同于农村的社会生活环境及特点决定的。两者人口密度不同，城市中传统的社会关系如邻里关系、家庭关系不如农村密切，财物集中程度、交通方便程度都较农村高，城市地理分布集中，加快了犯罪信息的传播和扩散速度，城市社会控制却不如农村严密，所以城市犯罪率普遍高于农村。

2. 不同季节与犯罪。季节性，是指春暖、夏热、秋凉、冬寒这样的气候特征，这个特性不仅对大自然一切生物生长有着直接影响，而且与人类社会犯罪活动也有一定关系。关于这一点，国内外犯罪学家早就注意到了。所谓"犯罪热规律"就是从这个角度提出的，尤其是关于性犯罪与气温的关系问题，比较明显的。从理论上讲，入春至夏这段时间，随着万物复苏，人也经历着一个逐渐苏醒到全面亢奋的生理过程，由于气温的变暖和盛夏季节天气的酷热，人们的血液循环加快，情绪容易激动，聚众斗殴、伤害等暴力犯罪夏季发案较多；强奸等性犯罪率每年从3、4月开始递升，6、7月达顶峰，8、9月开始下降，11月以后降至最低；而冬天，人们穿戴多，皮肤感觉差，加上城市流动人口多，扒窃活动在公共汽车和人多拥挤的闹市就会出现高发状态。

拓展阅读

我国的罪因理论[1]

我国犯罪学对犯罪原因进行系统的研究最早开始于 20 世纪 20 年代末，自 70 年代末 80 年代初我国犯罪学成为独立学科以来，一些学者在广泛研究我国现阶段犯罪问题的基础上，提出了不少观点，形成了一批有价值的罪因理论，主要有：

一、社会变迁论

社会变迁论是中国社会学、犯罪学教授严景耀先生早在 20 世纪 20 年代提出的犯罪原因论。1934 年他发表了"中国的犯罪问题与社会变迁的关系"一文，成为中国早期极其珍贵的犯罪学著作。基本观点是，社会变迁往往导致人们对新的社会环境失去适应能力，使传统的社会控制手段失去有效性能，在社会发生变迁时，犯罪现象就会不可避免地发生以至于增多。具体而言：①社会变迁引起新旧法律观念、道德规范的矛盾和冲突。人们容易在急剧的社会变化中无所适从，不辨是非，出现行为的失范，从而违法犯罪。②社会变迁使相当一部分人失去社会适应能力。"为了在新的环境中，满足他们新生活的最基本的需求以求得生存"，犯罪成为他们的一种选择，成为他们解决生存问题的手段。③社会变迁导致社会控制系统的失效和社会解体，一个国家长期在生活的所有各个方面都受着传统的统治，在工业化、商业化的过程中急剧地失去了控制力。"在以前约束行为的形式在一切社会集团中基本上是一致的"，而现在则"受到各种互相矛盾的行为规范和准则的影响"。因为"短时间内，要顺利地、和谐地建立新秩序以控制新局面是很困难的"，很容易产生犯罪。严景耀先生认为，犯罪不仅是个人问题，是"透过犯罪的表面现象，探索犯罪者的冲动同环境的有效刺激之间的内在联系，并揭示犯罪者同社会条件的改变而产生的行为变化"。这一理论着重揭示了犯罪与社会环境的关系，认为人之所以犯罪是社会原因造成的。

二、阶级斗争决定论

阶级斗争决定论是 20 世纪 50 年代以来在我国占主要地位的理论，影响中国法学界长达 30 余年。该理论认为，"犯罪是这样一种历史范畴，随着私有制、阶级斗争的产生而产生，随之消亡而消亡，犯罪是阶级斗争的表现和反映。犯罪是在阶级社会中，统治阶级把侵犯本阶级利益的行为，通过国家权威以法律形式宣布犯罪并实行镇压"，"犯罪概念一出现，就打上深深的阶级烙印。没有阶级对立、没有国家和法律，就没有犯罪的概念"。阶级斗争决定论认为，犯罪是严格的法律的、政治的范畴，"罪犯一旦失去法律的政治属性，其本身就不再存在"。阶级斗争决定论与私有制根源论同出一辙，实际上是一种观点的两种表述。阶级斗争决定论在阐释社会主义条件下，为什么消灭了剥削阶级和阶级压迫后，仍然存在犯罪现象时，认为社会主义社会仍然存在旧

---

〔1〕　参见王娟主编：《犯罪学概论》，中国政法大学出版社 2007 年版，第 129～133 页。

社会遗留下来的流毒，存在国际资本主义势力的敌视和渗透，存在作为补充的一定的私有制经济及其意识形态。邓小平同志关于社会主义条件下阶级斗争的状况和当时反革命分子和其他刑事犯罪分子的破坏活动的性质等论述发表后，学界包括坚持阶级斗争决定论的学者对阶级斗争与犯罪的关系理论作了重要的理论修正。认为我国 20 世纪 80 年代的犯罪与阶段斗争是既有联系又有区别的两个不同概念。经过对社会主义条件下阶级斗争与犯罪的关系的反思，现在我国犯罪学界很多学者都认为，阶级斗争是犯罪产生的重要原因，但不是决定性原因，也不是唯一的原因。

三、犯罪源流论

犯罪源流论是我国犯罪学者于 20 世纪 80 年代中期提出的犯罪原因理论，认为犯罪产生的原因可分为"犯罪源"和"犯罪流"两部分。"犯罪源"即犯罪赖以产生的总根源，即私有制和阶级斗争；"犯罪流"即新社会脱胎于旧社会之后，旧社会的某些犯罪因素流入新社会的现象，包括"人流""意识流""经济流""制度流"等。在私有制社会中，犯罪"源"与"流"对犯罪产生普遍的影响和作用，尤其是"犯罪源"的作用决定了必须会产生某些"源发性"犯罪，而在社会主义制度下，公有制不产生犯罪，"犯罪源"仅有微小的一部分，"犯罪流"起主要作用。"犯罪流"因素与现实社会某些条件相结合，则会产生"流发性"犯罪。我国目前的犯罪现象是部分"犯罪源"（主要是少量私有经济的存在）与国内"犯罪流"以及国外"犯罪源"和"犯罪流"交互作用的结果。

四、矛盾冲突论

矛盾冲突论认为，任何社会都存在着矛盾，每个人都生活在矛盾之中，在人们不同的政治素质（道德水平、思想修养、法制观念、文化知识等）作用下，矛盾有可能被缓解，也有可能激化而引起冲突，导致犯罪。

社会之所以存在大量矛盾，是因为存在利益差异和冲突，利益冲突导致矛盾和斗争。在追求个人利益时，总会有一些人实施危害社会利益或他人利益的犯罪行为，社会存在的利益差异和冲突是我国存在犯罪的真正原因。

五、抑制系统功能弱化论

抑制系统分为内、外两个部分。内抑制系统是人们自身的抵抗能力，包括抵抗引诱、处理冲突、摆脱纠纷、避免冒险的能力，也包括心理素质、意志力和信念等。外抑制系统指社会、国家、社区、家庭和其他社会群体对自己成员的约束力，以及促使自己的成员自觉接受和遵守行为规范的能力。抑制系统功能弱化论认为，如果内外抑制系统功能受到削弱，社会动荡，犯罪增多。一般情况下，一个人利欲越强烈，恐惧感越小，犯罪的可能性就越大；如果利欲很低，而且恐惧感较大，犯罪的可能就小，甚至不会犯罪。"利"与"害"孰轻孰重，主要取决于抑制系统功能的强弱。

六、远正近负效应论

远正近负效应论认为，现代化进程的社会变革必然会对社会生活带来重大的影响。

这种治安效应可以分为正、负和远、近两种。现代化进程对于社会治安的近期效应，有积极的一面，也有消极的一面。社会变革冲击着传统的社会控制，会造成一时的、局部的、一定程度的失控，在这种情况下，犯罪现象增多就不可避免。近期负效应首先表现在社会变革使某些社会机制一时失调，使外在的社会控制力量减弱。改革开放以来，旧体制有所破除但尚未完全破除，新体制开始建立但尚未完全建立；两种都是不完全的体制，但又同时并存，不能不发生摩擦和冲突；旧体制的弊端，新体制的不足，往往同时作用于社会。在新旧体制转轨交替之中，出现了二者都管不了的空隙，导致一些社会控制机制一时失调，导致犯罪产生。近期负效应还表现在社会变革使一些社会成员思想失衡，社会内在控制能力下降。改革开放以来，不仅经济体制发生变化，也引起人们思想观念、价值观念的一些变化，甚至出现某种混乱。正是由于社会变革初期产生了这些影响社会治安秩序的负效应，现代化过程中，犯罪率升高是所付出的不可避免的代价。

七、社会震荡及代价支付论

社会震荡及代价支付论认为，由产品经济向商品经济"转轨"，一方面是从根本上高速发展着社会生产力，调整着生产关系；另一方面则由于社会商品化倾向的"经济热潮"造成社会生活张弛失度、紊乱多变，势必要引起一定程度上的社会震荡，不可避免地造成犯罪的局部增加。这种因经济发展过速所带来的我国犯罪现象在一定历史阶段的局部加剧，是为改革目标实现、改革胜利完成所付出的一种必不可少的补偿，一种历史性的代价。

破窗理论[1]

破窗理论（Broken Window Theory）源于 1969 年美国斯坦福大学心理学家在旧金山进行的一项试验：把一辆车子摆在旧金山的街道上面，将车子好好地放在那里，不理它。结果第一星期没有遭人破坏。第二星期时将其中一个窗户打破，结果不到四个钟头，就被偷得仅剩下轮胎。其实，破窗仅是一种比喻，是指低层次违法犯罪、扰乱公共秩序的行为有如一扇未被修理的破窗，是无人关心的表象，将导致更多更严重的野蛮和犯罪行为。1982 年，美国学者 Wilson 与 Kelling 在其发表的《警察与社区安全：破窗》一文中首先使用"破窗"字眼，极力促请政策制定者、警察人员、学者专家应多注意有关行为不检、扰乱公共秩序行为与犯罪被害恐惧感的问题。

美国学者 Taylor 和 Harrell 揭示了破窗理论对于社区的衰败与失序因而导致犯罪率上升的影响：

1. 物理环境的恶化，城市社区有大规模的涂鸦或垃圾，而人们或机构对此不去关心，将会增加居民和商店在社区中的被害恐惧感。

---

〔1〕　本部分内容参考"破窗理论"，https：//baike. so. com/doc/5402767-5640453. html，2018-8-10。

2. 居民较关心自己个人安全，而较不关心公众秩序。

3. 缺少"街道监视"，青少年变得更大胆、攻击或破坏频率提高。

4. 居民只关心自己个人与财产的安全，感觉社区青少变得渐渐麻烦，想使他们从社区公众场所撤离。

5. 社区外的潜在犯罪者视这个社区是犯罪有利场所，他们侵入这个社区犯罪，并认为在这里犯罪不易被察觉或发现。

破窗理论至少说明下列事项：

第一，假如一窗户遭到破坏而无人修理，则破坏者会误以为此建筑物已无人管理，此社区的居民漠不关心，可以任意破坏，那是一种犯罪前的测试，并进一步导致比"破窗"更严重的犯罪。一个社区小违规或轻微犯罪不加以处理，有如是一种暗示许可，那将是转变成重大犯罪的开端。此即所谓"犯罪升级"效应。

第二，居民看到"破窗"无人管理，例如喝酒的年轻人对在公园散步者恶言相向；陌生人对不给零钱者实施恐吓；服装不整的私娼；酒鬼随意躺卧在大楼或公寓门阶阻挡出入口的畅通等。这些现象均会使民众产生恐惧与不安全感影响生活品质，民众也因此逐渐对警察与政府失去信心。

通过破窗理论，犯罪学家进一步揭示，环境的设计与改良，对预防和减少犯罪的发生有着重要的意义。

学习单元四

犯罪的三角模式

📝 学习导语

原因难防，机会易防。

项目一　犯罪的三角模式的要素

📝 学习情境1

2018 年 1 月 19 日，互联网资讯博主"中国元"收到电信诈骗短信后，利用所学技术，进行了一次"反杀"。"中国元"通过个人微博，发布几张截图，详细介绍自己"反套路"电信诈骗者的过程。截图中，对方自称其单位领导，以要向上级领导送礼为由，借用"李钟原"的银行账户，并伪造转账记录，企图骗取钱财。而"中国元"将计就计，获取对方信任后，发送一则木马程序，哄骗对方安装，并成功控制诈骗者的电脑，收集相关证据后报警。

……

一位 19 岁的青年因找工作未果意图抢劫，准备好作案工具后，因为酒意而又放弃犯罪，却在此时，因为网约车司机一句恶意的"穷鬼还坐啥车"再度激发犯意，青年因此将网约车司机杀害并抛尸。

一、犯罪价值观和犯罪选择

（一）犯罪价值观

犯罪率并不因为政府或专业机构对某类犯罪的打击力度的强弱而发生太大的变动，犯罪并不因为政府和专业部门的严厉打击而消失。我国一直以来对于毒品犯罪、严重暴力犯罪等采取严厉的打击，但是这类犯罪却依然呈现高发态势。犯罪作为一种社会现象，与社会经济结构、发展模式、社会经济、文化发展水平有着联系。目前，我国处于上升或相对高发的犯罪类型，比如毒品犯罪、职务犯罪、恐怖犯罪、涉枪、涉爆犯罪，等等，最主要的目的就是牟取利益。马克思在揭露资本追求价值时曾如下表述："一旦有了适当的利润，资本就变得胆大起来，如果有 10% 的利润，就保证到处被使用；有 20% 的利润，就活跃起来；有 50% 的利润，就铤而走险；为了 100% 的利润，就敢践踏人间法律；有 300% 的利润，就敢冒任何犯罪，甚至冒绞首的危险。"这一段话充分揭示了商品经济与犯罪之间的关系，体现犯罪的价值观。犯罪行为从某种意义上说是一种"理智"的行为，其价值取向体现市场经济的特点，犯罪的工业化、职业化的特点使得犯罪分子在实施犯罪中，融入了风险意识、效率观念。

（二）犯罪选择

犯罪选择即犯罪实施者依据犯罪价值观和犯罪机会，衡量犯罪风险与收益之后，决定是否实施犯罪，或具体到如何实施犯罪的心理过程。

任何犯罪的最终目的都是获得犯罪收益，例如抢劫犯罪，犯罪主体实施抢劫之前，必须衡量一旦实施犯罪，其自身损失与抢劫收益之间的关系，如果判断收益大于损失，则实施犯罪，相反，犯罪主体会放弃犯罪；我国打击毒品犯罪的力度是相当大的，刑罚也相当重，但是犯罪分子仍然拿生命作赌注进行犯罪，究其原因，毒品犯罪一旦得逞，就能一夜暴富，因而犯罪分子宁愿冒杀头之险以身试法，即犯罪的价值观。

犯罪价值观的充分体现在犯罪选择上，绝大多数的犯罪人在实施犯罪时都会比较犯罪收益和犯罪风险。当某种犯罪收益大于犯罪风险时，犯罪分子就会选择实施犯罪；而当犯罪的风险大于犯罪收益时，犯罪分子则选择放弃犯罪，或转向到犯罪风险小的犯罪。犯罪实施者对犯罪选择比较的心理过程就是犯罪选择。犯罪人在进行犯罪选择过程中，在犯罪价值观的影响下，选择的结果必定是犯罪风险小、收益大的犯罪目标。通过衡量，假如风险大于收益，犯罪就不会实施，犯罪人会放弃犯罪，但是犯罪人犯罪的动机仍然存在，因此犯罪人会寻找防范薄弱，风险小的新的目标。目标一旦确定，犯罪就会实施，这种从一个目标转向另一目标的过程便是犯罪转移。因此，犯罪价值观决定了犯罪选择，犯罪选择决定了犯罪的流向。

二、犯罪的三角模式

💬 学习情境2 ⌐

被告人莫某因长期沉迷赌博而身负高额债务，为躲债于 2015 年外出打工。2016 年 9 月，莫某经中介应聘到朱某（女，殁年 34 岁）、林某 1 夫妇位于杭州市上城区蓝色钱江公寓 2 幢 1 单元 1802 室的家中从事住家保姆工作。2017 年 3 月至同年 6 月 21 日，莫某为筹集赌资，多次窃取朱某家中的金器、手表等物品进行典当、抵押，至案发时，尚有价值 19.8 万余元的物品未被赎回。其间，莫某还以老家买房为借口向朱某借款 11.4 万元，上述款项均被莫某用于赌博挥霍一空。

2017 年 6 月 21 日晚至次日凌晨，被告人莫某用手机上网赌博，输光了当晚偷窃朱某家一块手表典当所得赃款 3.75 万元。为继续筹集赌资，其决意采取放火再灭火的方式骗取朱某的感激以便再向朱某借钱。6 月 22 日 2 时至 4 时许，莫某使用手机上网查询"打火机自动爆炸""家里突然着火什么原因""沙发突然着火""家里窗帘突然着火""放火要坐牢吗""火容易慢燃吗""发生火灾火怎样才能燃烧慢点""起火原因鉴定""火灾起点原因容易查吗"等与放火有关的关键词信息。凌晨 4 时 55 分许，莫某用打火机点燃书本引燃客厅沙发、窗帘等易燃物品，导致火势迅速蔓延，造成屋内的被害人朱某及其子女林某甲（男，殁年 10 岁）、林某乙（女，殁年 7 岁）、林某丙（男，殁年 4 岁）四人被困火场吸入一氧化碳中毒死亡，并造成该 1802 室室内精装修及家具和邻近房屋部分设施损毁。火灾发生后，莫某即逃至室外，报警并向他人求助，后在公寓楼下被公安机关带走调查。

事后反思，莫某应该说是在社会一步步的纵容下"成长"为罪犯的。

2015 年 7 月，被告人莫某在浙江省绍兴市越城区胜利路望越中央花园徐某家做保姆时，盗窃茅台酒 2 瓶；2016 年 2 月，莫某在上海市华发路 333 弄李某家做保姆时，盗窃同住保姆汪某现金 6500 元。上述盗窃行为被发现后，莫某退还或退赔财物。2015 年 11 月至同年 12 月，莫某在上海市浦东新区潍坊西路二弄 6 号楼周某家做保姆时，多次窃取戒指、项链等物品进行典当，在被发觉前赎回归还。她赌博成性，甚至为此不惜诓骗雇主。然而，雇主对其的态度，是纵容。如果社会、家庭对盗窃零容忍，何至于如此？她谎话连篇，多次向雇主借钱。如果人们对这种"谎话贩子"多一点警觉，事情何至于此？她的家庭有责任，社会也有责任。

虽然法律给了莫某上诉的权利，但世界早已把她唾弃。对死者家属林某而言，判决来得太晚；对莫某而言，劝诫来得太迟。

（一）犯罪动机

犯罪动机是指引起、指向和维持个人实施犯罪行为的心理过程。在犯罪动机作用下，犯罪人选择方法，做出决定，实施行为。一个人犯罪的原因有许多方面，虽然受社会环境影响，但主要是受个人意识支配，个人主观因素即内因起决定作用。一个人一旦产生了犯罪意识，也就具备了犯罪动机，一旦具备了适宜条件，就可能外化为犯罪行为，通过犯罪行为达到犯罪目的。

犯罪动机是犯罪之源，是刺激、促使犯罪人实施犯罪行为的内心起因或思想活动，是推动犯罪人实施犯罪行为的内部动力。任何一种故意犯罪的实施，一定存在犯罪人的主观犯意。没有犯罪动机的犯罪是不存在的（过失犯罪除外）。在犯罪行为发生的过程中，动机和行为作为两个不可颠倒的活动历程对人的犯罪过程起着推动作用。所谓不可颠倒，是指人的犯罪过程由其犯罪动机所激发，犯罪动机驱使个体趋向某个目标，实施犯罪行为。犯罪动机在先，犯罪行为在后。一般情况下，犯罪动机一旦形成，在其直接推动下，犯罪人才会决定行为目的、选择行为方法、做出行为决定、实施犯罪行为。

（二）犯罪能力

犯罪能力是指犯罪行为人所能达到的犯罪技能、水平和主观条件，包括犯罪行为人的知识水平、文化结构、特殊经历、阅历、特殊技能等，犯罪主体所选择的犯罪是根据自身条件而定。有了犯罪动机不一定实施犯罪，犯罪需要一定的本领，即需要犯罪能力。由于犯罪人的犯罪能力因人而异，因此犯罪人所选择的犯罪方式也不尽相同。如文化水平低、身体强壮的人，以实施暴力或抢劫犯罪为主；体质羸弱又无技能的人，多以诱骗、诈骗的方式实施犯罪；而具备相当知识或专业技能的人，则实施智能犯罪。

（三）犯罪机会

犯罪机会是指在犯罪现场存在的有利于犯罪行为实施的人、物、环境及与上述要素相联系的时间、地点、空间及防范特点诸要素的总和，是产生犯罪的助推器。犯罪人产生犯罪动机、具备犯罪能力并不能决定其犯罪，犯罪的实施还取决于实施犯罪的现场是否为犯罪人提供完成犯罪的条件和机会。犯罪机会也是制约犯罪的重要因素，与犯罪动机和犯罪能力截然不同。犯罪动机和犯罪能力通常是由犯罪人个人的主观意志和自身条件决定的，完全掌控在犯罪人自己的意志范围内；犯罪机会则是犯罪人自己无法掌控和设定、不以犯罪人意志为转移的。犯罪人实施犯罪必须找到合适的机会，为了寻求这样的机会，犯罪人往往会长时间地踩点、守候、跟踪甚至演练。在犯罪活动中，犯罪机会是至关重要的，有时即便行为人原本并没有犯罪动机和意图，而犯罪机会的出现，也会激惹行为人或见利忘义或临时起意实施犯罪，犯罪机会往往起到激惹犯罪动机、推动犯罪产生的作用。

1. 犯罪机会是犯罪行为发生的条件之一。任何犯罪的发生都不是偶然的，而是在形成一定的犯罪动机，并且寻找到一定的犯罪机遇后，才会实施犯罪行为。犯罪行为并不是随时随地实施的，而往往是在其认为有适当的行为客体出现，并且具备适当的时间、地点等客观条件时才实施。

2. 一个人有了犯罪动机后，未必直接实施犯罪，会受到外部环境诸多因素制约。在一般情况下，犯罪动机形成后并不一定立即付诸行动，在犯罪动机形成与犯罪行为的实施之间，还存在着确立犯罪目标，选择犯罪方法，制定犯罪计划，做出犯罪决定等环节。任何一个环节，由于内外因素的影响，都会使犯罪动机发生变化，产生激烈的内心冲突。如果强化、巩固犯罪动机，使之持续进行下去，使犯罪加速实施；如果减弱、转化犯罪动机，使其改变原定方向，使犯罪被放弃。犯罪动机起主要的决定作用，犯罪机会则起"导火线"的作用。减少犯罪机会，就是减少有利于犯罪实施的机会，干扰犯罪的中间过程，直接影响或遏止犯罪决意与行为形成条件，相对于消灭犯罪动机而言，减少犯罪机会是犯罪预防的第二道防线。

（四）犯罪三角模式的构成

犯罪动机、犯罪机会和犯罪能力等三要素之间的互动关系被称为犯罪三角模式，犯罪人要完成其预期的犯罪收益是三个基本要素共同作用的结果。

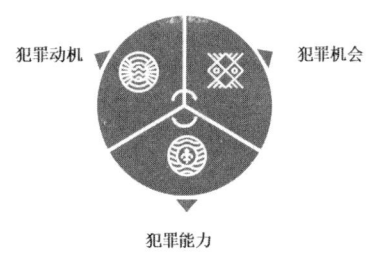

犯罪动机　　犯罪机会

犯罪能力

图3　犯罪三角模式的基本组成

犯罪三角模式是根据犯罪人的主观心理、自身能力和犯罪现场客观存在的条件而得出的理论。犯罪得以实现其预期收益，首先必须存在犯罪人的主观犯意，没有犯罪动机的犯罪是不存在的，有了犯罪动机并不意味着犯罪就能得逞，在犯罪的三角模式中犯罪人的犯罪能力起着核心作用；犯罪人产生了犯罪动机、具备了犯罪能力不能决定犯罪成功与否；犯罪的成功还要取决于实施犯罪的现场是否给犯罪人提供了完成犯罪的条件和机会。前二者是犯罪人主观和自身的条件，而犯罪机会并不是犯罪人可以设定的，不以犯罪人的意志为转移的，犯罪机会的预防在犯罪实施过程中对犯罪的最终能否完成起到了决定性作用。虽然无法把握犯罪人的心理状态和自身的能力，但是在犯罪的三角模式中，可以对犯罪机会主动进行预防，犯罪机会的预防就成了犯罪预防的重点。

项目二　犯罪机会在犯罪三角模式中的地位

学习情境3

2018年5月10日晚，"平安郑州"发布消息：2018年5月6日凌晨，郑州市航空港区发生一起命案，受害人李某（女，21岁，山东济南人）在搭乘网约车途中被害，网约车司机刘某（男，27岁，郑州航空港区人）有重大作案嫌疑。经专案组调取事发地附近多路监控，顺线追踪，显示嫌疑人刘某作案后弃车跳河，警方正在相关区域全力展开搜捕。

李某5月5日从昆明飞到郑州，当晚在与航空公司签约的宾馆换装洗浴后，23点50左右分出门乘坐"滴滴"。她将乘坐6日1点从郑州到济南的卧铺，回老家参加亲戚的婚礼。乘车不久，李某曾微信和同事说司机有些变态，说她漂亮想亲她一口，同事就劝她快下车，其间同事给她打电话，但她称"没事没事"。

这位朋友说，6日一直联系不上李某，7日家属很担心，同事开始联系"滴滴"公司以及警方，同时报警。8日，警方告知家属李某珠的遗体被找到，李某的父亲李先生说，医生告诉他："李某的动脉、心脏、肺部、背部均有刀伤，颈部两边的大动脉全部被割破，这些刀伤刀刀致命，仅背部就有十多刀，案发现场还留下一把刀……"

此时，除了同情死者和她的父亲，痛恨那个杀人凶手外，还有人说网约车要负连带责任，但首先要做的是提醒女性提高安全意识。如果当时李某发现司机有点问题，第一时间想办法下车，成功的机会是很大的（比如借口说忘了拿行李等）。女性在发觉危险来临时，一定要想办法赶紧保护好自己尽快逃离。防备之心强一点，就能让自己少吃亏。

特别是近几年出现的网约车侵害女乘客等案件呈高发态势，女乘客对这样的情况：第一要立即停车，下车；第二立即打电话告诉亲人，或立即报警。报警时应注意不被犯罪分子发现，一个女孩子在车上被劫持，她偷偷地拨打了110，虽然不说话，可是接警的警察可以听到，每到一个路口，都机智地重复路名，这样在接报案中心警察就可以对这辆车的轨迹了如指掌。一旦处于类似境遇，女乘客一定要与犯罪分子斗智斗勇，可以伺机与其搏斗，但应以斗智为主，始终秉持"生命第一，财产第二"的原则。

一、犯罪基本要素在犯罪过程中的相互作用

犯罪动机受制于犯罪机会和犯罪能力。犯罪动机的形成是一种心理活动的过程，外界环境的变化必然对人的心理活动产生重要影响，外部环境和自身能力（犯罪机会和犯罪能力）的作用，会使犯罪动机发生变化。一般情况下，绝大多数犯罪行为在实施前都经过犯罪人反复谨慎的权衡，对犯罪收益和犯罪风险的比较、评估使犯罪成为一种有选择的行为。客观场景的不同、犯罪人自身能力的局限性，都使犯罪机会不断变化，犯罪难度和风险也不确定。这些因素会使犯罪人产生激烈的内心冲突，从而使其犯罪动机得到强化或弱化。从外部环境来看，犯罪机会大而多，可巩固、强化犯罪动机，使犯罪人加速实施犯罪；犯罪机会小而少甚至几乎没有，可减弱或转移犯罪人的犯罪动机，使其改变原定方向甚至放弃实施犯罪。从犯罪人自身能力来看，犯罪能力强，能够轻易突破防御、获得收益，则会使犯罪动机得以强化；反之，如果犯罪人自身能力不足，达不到犯罪收益要求，就有可能选择放弃，从而产生中止犯罪或转移犯罪的结果。

犯罪能力与犯罪机会之间也存在着某种关联。能力与机会是相应的，机会往往因能力而增加，能力也会因机会而提升。犯罪能力越强，相应的犯罪机会就越大，犯罪机会越大，则犯罪的成功率越高。而犯罪能力低弱时，犯罪机会就会减少。要想犯罪得逞，犯罪人必然要通过提高犯罪能力来完成犯罪，这就会刺激其研究犯罪技巧，提升犯罪能力，以期实现犯罪收益。所以，犯罪机会对犯罪人的犯罪能力提出了相应的要求，在犯罪实践中二者必会相促相长。

犯罪能力的提升刺激犯罪动机，导致犯罪升级。在犯罪活动中，犯罪人的犯罪能力有时起着核心的作用。正常情况下，需求是人的行为动力，而人的欲求总是与能力相匹配。在犯罪能力低下的年代，犯罪人的犯罪动机基本都是围绕生存需求，犯罪的恶性程度也是有限的。随着生产能力的发展、生活的丰富，人的生产技能和生活需求也有了很大的提升和改变。特别是随着科学的普及、专业技能的推广，再加上信息流动的便利、犯罪知识的扩散、犯罪工具的获得等，都使犯罪人的犯罪能力大大提高，强烈刺激了犯罪人的犯罪动机，其犯罪手段日趋恶劣、危害后果日趋恶化，犯罪的总体水平与往昔相比已经有了量与质的升级。犯罪升级不仅仅反映犯罪质与量的上升趋势，也体现了犯罪能力与防范能力之间较量的结果。

二、犯罪机会在犯罪三角模式中的地位

犯罪的三角模式中，其中任何一个因素都不同程度影响到其他两个因素和同时受到它们的影响，犯罪机会相对于其他两个方面，在犯罪的三角模式中具有较为重要的地位。

（一）犯罪机会影响犯罪动机

犯罪行为的实施都经过犯罪人的权衡，犯罪是一种有选择的行为，犯罪机会、犯罪难度和犯罪风险变化时，对犯罪产生难或易两种结果。这种客观性的变化使犯罪人比较和评估犯罪收益和犯罪风险之间的关系，犯罪动机发生变化。无法从犯罪人主观的角度去阻止犯罪，可以通过控制犯罪机会，即增加犯罪难度和犯罪风险来遏制犯罪动机，加强对犯罪机会的控制。

（二）犯罪机会对犯罪人的能力提出相应要求

犯罪三角模式中，犯罪机会无法与其他两个因素发生关系，就不可能导致发生犯罪结果，从犯罪人角度来看，犯罪机会减少了，犯罪人只有提高犯罪能力才能完成犯罪，实现犯罪收益，但犯罪人自身能力限制，达不到要求，就有可能选择放弃和产生犯罪转移；某些犯罪，尽管犯罪人犯罪能力很高，但是这类犯罪的作案手段和规律性被掌握，设计一种不可侵的防范模式，犯罪机会几乎为零，进而从根本上阻止犯罪。犯罪人的犯罪行为就会出现不能犯，或犯而不成。

（三）犯罪机会决定犯罪选择

风险和收益是所有犯罪都包含的两个因素，绝大多数犯罪行为的实施，都经过了行为主体对犯罪风险和犯罪收益的权衡，收益大于风险时，犯罪人实施犯罪。犯罪机会的大小决定了犯罪难度大小，而犯罪难度决定了犯罪风险。犯罪选择中影响犯罪人的主要因素是犯罪风险大小，限制犯罪机会会打破犯罪风险和犯罪收益之间的平衡，从根本上导致行为主体在行为价值观上出现差异，使行为主体对其所实施的行为产生动摇，使之重新考虑、重新选择。

三、犯罪三角模式中的要素控制

🖐 学习情境4

2017 年 4 月，26 岁的中国访问学者章某前往美国伊利诺伊大学厄巴纳-香槟分校（UIUC，位于美国伊利诺伊州）交流学习。

2017 年 6 月 9 日下午，她在去往签租房合同的途中失踪，傍晚 17 点，同事联系章某电话无人接听；20 点，大家去公寓管理处寻找未得到任何信息；21 点左右，同事报警。

6 月 10 日中午 12 点 30 分，美国警方宣布对章某失踪案正式立案。

6 月 14 日，美国联邦调查局（FBI）将此案定性为绑架案。

6 月 27 日，FBI 发表声明称已经定位涉事的黑色车辆，车主是 28 岁白人男子布伦特·克里斯滕森（Brendt Christensen）。

6 月 29 日，FBI 在监听克里斯滕森电话录音时发现他在谈论如何绑架章某，以及强行将其带回了自己的公寓。与此同时，有网友在推特上发文称，在 29 日举行章某游行活动照片中，看到克里斯滕森身穿黑色上衣站在队伍后面。

6 月 30 日，FBI 宣布涉嫌绑架章某的克里斯滕森已被逮捕，并根据所掌握的证据，相信章某已经死亡。

7 月 3 日上午，美国伊利诺伊州中部地区联邦法院对中国访问学者章某案举行首次法庭聆讯。首次过堂仅 9 分钟，嫌犯克里斯滕森始终保持沉默，法官宣布他暂不得保释。

7 月 5 日 15 点，中国留美访问学者章某被绑架失踪一案再次开庭。庭审法官 Eric Long 宣判，嫌犯克里斯滕森不得保释，他将继续被羁押。至此，仍然没有任何关于章某下落的消息。

7 月 12 日，美国司法部发布公告称，美国联邦大陪审团正式起诉绑架中国访问学者章某的嫌犯克里斯滕森，起诉的罪名仍是绑架罪，嫌犯在候审期间仍将被继续关押。同时在此文件中，检方认定章某已经死亡。

7 月 20 日，该案进入正式审理阶段，嫌犯克里斯滕森出庭受审。针对其所被指控的罪名，嫌犯表示将作无罪辩护，法官将审判日期定于 9 月 12 日。

尽管章某失踪案被美国 FBI 列为"最优先级"处理的案件，但经过长达 20 余天的搜查，相关部门才找到嫌疑人。

化名 T. E. B. 的证人是嫌犯克里斯滕森当时的女友，在章某于 2017 年 6 月 9 日失踪的 3 天后，相关调查人员曾询问克里斯滕森，并在 6 月 16 日寻求其女友暗中协助。FBI 让这位女性佩戴了窃听装置。

T. E. B. 秘密录下了 7 段有关此案的录音，其中内容惊悚，在其中一段录音中，嫌犯提到了自己绑架并杀害了章某，在偷录下来的录音里，嫌犯向其女友坦白了杀害章某的事实，并称在袭击章某时受到了她激烈的反抗。

此外，在另一段录音中，克里斯滕森当时正和女友参加章某的平安祈祷会，而他甚至还向自己的女友指出了人群中的哪些人是自己的"理想受害者人选"。

庭审过程中，嫌犯克里斯滕森均不得被保释，一直被羁押。

根据犯罪三角模式理论，犯罪动机、犯罪能力和犯罪机会三个基本要素的同时存在并发生作用，就可能产生犯罪，这一理论为我们提供了预防犯罪的基本思路。在治安防范工作中，如果能够遏制犯罪动机、限制犯罪能力、控制或减少犯罪机会，就可以有效地控制违法犯罪的发生。

（一）遏制犯罪动机

犯罪动机是行为个体的一种内在心理因素，通常情况下犯罪动机的形成需要三个条件：一是犯罪人有某种不可满足的需要，即欲求不满是犯罪动机形成的必要条件；二是缺乏调节能力，需要产生以后，如果不能得到满足，人会因挫折感而激发行为的动力，这其中就包含着犯罪的可能；三是选择犯罪手段，个体在需求受阻且缺乏调节能力的情况下，有可能变得消沉或采取非理性但却不违法的消极行为来摆脱困境，这种情况不产生犯罪动机。但当缺乏自我调节能力的个体谋求以反社会的犯罪手段和方式来满足需要时，就会形成犯罪动机。因为作为预防主体，很难发现一个人内在的犯罪动机和欲望。但是遏制犯罪动机并不是完全无望的。根据犯罪动机形成的原理，首先可以借助教育，提高社会个体的文化素养，使其具有相应的道德素质、法律意识和心理适应能力。在社会发展过程中，每一个社会成员都会有自己的生存需求，但如果出现需要不能满足的情况，行为个体应该懂得如何应对。如可以谋求以其他合法途径来实现需求满足，也可以寻找能够满足需求来替代（补偿），或者对需要进行再认识，调节自己的需求结构，降低抱负水平，通过自我调节，抑制犯罪动机的产生，避免犯罪。其次，对于已经掌握的可能产生犯罪动机和意图的个体，也可以通过心理疏导或心理干预来影响其思维，达到遏制犯罪动机产生的目的。

（二）限制犯罪能力

在犯罪预防实践中，对于犯罪人犯罪能力的预防也是被动的。因为预防主体对犯罪人的犯罪能力难以准确认定。限制犯罪能力的唯一途径只能是提高防范能力。如通过严格的管控、有效的制度、密集的巡防以及广泛应用科技防范手段等，提升防范能力，增加犯罪难度，限制犯罪能力。即使犯罪人的犯罪能力较强，但是掌握了其犯罪特点和规律，设计较完善的防范模式，也有可能从根本上阻止犯罪。

（三）控制或减少犯罪机会

犯罪机会作为形成犯罪的重要环节，在一个完整的犯罪过程中发挥着关键作用。犯罪机会是独立于犯罪人主观能力以外的因素，不受犯罪人的意志支配，再加上犯罪动机和犯罪能力的控制在犯罪预防中都有较大困难和局限性，控制和减少犯罪机会就显得格外重要。在预防犯罪的三种基本途径中，限制和减少犯罪机会较其他两种途径而言更为主动、更加直接、更具有可行性，是预防犯罪最为理想和有效的方式。同时，对预防犯罪的实践意义也是最大的。

犯罪机会是犯罪现场中客观存在的人、物、信息、时间、空间、环境等因素的综合体现，预防犯罪动机和犯罪能力相对困难，限制和减少犯罪机会就格外重要。可以通过对环境的主动设计，通过人防、物防、技术防范和环境预防，形成有利于防范的空间，达到增加犯罪难度，限制和减少犯罪。所以，在犯罪三角模式中，限制和减少犯罪机会更主动，更直接、更具有可行性，也是最有效的。

项目三　限制和减少犯罪机会的手段和方法

学习情境5

2018 年 6 月 9 日晚，江苏南京的钱女士焦急地向鼓楼分局幕府山派出所报警，称其女儿小琳在某大厦的地下停车场内被一名陌生男子性侵，请求民警赶快前去解救。

接警后民警迅速出警，并分头在地下停车场内对车辆逐一排查，终于发现一辆商务车的车内有手机亮光。民警上前敲开车门，发现车内有一男一女两名年轻人，女孩神情慌张，衣服凌乱。经询问，该女孩就是报警人钱女士的女儿小琳。"他一把把我搂住，然后强行脱我裤子，他自己也在脱裤子，我说你不要这样子。"小琳说，自己在跟男子周旋的同时，谎称母亲来电话了，见机挣脱后，拿起手机向钱女士发送了位置信息，要求立即报警。

据钱女士说，女儿小琳最近在网上看到一家公司正在筹拍网络电影，需要招聘女二号，于是向该公司投去了简历。6 月 9 日早上，公司负责人让小琳去面试。让钱女士没想到的是，等来的却是女儿求救的信息。民警表示，这名负责人要求女孩和他演一段对手戏，"他跟女孩说，如果你是女二号，你会怎么表现我们之间的亲密关系？随后女孩就上去吻了这个男的，男的就起了色心，对女孩进行了猥亵"。幸好民警及时赶到，小琳并没有受到伤害。目前该男子因涉嫌强奸，已被警方依法刑事拘留。

对相关人的控制可以分为两大类：一类是对犯罪人（或可能的犯罪人）的控制；另一类是对侵害对象（潜在的受害人）的控制。由于两类人在犯罪行为中的地位不同，控制手段也有所不同。

一、控制犯罪人

对犯罪人的控制通常可以分为事先控制、事中控制和事后控制三个方面。事先控制实质上是对可能的犯罪人犯罪动机的控制，对可能的犯罪人进行管理和教育。首先是准确掌握可能成为犯罪主体的高危对象，如吸毒人员、刑释解教人员、因矛盾激化可能铤而走险的人员等。其次是及时发现能够激惹犯罪人（或可能的犯罪人）产生犯罪动机的因素，如生活无保障、债务纠纷、沾染不良嗜好、邻里关系紧张、性格孤僻又遇重大变故等。一旦发现，应迅速对其进行行为的引导和干预，及时采取有效措施，把犯罪意图消灭在萌芽状态。事中控制强调尽可能地对犯罪者进行挽救。通过控制，使正在实施犯罪或者正在寻找犯罪机会的个体因控制而不能犯罪，达到及时制止犯罪或及时制止犯罪行为进一步发展的目的。

如河南郑州火车站地区是盗窃犯罪的高发地区，为了减少盗窃犯罪，公安部门在该地区安装了百余个高清摄像头，同时在人流量大、发案率较高的区域安装了音频广播，视频音频系统同时上岗。当摄像头捕捉到形迹可疑人员或面容熟悉的惯偷混杂在上下车的乘客中伺机作案时，公安人员就立即通过广播播报可疑人员的体貌衣着特征，提醒群众注意自己的财物，对那些惯偷更是直呼其名，进行规劝和警告。伺机下手的窃贼无法作案，只有逃离现场，实现了有效遏制犯罪的目的。该系统试运行的 10 天内，实现了"零发案"，事中控制效果十分明显。

二、控制潜在受害人

对潜在受害人的控制是对容易遭受犯罪侵害的对象的特别关注和保护。首先明确易受侵害的群体对象，如中小学学生、出租车司机、上下夜班的女工、空巢老人和留守儿童等。其次，在易受侵害的群体集中场所增加巡守力量，提升震慑作用。或针对潜在受害人的工作特点强化安防制度，如强制出租车辆加装车载电台、卫星定位和报警显示系统，严格夜晚出市登记手续等。再次，通过宣传，提高易受侵害群体的自防意识。如减少深夜外出或外出时多人成行；夜行时尽量避开黑暗街区和案件多发区；不向陌生人透露个人信息；遭遇危险情况或有可疑迹象时，大胆向路人示意；等等。提高易受侵害人的警惕性、增强抵御犯罪的能力也就降低了其被侵害的可能性。这样使可能成为侵害目标的易受侵害人转化为不可侵犯的对象，进而避免犯罪行为发生。

三、控制犯罪情境

对犯罪情境的控制，最主要的就是加强保护和防范工作，防范的具体内容体现在以下几个方面：

1. 加固目标。加固目标的主要目的就是使犯罪欲侵犯的对象"坚固化"，对犯罪的实施造成现实的物质障碍。比如设置防盗门、防盗窗、防盗网等，这些设备的安装使用，可以对犯罪行为的完成产生延迟作用，增加犯罪人的作案难度，拖延作案时间，降低犯罪成功率。

2. 控制环境。环境控制主要是对犯罪场所进行监控，以减少犯罪机会，防止犯罪发生。首先是加强巡守，无论何时，警察和巡防人员的出现都会对犯罪人产生威慑作用，使其考虑到作案的危险性而放弃犯罪行为。其次是加强技术监控，在需要进行防范的区域遍布电子监控，只要进入防范区域的人员都会被记录下来，犯罪人惧怕监控记录，自然就会避开该区域，如此犯罪机会就得到了有效抑制。此外还有其他环境控制措施，如进行灯光控制、邻里守望等，这些都可以在控制犯罪行为方面发挥重要的作用。

3. 转移目标。对容易引发犯罪的目标进行转移，如将家中贵重物品转移到银行保险柜、入住旅店时将贵重物品寄存服务台等，在这些安全性高、保险性强的场所和位置，犯罪人一般不会轻易地进行犯罪活动；再如汽车内不放贵重物品、外出时不携带巨额现金，因为这些东西都可能引起犯罪人的注意，也就增加了犯罪的可能。移开这些物品，可以在一定程度上减少犯罪人的注意，犯罪人也就会转移犯罪视线。

4. 消除作案所依赖的条件。首先是必要的检查，如复杂场所出入口的安检，可以消除管制刀具、爆炸物品、易燃易爆等危险物品被带入重要场所而引发的潜在威胁。其次是对有助于犯罪的物品、工具等进行管理和控制，如对枪支弹药的管理、麻醉类药品的限制、管制刀具的收缴等。再次是不要摆放加重犯罪形式的物品，如家中明显位置不放置工艺刀、棒等可被利用的工具，这些东西都可能引起犯罪人的注意，也会增加恶性犯罪的危险。

综上所述，犯罪作为一种综合的社会现象，应该运用综合的手段加以应对和控制。通过对犯罪要素的比较分析，抓住易控要素进行控制，针对不易控制的要素采取提前介入、事先控制的方法，达到事半功倍的预防效果。

📖 拓展阅读

由章某案窥探"暗网"里的世界 [1]

尽管章某失踪案被美国联邦调查局列为"最优先级"处理的案件，但经过长达20余天的搜查，相关部门才找到嫌疑人。美国的人口失踪问题成为舆论关注的焦点。类似章某失踪案的案情在美国并不少见，美国联邦调查局下属全美犯罪信息中心数据显示，截至2016年底，共有88 040人在失踪立案调查后案情没有任何进展，人口失踪问题已成为美国社会的一个不安定因素。

美国每年失踪人口涉及各个年龄段、性别、经济状况、阶层以及种族。美国国家司法研究所把美国人口失踪和遗体身份不明的现象称作"这个国家的无声的巨大灾难"。该研究所研究员南希·里特在研究报告中表示，由于数量庞大，失踪人员和身份不明的人体遗骸案件对国家和地方执法机构来说是一个巨大的挑战。研究显示美国社会诱拐案件多发，90%的作案者为男性，一半以上受害者受到性侵害。

---

〔1〕 本文源自《环球》2017年第16期，有改动。

虽然美国联邦应急管理局要求警察部门收到失踪报案后全力搜寻并公布相关情况，但还是出现了很多失踪人口永远找不到的情况。资深调查人员艾米·杜布斯表示，失踪者消失后的 12~24 小时最关键，时间拖得越久，安然无恙的概率越低。

儿童失踪案尤为严重。美国《商业周刊》报道称，美国每年大部分遭绑架且遇害的未成年人都在遭到绑架后的 2~3 个小时内遇害，及时高效的应对尤为关键。但官方机构的办事效率无法达到这样的要求。美国城市之间的"三不管"地带很多，还有不少废弃的房屋，这使得犯罪分子的位置很难被定位。

2018 年 4 月，华盛顿特区警方在社交媒体上公布了多名失踪青少年的信息，一时间再次引发网络恐慌。尽管警方调查部门负责人查尼尔·迪克森很快澄清称，华盛顿特区的青少年失踪人数从 2015 年的 2433 人下降到 2016 年的 2242 人，但谴责警方遮掩案情、执法不当的抗议仍在继续。

章某失踪案的嫌疑人克里斯滕森曾在暗网上浏览某网站，因此有分析人士推测，克里斯滕森有可能将章某绑架之后通过暗网进行了人口贩卖交易。

美国警方判断章某已遇害，但不少国人还是希望她只是暂时失踪。网上由此产生了许多猜测，其中一类猜测就指向了暗网。

这类猜测有一定依据。今年 4 月，嫌疑人克里斯滕森曾在暗网上浏览某网站，该网站是一个以捆绑、虐恋、恋物癖等为爱好之人聚集的社交网络。因此有分析人士推测，克里斯滕森有可能将章某绑架后通过暗网进行了人口贩卖交易。

有人将互联网比作冰山，人们通常访问的网络只是露在水面上的 4%，水面以下的 96% 就是暗网。

暗网特指故意隐藏于网络之中，难以通过标准的网络浏览器和搜索引擎进行访问的网站或网页，其最大特点是能确保使用者匿名，难以追踪和调查。

今年 7 月，由美国联邦调查局、美国缉毒局与荷兰国家警察总局主导，英国、加拿大、法国、德国、立陶宛、泰国以及欧洲刑警组织协助，采取联合行动，关闭了全球最大暗网平台阿尔法湾（AlphaBay）。阿尔法湾是一个网上黑市，从事毒品、枪械、色情、被盗信用卡信息等非法物品交易。

据报道，仅 2017 年上半年，阿尔法湾就销售了超过 500 万个被盗的信用卡号码，平均日交易额约 80 万美元。成立 3 年来累计非法销售额约 10 亿美元。

阿尔法湾的创始人是个年仅 25 岁的加拿大青年，名叫亚历山大·卡茨。卡茨畏罪自杀前和妻子隐藏在泰国，过着奢侈糜烂的生活，名下没有合法来源的总资产据说多达数千万美元。

美国专栏作家杰米·巴特莱特是智库社交媒体分析中心（Demos）的主任，专门研究网上社会运动和科技对社会的影响。巴特莱特在这方面比较知名的著作就叫《暗网》。

巴特莱特在这本书里，向读者深度呈现了一个数据的地下王国，详细介绍了一个大多数互联网用户并不熟悉的互联网世界。从互联网的诞生和兴起之日起，这个虚拟世界里就开始涌动起各种无法见天日的罪恶。在暗网的世界里，充斥着变态的色情、贩毒和各种极端主义。巴特莱特这本书的独特之处就是将暗网世界里隐姓埋名的诸多行为和现实生活里的人联系了起来。

"暗网"一词的一般定义是大众互联网用户极少接触的隐藏网站，《暗网》一书则将其定义做了延伸，把通过公开渠道可以接触到的儿童色情、种族至上主义、自杀论坛等各种极端网站都包括进来。这些互联网的地下世界是"自由和匿名的世界，在这里用户想说什么就说什么，想做什么就做什么，经常处于没有监管、缺乏审查的状态，远离社会的常态"，巴特莱特在书中如是说。

巴特莱特还提到了暗网里的欺诈手法，比如在他们的帮助下，用户可以在购物网站上随便买东西，然后点击退货，暗网的操纵者就有办法让网站立即给你退款，但同时用户还能保留购买的商品。之后用户可以再次退货，又会得到退款。而用户的代价仅仅是给暗网网站支付一笔小额服务费。

从 2009 年开始，暗网上出现了一个叫作"丝绸之路"（Silk Road）的黑市网站，贩卖各种毒品、枪支和违禁品，用比特币交易。这个网站甚至还像模像样地设置了买卖双方评价、售后保障等功能。2013 年，该网站被美国联邦调查局查封，据说查封过程非常曲折，最后还是网站创办人自己在推特等社交网站上露出马脚，才最终被绳之以法。

从章某案窥探暗网世界，不能不让人感慨人性阴暗的一面，以及思考如何有效地对其进行监管，在个人隐私和安全两者之间寻找平衡。现实地说，人性的阴暗永远不会消失，高科技的虚拟世界也无法代替我们的真实世界，对于大多数人来说，认真负责地生活才会是最好的答案。

学习单元五

犯罪预测

📝 学习导语

现在是过去的沉淀，未来是现在的延伸。

项目一　犯罪预测概述

📝 学习情境1

在 1956 年写就的短篇科幻小说《少数派报告》中，迪克确实给我们描述了这样一个未来世界：在罪犯实施犯罪之前，警察就能提前将他们阻截。2006 年，美国孟菲斯警察局与孟菲斯大学合作开展"蓝色粉碎"（Blue Crush）项目。孟菲斯警察局成立"犯罪活动实时监测中心"，由社会学家、研究人员、数学家运用计算机软件系统对搜集到的犯罪信息进行整理运用。"蓝色粉碎"项目不是预测特定个体的行为，而是在空间和时间上预测特定犯罪类型的发生概率。到 2012 年，孟菲斯重大财产和暴力犯罪发生率下降了 26%，其中车内盗窃、抢劫、谋杀案件的发生率降低了 40%。

詹尼柯斯基是孟菲斯大学的一位犯罪学家，也是"蓝色粉碎"项目最早的发起者之一。当警方向他寻求帮助，希望能够降低城市里的性侵犯率（在过去 20 年里，性犯罪在美国的各种犯罪排行中不是第一就是第二）时，"蓝色粉碎"的种子在各地播种开来。詹尼柯斯基召集了受害者进行集体讨论，并亲自前往案发地进行调查。但是，最重要的信息还是大量来自警方的报告数据——案发时间、地点、侵犯过程描述，这些数据来自大概 5000 起性侵犯案件。分析显示，许多受害者都是在相似的情况下遭到性侵犯的：当她们在晚上离开家，使用便利店附近的投币电话亭的时候。于是，警方告诉便利店老板，让他们把投币电话移至室内。果然不出所料，孟菲斯的性侵犯案件数量迅速下降。

一、犯罪预测的概念

犯罪预测是运用科学理论和技术方法对未来犯罪的种类、数量及其发展趋势进行推测和估计。犯罪预测的依据在于犯罪产生、发展和变化具有一定的规律，而准确的犯罪预测是制定科学的犯罪预防对策的前提和基础。

1. 犯罪预测是建立在认识犯罪产生的客观因素和准确把握其变化规律的基础之上。现在是过去的沉淀，未来是现在的延伸，对于犯罪这种具有历史连续性的社会现象的研究也是如此。

2. 犯罪预测是运用调查、统计、对比、分析以及其他科学方法和手段所进行科学预见，不是毫无根据的主观猜测。

3. 犯罪预测是对未来犯罪的种类、数量和发展趋势的一种事先推测与判定。

4. 犯罪预测的结果是一种估计和推测，只能同未来犯罪状况相接近，未必完全吻合，犯罪预测的准确性是相对的。

二、犯罪预测的理论依据

犯罪预测要运用各种犯罪信息资料与先进的科学技术手段才能完成。

（一）犯罪是可以认识的

马克思主义认为，世界上一切事物都是可以认识的，尽管犯罪是一种由多因素的错综复杂的社会现象，而且犯罪行为有各自特点，但是只要我们能从实际出发，过去和现在的犯罪现象进行科学系统的分析，就会找出犯罪这种社会现象的规律。根据其规律，预测将来可能发生的犯罪是完全可能的。

（二）量变引起质变是犯罪发生的普遍规律

辩证唯物主义告诉我们，世界上一切事物的发展，都有一个从量变到质变的过程。事物的质变，都不是偶然的、无缘无故出现的。量的变化积累起来，达到一定程度，就会引起质的变化。犯罪这一社会现象，同其他社会现象一样，都表现出过去、现在、未来的相互联系，换句话说，任何社会现象，都是按照一定的规律发展的，而规律是可以预测的。

（三）因果关系理论是犯罪预测的前提

马克思主义认为，任何事物都不是孤立存在的，都有其发生、发展的过程，在这个过程中，又和其他诸种事物相联系。在对犯罪进行科学预测时，必然出现综合性的特点，即多方位预测。假如要预测今后几年犯罪发展、变化趋势，就必须熟知今后几年国家政治、经济、文化、教育、道德、社会风气、法制建设等因素的发展变化情况。因果关系理论还告诉人们，认识到事物的现实原因就可以预测事物的未来发展。犯罪作为一种社会现象，是一种客观存在的事物，当然也具有其产生的原因、形成、变化和发展的过程，因果联系和运动规律，只要搞清犯罪现象的历史发展及其原因，探明犯罪现象的特点、状况和运动规律，就能预测未来犯罪发展的状况、特点与趋势。

（四）犯罪现象的相对稳定性和历史连续性是犯罪预测的依据

马克思主义认为，犯罪现象是阶级社会的产物，在不同的社会里受一定历史时期的政治、经济以及其他社会关系制约。这种制约一方面表现在一定的历史时期中，社会的阶级关系、社会结构、经济关系等都具有一定稳定性，决定了犯罪的类型、特点、手段等也有相对的稳定性。犯罪预测非常重视犯罪现象的相对稳定性。这种稳定性的因素愈大，预测的可能性、科学性、准确性愈大。

项目二　犯罪预测的内容和种类

学习情境2

里士满（美国弗吉尼亚州首府）现在采取的措施，大概可以看作"预测警务"的"2.0"版本。警察局的计算机一周7天、一天24小时不间断地分析每一个案件。犯罪地点的街道名称及周边事物，例如自动取款机、公园、酒吧等都属于分析对象。此外，还有当地主要企业［例如菲利普·莫里斯公司（一家大型综合类跨国公司）］发放薪酬的日子。对此，孟菲斯警察局的豪威尔·斯塔恩斯中校说："如果没有熟悉辖区的警员的协助，你永远弄不清出到底是什么因素引起了犯罪"，"这一点是你必须注意的。你不仅要知道问题是什么，还得知道是什么引起了这些问题"。

"预测警务"的过程往往始于警察的经验判断，比如在发工资那天，自动取款机附近就特别容易发生抢劫案。计算机也许会分析出，在发工资那天，在哪些自动取款机附近，抢劫案的发生概率将会达到最高，因此警员应该优先考虑在那些地方巡逻。在里士满，警察都有一种感觉，就是在一次枪械展览后，暴力案件的发生率就会上升。计算机分析也证明他们的感觉大致正确，但还不够精准——暴力案件发生率的峰值将在枪械展览结束2周后到来，而不是他们认为的展览刚结束的那个周末。

传统观点认为，聪明的罪犯不会回到作案现场，但美国加利福尼亚大学的数学家乔治对成千上万起盗窃案，以及洛杉矶警察局提供的逮捕报告进行研究之后发现，一名"成功"的盗窃犯往往反其道而行之。"从罪犯们的角度来看，再次'光顾'昨天闯入过的民宅是一个不错的主意"，乔治说，"他知道屋里都有些什么，还知道如何迅速进入与逃跑"。而且，乔治还发现，"被盗者的邻居遭到盗窃的概率也很高，因为这些住宅的室内摆设和财产情况通常比较相似，对盗贼也极有吸引力"。

一、犯罪预测的内容

犯罪预测的内容是指在犯罪预测工作中所涉及或包含的一系列项目和范围。主要包括犯罪率预测、犯罪主体预测、犯罪手段预测和犯罪类型预测。

（一）犯罪率预测

犯罪率预测是指对一定区域在未来一定时期内刑事发案率的上升或下降等波动情况进行的可能性描述。犯罪率的预测可以根据研究和预防需要的不同来进行，可以对全国较大的区域范围内整体犯罪率进行预测，还可对各种不同犯罪主体、犯罪类型、犯罪对象在整个犯罪中的比率进行分别预测。如偶犯发生率、经济犯罪发生率，犯罪率的统计和预测是对未来社会治安的基本状态的估计，是制定犯罪预防对策的主要依据。由于犯罪率的预测要受多方面因素的影响，所以很难精确。

（二）犯罪主体预测

犯罪主体预测是对未来一段时期内犯罪实施者在年龄、性别、职业、文化程度和家庭状况等方面的发展变化趋势所作的预测。例如，国家工作人员的职权犯罪在未来时期内呈上升趋势的预测，青少年犯罪向低龄化发展的情况是否将继续延续，流动人口犯罪增加的变化情况，等等，都是属于对犯罪主体的预测。对犯罪主体变化趋势作出预测，对于有针对性地制定犯罪预防措施具有重要指导作用。

（三）犯罪手段预测

犯罪手段预测是指对未来一定时期内犯罪方法和犯罪形态的演变趋势所作的预测。从犯罪手段上看，随着科学技术的不断发展和广泛应用，高智能、高科技的犯罪手段会不断出现，利用网络犯罪情况已大量出现；从犯罪形态上看，带黑社会性质的有组织犯罪和跨地区、跨国及边境犯罪会成为较为主要的犯罪形式。我们对于犯罪手段和犯罪形式进行预测，就能够掌握主动，预先采取有效的措施加以防范，保障打击犯罪、预防犯罪的准确性。

（四）犯罪类型预测

犯罪类型预测是指对未来一定时期犯罪种类和结构发展变化走势所作的预测，具体包括哪些犯罪在未来将趋于稳定，不会有太大波动，哪些犯罪将出现上升或下降趋势以及在未来一定时期将会出现哪些新的犯罪类型。从现实的犯罪类型的基本情况分析，财产犯是占主导地位的犯罪种类，这种状况将延续相当长的一段时间，而在财产犯罪中，运用集资、贷款、保险等金融诈骗犯罪和利用经济合同实施的合同诈骗犯罪将占有一定比例。

（五）犯罪时间、空间预测

犯罪时间、空间的预测是对于犯罪将在未来什么时间段内、什么区域范围发展变化所进行的预测。犯罪时间的预测主要运用于在犯罪整体发展趋势的未来时间，如什么时候将出现犯罪高峰期，犯罪主体或犯罪类型在某一时间范围内的变化状况，如某人在什么时间，某一特定群体在哪个年龄段将具有趋向犯罪的可能性，某种类型犯罪将在未来某一时间表现突出并逐渐上升。对犯罪时间的预测，将有助于争取时间上的主动，调整、强化犯罪对策，对个体犯罪行为的发生以及犯罪类型、犯罪的总体发展提早进行预防。

犯罪空间预测主要运用于犯罪可能较多、较集中地发生在某一区域或某一地段，犯罪的地理特点向人们揭示出了经济发达的地区是经济犯罪和某些新型犯罪易于发生的区域，而一些偏僻缺乏防范措施的地区有可能成为盗窃、抢劫、强奸案件多发的地区，这就提示人们应加强易于发生犯罪的地区和区段的防范，从空间上预防犯罪的发生。

（六）犯罪趋势预测

犯罪趋势的预测是对于犯罪从宏观上进行预测，是指随着社会发展，客观环境变化，犯罪将发生怎样的变化，总体发展趋势如何。对于犯罪总体发展变化趋势预测有助于从国家体制改革和政策导向进行调整、制定，通过修改、完善刑事政策，打击、防范犯罪的发生，通过社会的体制改革和政策调整，减少社会矛盾，或不使矛盾激化。

二、犯罪预测种类

犯罪预测是一项十分复杂的工作，根据预测的内容、特点和具体要求的不同，犯罪预测可以划分出许多不同种类，其中主要分类有：

（一）按预测范围分为宏观预测（整体预测）和微观预测（个体预测）

1. 宏观预测。宏观预测是指根据全国或地区的状况等诸因素和过去一定时期内各类犯罪现象的状况、特点和规律，运用科学的预测方法，推断未来一定时间内犯罪增减的总趋势、犯罪类型、犯罪特征以及对社会所造成的危害。犯罪发展变化趋势的预测，是犯罪宏观预测的重要内容之一。犯罪的宏观预测是从整体上把握未来犯罪的发展趋势和变化规律，由犯罪的专门研究机构或决策机关组织进行，为宏观的社会预防政策和刑事政策的制定和调整提供依据。宏观预测（整体预测）由于涉及面很广，需要有一定的专业人员，组织一定的力量，上下配合，进行一系列工作才能完成，一般是由政法部门中的研究机关或专门从事犯罪统计的人员进行的。

2. 微观预测。微观预测对个体犯罪的预测，一个正常人走上犯罪道路，总是要经历一定的过程，或者说犯罪动机的形成是要经历一定的思想斗争，这就给犯罪预测提供了素材。按照犯罪人是否受过刑罚处罚的标准来划分，可以分为初犯预测、累犯预测和重新犯罪预测。

初犯预测是对某一个体预测其未来发生犯罪的可能性所进行的科学估计。其目的是采取相应对策，预防犯罪发生。

累犯预测是对某一个体由初犯发展到累犯的可能性所进行的预测。累犯预测的目的，是对专门机关的特殊预防措施效果的检验，也是预防犯罪人向恶性发展的基础。

重新犯罪预测是对刑满释放人员是否重新犯罪的可能性进行的预测。这种预测是检验改造效果的手段，也是保证矫治效果，避免刑满释放人员重新犯罪的有效措施。

（二）按预测性质分为定性预测和定量预测

1. 定性预测。定性预测是指根据现实犯罪的性质、特点等状况，推断未来犯罪在严重程度上的非量化趋势。定性预测的目的一般是分析和判断犯罪处于的水平，严重化程度，变化倾向或发展趋势。

2. 定量预测。定量预测是指通过先进的技术和科学的方法，对犯罪进行量化分析，对犯罪的未来走势进行可能性的推测。犯罪现象是质与量的统一，在进行犯罪定性预测的同时，也必须进行定量预测。定量预测的目的在于对犯罪状况和变化趋势有一个直观的量化描述，定量预测不是凭借人们的主观推断，而是依据客观数据资料计算出来的，因此，与定性预测相比，客观性更强，更容易贴近未来犯罪的情况。

（三）按预测时间范围分为长期预测、中期预测和短期预测

1. 长期预测。这主要指对 10 年或 10 年以后的犯罪现象的变化发展趋势所作的预测。可以对犯罪趋势有一个总体的了解，是制定预防犯罪战略，确立和制定远景规划不可缺少的前提。

2. 中期预测。这主要指对 5 年左右犯罪现象、变化、发展趋势所作的预测。可以对犯罪趋势有一个整体设想，是制定对策、解决重大犯罪问题时的重要依据。

3. 短期预测（近期预测）。这主要指对 1~3 年左右的犯罪现象的变化、发展趋势所做的预测，主要根据现存社会条件、犯罪率等情况，对具体的形势政策以及刑事法律本身是否适合目前犯罪趋势的需要，做出判断。

项目三　犯罪预测的基本方法

一、趋势外推法

根据过去和现在已掌握的犯罪动态、规律，通过统计、数学的方法进行科学的延伸，以预测未来犯罪。

二、专家评估法

以专家掌握的有关犯罪变化客观规律的学识、资料、经验为依据，对犯罪变化进行科学分析，预测犯罪未来的变化和趋势。

三、比较研究法

研究历史上某一时期、某一地区、某一种情况下引起犯罪及出现某些增减和变化的过程、特征、条件、伴随因素等情形，对比研究在新的时期、新的地区出现与上述

相近与相反的情况、条件或因素，通过比较分析可以有根据地作出预测。

四、因素分析法

通过调查研究，把握影响犯罪类型、数量、特点变化的各种因素，特别是对犯罪变化具有重要影响的因素及其数量变化作出的可靠的全面了解，从而依据这些因素的变化对未来的犯罪进行科学的预测。

五、观察法

观察法是指对被预测对象在未经控制的日常生活中，观察分析了解其言行、表情等，以判断其心理活动及变化发展趋势的一种方法。

六、调查访问法

调查访问法是一种间接了解被预测者的方法，即把对不同的场合、不同活动和不同人们的交往中的种种资料集中，从而作出综合的预测分析。

七、谈话法

直接与被预测者接触面谈，以窥探其心理活动的一种直接方法。语言是心理活动重要的外部表现之一，在谈话过程中，可以探测出预测对象各种想法和行为表现，每一种想法在当时心理状态下产生的原因，以及可能发展的趋势。

八、心理测验法

心理测验法也叫问答法、答卷法，把预测需要的资料分为详细的纲目或表格形式，拟列简明易答的问题，通过编制一些量表，交预测对象作答，根据答案判定其心理状态、智力程度、性格倾向的一种方法，可以对个人，也可以对集体同时进行预测，主要测定个体的个性心理特征。

九、统计法

运用统计的方法对各种数据进行计算，是犯罪预测的重要的方法。总的犯罪率和各种犯罪率的计算、犯罪主体的比例、犯罪手段的变化等方面的预测，都离不开统计的方法。在统计方法里还有一种叫作"统计抽样"，即从大的体系中选定部分样本，对部分做定量分析，作为预测的数据。统计抽样预测的优点是省时、省力、省费用，可以取得相近的效果。但缺点是选样的难度比较大，选样的精确性同预测的准确性成正比。

十、概率论方法

客观规律是一种客观的、必然的联系，在一定的条件下会使某种现象重复出现，通过对各种概率的计算，发现某些规律性的东西。此法是犯罪预测中一个重要的方法。

🖋 拓展阅读

人工智能已经在决定警察去哪儿巡逻、找谁"聊天"[1]

意大利的 KeyCrime 是一家软件预测公司。他们目前主要服务米兰警方，针对商店的抢劫和偷窃做地区预测，目前这套系统已经用了 9 年了。

创始人 Mario Venturi 告诉《好奇心日报》，他们的逻辑是已经有很多的经验和数据支持：犯罪者有他们行动的一套范式——如果他们在某一地区进行了抢劫犯罪并且得手了，他们更倾向于在该地点附近的再次作案。

2017 年 3 月，米兰的警察通过 KeyCrime 的指引做到了"预防犯罪"——在一个超市门口，在两个罪犯正准备抢劫超市，警察抓住了他们。

KeyCrime 调用的是警方的犯罪嫌疑人的数据，配合被抢劫的商店地点、摄像头里拍摄的犯罪嫌疑人的动作，携带的武器，来分析这个罪犯的危险程度，更重要的是，分析他跟附近犯罪案件有没有什么别的关系，如果有——他下一宗犯罪可能会在什么时间和区域。最近几年，有了大量的数据和神经网络学习算法之后，KeyCrime 在不同罪案中建立联系变得方便起来。像 KeyCrime 这样的犯罪预测软件已经有很多家警局在使用。

5 月，芝加哥警局局长 Jonathan Lewin 开了一个人工智能的沟通会：警局在城市里安装了可以检测枪声的声音感应器收集数据，加上城市路边的摄像头数据，通过机器学习算法做了一个"罪案预测系统"，能预测抢劫、枪击案的罪案地点，还能预测什么人可能会犯罪，让警方可以提前找嫌疑人聊聊天。

现在芝加哥警员巡逻时，会在手机和平板上用这么一个应用：地图上显示着一个个红色的小方块，那里就是下一次犯罪可能发生的地方。

警方使用技术分析和预测犯罪地点，已经有很多年了，而原因也很好理解：效率。

著名犯罪学家 Lawrence W. Sherman 曾总结过"减少犯罪的八个原则"：

1. 更多的警员数量。

2. 更快的 911 反馈。

3. 从接报到出警响应时间更短。

---

〔1〕 参见"人工智能决定警察去哪儿巡逻、找谁'聊天'"，https：//mp. weixin. qq. com/s/P39V3Ad_pcQd3RWAnxIlwg，2017-6-15。

4. 更多随机巡逻。

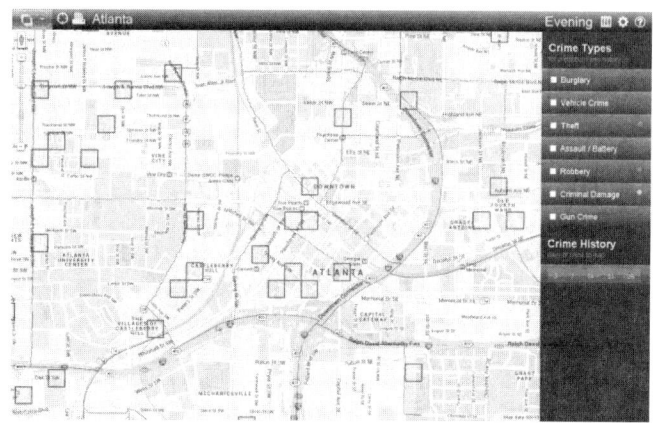

图 4 PredPol 公司制作的犯罪行为热点图

5. 更多对于犯罪热点地区有目的巡逻。

6. 更多逮捕。

7. 更多和有犯罪前科的嫌疑人交流。

8. 更多和社区沟通。

这些原则当中有不少都是跟怎么调派警力到某一位置相关。现实当中，地方警局的人手和工作时间都是有限的。而算法和机器学习在这当中的作用，就是帮警局提升效率。如果一个警员每天只有 8 小时的巡逻时间，到处乱走看看有没有撞见罪犯，并不是一个很高效的行为模式。

洛杉矶警局的警长 Charlie Beck 说法也很类似，"我要不来更多的经费，也要不来更多的人手。我只能把我有的资源用得更好，如果巡警能对这种技术改变看法，那么管理者也会这么做"。洛杉矶警方表示，使用这套提高效率的模型，一年光一个分局就能省下 200 万美元。

中编　犯罪预防的方式和手段

学习单元六

犯罪预防体系和机制

学习导语

法国社会学家迪尔凯姆认为，"犯罪并非社会病理现象，而是与社会共存亡的一种正常的、必然的现象"。

项目一 我国犯罪预防的基本模式

学习情境1

20 世纪 60 年代初，浙江省诸暨市枫桥镇干部群众创造了"发动和依靠群众"，坚持"小事不出村、大事不出镇、矛盾不上交、就地化解"；坚持"矛盾不上交，就地解决，实现捕人少，治安好"的"枫桥经验"。

1963 年，毛泽东同志就曾亲笔批示"要各地仿效，经过试点，推广去做"。"枫桥经验"由此成为全国政法战线一个脍炙人口的典型。"枫桥经验"经过不断发展，形成了具有鲜明时代特色的"党政动手，依靠群众，预防纠纷，化解矛盾，维护稳定，促进发展"的"枫桥新经验"，成为新时期把党的群众路线坚持好、贯彻好的典范。

中共中央总书记、国家主席、中央军委主席习近平就坚持和发展"枫桥经验"作出重要指示强调，各级党委和政府要充分认识"枫桥经验"的重大意义，发扬优良作风，适应时代要求，创新群众工作方法，善于运用法治思维和法治方式解决涉及群众切身利益的矛盾和问题，把"枫桥经验"坚持好、发展好，把党的群众路线坚持好、贯彻好。

一、综合治理的实践原则

（一）打防结合，标本兼治，重在治本的原则

打击和防范并举，治标和治本兼顾，重在治本，是我国犯罪预防的一项重要原则。打击各种危害社会的违法犯罪活动，依法严惩严重危害社会治安的刑事犯罪分子；采

取各种措施，严密管理制度，加强治安防范工作，堵塞违法犯罪活动的漏洞；加强对全体公民特别是青少年的思想政治教育和法制教育，提高文化、道德素质、增强法制观念；鼓励群众自觉维护社会秩序，同违法犯罪行为做斗争；积极调解疏导民间纠纷，缓解社会矛盾，消除不安定因素；加强对违法犯罪人员的教育、挽救、改造工作，妥善安置刑满释放和解除劳教的人员，减少重新违法犯罪。

（二）专门机关与人民群众相结合的原则

这是我国犯罪预防工作一贯坚持的原则，实践证明，犯罪预防工作仅依赖公安政法等专门机关，没有广大人民群众的参与、支持和自我管理，是难以奏效的，必须坚持专门机关与人民群众相结合的原则。

（三）法制原则

犯罪预防活动必须依法进行，犯罪预防的任何一项措施都是社会主义法制的具体体现；犯罪预防必须实现规范化和法制化，必须制定相应的制度和规范，使犯罪预防成为有关单位和人员的法定义务。

（四）党委和政府统一领导原则

党委和政府统一领导，是综合治理的基本原则之一。实践中，综合治理工作实行党委和政府统一领导，专门办事机构具体指导和协调，各部门、各单位各负其责的领导体制。犯罪预防和综合治理工作实行"条块结合，以块为主"的管理原则，各级党委和政府在思想政策、组织协调和具体工作上对综合治理实行统一领导，并设立专门的领导机构（综合治理委员会）具体组织实施，以保证各部门、各单位、各方面各负其责，齐抓共管，积极参与。各级党委和政府应当采取组织措施，协调、指导有关部门和方面做好综合治理工作，并且要建立综合治理目标管理责任制和领导责任制，把抓好社会治安综合治理工作、确保一方平安作为各级党委、政府和各部门党政领导干部的任期目标之一，各级人大常委会对政府的社会治安综合治理工作实行监督和检查。

二、综合治理的主体及作用

📖 学习情境2

被告人李某曾因犯奸淫幼女罪被判处有期徒刑 10 年，2004 年 7 月 20 日刑满释放。2009 年暑期至 2011 年 6 月，李某通过带被害人外出玩耍、送钱、送小人书等手段，先后将 14 名 6~7 岁的幼女诱骗至湖南省古丈县某山坡某农贸市场楼梯间及其父在该县某单位的单元房等处，实施奸淫 26 次。其中，李某于 2011 年 5、6 月间，6 次进入古丈县某小学校园内，从教室里或操场上，先后将 8 名小学一年级女生诱骗至其父单元房内奸淫，2 名幼女遭多次侵害。

被告人李某曾因犯奸淫幼女罪被判处有期徒刑 10 年，刑满释放后仍不思悔改，在近两年时间内强奸 14 人，实施奸淫 26 次，被害人均系 6~7 岁的幼女，其中有 12 名幼女是同一所小学一、二年级的学生，大多数学生被侵害后，并未意识到自己已遭受犯罪侵害，既未向老师反映，也未向家长诉说，凸显了我国目前对儿童性别意识及人身安全意识教育的缺位；被告人李某多次自由出入校园甚至进入教室，将小学女生骗出实施奸淫，凸显了学校在校园安全管理上的不足；本案多名被害人的家长明知李某有性犯罪前科，却疏于防范，凸显了家长在对孩子监护看管上的疏忽；李某之前曾因犯奸淫幼女罪被判刑，出狱后仍居住在经常接触到幼女的社区，缺乏有效监管，亦给其再次实施犯罪提供了可乘之机。本案再次启示我们，应进一步加强对未成年人的性教育，提高其自我保护的意识和能力；强化家长、老师的安全防范意识，切实加强校园安全管理，共建平安校园；进一步建立健全预防性侵未成年人犯罪的制度机制，加强对性犯罪前科人员的监管，共同筑牢家庭、学校、社会三道防线，最大限度地预防和减少此类案件发生。

在我国，预防犯罪是整个社会的共同责任，动员整个社会力量是社会治安综合治理的一个基本内容和要求，不论是国家，还是社会团体、组织以及公民个人，都是或者应当是预防犯罪的行动主体。综合治理活动中各自处于不同的地位和发挥着不同的作用，总的来讲，国家（包括执政党）始终居于主导地位并承担主要责任，其他社会团体、组织和公民个人则应积极自卫，努力同犯罪做斗争，参与到综合治理中来。

（一）党和政府的领导作用

对于预防犯罪来说，一个顺应历史、合乎民意的好的政府本身就是重要条件。而在这一点上，中国共产党和中国政府始终注意发挥领导作用，将建立和谐、安全的社会环境放在重要地位。

（二）地方国家机关的主导作用

地方党委和地方国家权力机关、政府机关以及政协机关，是地方社会发展的决策者和组织者，通过其全部社会决策和社会行政活动、法律监督与民主监督活动来促进本地区经济与社会行政活动、法律监督与民主监督活动来促进本地区的建设和发展，积极影响本地区社会治安状况向好的方向转化，并且以上述形式组织和参与社会治安综合治理活动。

（三）国家政法机关的强制作用

公安机关、国家安全机关以及武警部队、检察机关、审判机关、司法行政机关及监狱机关等国家政法机关是与犯罪做斗争的专门机关，也是综合治理的骨干力量，承担打击、威慑犯罪和改造罪犯的职责和任务。

（四）群众团体的重要作用

工会、共青团、妇女联合会等群众团体，是党和政府联系群众的桥梁和纽带。在对犯罪的综合治理中，群众团体发挥着重要作用。上述群众团体应当对其成员和所联系的群众加强思想道德教育和法制教育，组织人们积极开展各种健康有益的文化体育活动，抵御各种腐朽思想、文化的侵蚀；开展社会公益活动，提供各种咨询服务，帮助群众正确处理工作、学习、婚恋、家庭等方面的问题和纠纷；协助有关部门做好对有轻微违法犯罪行为的青少年以及刑满释放人员的社会帮教工作；配合有关部门打击、查禁拐卖、绑架妇女儿童以及吸毒、赌博、卖淫嫖娼等违法犯罪活动，保障妇女儿童的合法权益，净化社会环境。

（五）公民的基础作用

公民是社会的主体。社会的治安状况与每一位公民息息相关，每一位公民均有责任和义务参加犯罪的综合治理活动。公民个人在综合治理中的作用如下：一方面提高自我修养和进行自我控制，遵守法律和道德规范；另一方面树立社会正义感和社会责任感，勇于同违法犯罪行为做斗争。

三、"枫桥经验"历久弥新

（一）"枫桥经验"契合以人民为中心的发展思想

以人民为中心的发展思想，意味着"发展为了人民，发展依靠人民，发展成果由人民共享"，而这正是"枫桥经验"的核心要义和价值追求。以人民为中心要求坚持人民主体地位，而发动和依靠群众，坚持矛盾不上交，就地解决问题，正是"枫桥经验"最突出的特点；以人民为中心，要求把党的群众路线贯彻到治国理政全部活动之中，而运用党的群众路线正确处理人民内部矛盾，正是"枫桥经验"的实质和主线；以人民为中心，要求把人民对美好生活的向往作为奋斗目标，而运用法治思维和法治方式解决涉及群众切身利益的矛盾和问题，努力让人民群众在每一个案件中感受到公平正义，不断满足人民日益增长的美好生活需要，正是"枫桥经验"的根本出发点和落脚点。

（二）"枫桥经验"契合现代治理理念

统治偏重于单一权威自上而下的强制、命令、服从，而治理则强调多元主体的共同参与和管理，强调政府与社会的互动。"枫桥经验"蕴含着丰富的现代治理因素，其核心内涵之一就是"发动和依靠群众"，即强调社会各方面力量的参与及共治。只有适应时代要求，创新群众工作方法，让人民群众参与到社会治理中来，才能真正把"枫桥经验"坚持好、发展好，把党的群众路线坚持好、贯彻好。

互联网已经融入到了社会生活的方方面面，深刻改变了人们的生产和生活方式。因此，要总结推广"网上枫桥经验"，推动社情民意在网上了解、矛盾纠纷在网上解决、正面能量在网上聚合，努力使社会治理从单向管理向双向互动、线下向线上线下融合、单纯部门监管向社会协同监管转变，既要通过网络走群众路线，深化智能化建设，让百姓在指尖办成事、办好事，又要把"鼠标"与"脚板"结合起来，把"面对面"与"键对键"结合起来。

"枫桥经验"是在中国自己的土壤里生长出来的、经实践证明行之有效的基层治理经验。只有紧扣新时代、新使命，适应新矛盾、新要求，与时俱进坚持和发展"枫桥经验"，才能提升城乡基层社会治理现代化水平，增强人民群众的获得感、幸福感、安全感。

项目二　犯罪预防机制

学习情境3

1990年10月28日，吉林省东辽县会民村村民修整河道，在地里挖出一具女尸，死者是失踪1年多的少女郑某。随后当时22岁的刘某被指认是杀人嫌犯。10月29日，22岁的刘某因涉嫌故意杀人罪被东辽县公安局拘传，10月30日被收容审查；11月8日被批准逮捕。在审讯期间，刘某总共做出15份供述，其中6份无罪供述、9份有罪供述。

1994年7月11日，刘某被辽源市中级人民法院一审判处死刑，缓期两年执行。

1995年8月8日，吉林省高级人民法院核准死缓判决。从一审到核准阶段，刘某不曾有过辩护律师，并多次否认杀人。在服刑期间，刘某在姐夫王某的帮助下持续申诉7年。

2012年3月28日，吉林省高级人民法院对该案宣布再审。

2016年1月22日，48岁的刘某被刑满释放，此时距吉林省高级人民法院做出再审决定已过去近4年。2016年4月25日案件再审开庭。代理再审的律师张某表示，该案原审仅凭言辞证据定罪，并且言辞证据中包括了刘某自相矛盾的多份供述。

2018年4月20日上午9点，备受社会关注的"刘某故意杀人案"再审宣判。吉林省高级人民法院认为，原裁判认定刘某故意杀人的事实不清、证据不足，宣告刘某无罪。

按照我国刑事诉讼法的规定，再审的审限是6个月，但这起案件吉林省高级人民法院从决定再审，到再审宣判历时6年，远超法定审限，漫长的过程被媒体称为"马拉松式再审"，刘某在侦查到审判期间，多次认罪又多次翻供，作案过程、工具、方式乃至动机都有多个版本；本案的关键目击证人的证言也多次反复，仅其描述的带走郑某的绑匪人数就有1人、2人、3人三个版本；后有证据表明刘某受到过刑讯逼供。

刘某听到判决泪流满面地说："从1990年被抓，我一直盼了20多年，一直盼到今天，终于盼来无罪了，我最好的时候都在监狱里度过了"。

如果说"综合治理"是我国犯罪治理的基本模式的话，则在这一基本模式下可以衍生出"打击犯罪"和"预防犯罪（狭义）"两种具体模式。"打击犯罪"这一模式主要是通过对犯罪嫌疑人施加刑罚以实现犯罪的特殊预防和一般预防。通过打击来预防犯罪的基本思路在于通过对犯罪嫌疑人已然之罪的社会反应来预防再犯以及威慑尚未犯罪的人实施犯罪，在我国体现为"严打"或"专项治理"。

狭义的"预防犯罪"的模式指的是在犯罪发生之前所采取的减少犯罪可能性的措施体系。但长期以来，以第一条思路为基础开展的、以政府为主导的"严打"或"专项治理"一直是我国犯罪治理的主导模式，这种犯罪治理模式的效果具有短暂性的特点，以政府主导进行犯罪治理是不可或缺的预防犯罪手段，但不是最佳的预防犯罪手段，也不是经济的犯罪治理模式。

一、"打击犯罪"模式突出的是国家机器的功能与作用，容易带来诸多社会负面效应

1. 政府主导的"严打"或者"专项治理"的成本投入是巨大的。"严打"或者"专项治理"需要投入大量的人力、物力，其"不仅包括刑罚适用成本的投入，还包括一定量的机会成本和一定程度的不必要代价的丧失"，其产生的效益却是特定的，不仅表现为效益的短暂性（仅限于"严打"或者"专项治理"期间），还表现为效益的有限性（并没有完全起到遏制再犯的效果）。

2. 由政府主导的"严打"或者"专项治理"虽然也强调"依法"的原则，但有时还会以"从重从快"为导向。在政府的协调下，公、检、法三机关联系更加紧密，更多地表现为配合而不是监督。如果缺乏足够的监督，"从重"会导致产生罪刑不均衡现象，而"从快"则会导致因片面地追求速度而忽视对犯罪嫌疑人程序性权利的保护。由政府主导的"严打"或者"专项治理"会导致重刑主义倾向。"从重"的导向使得群众在意识上会形成"只有从重才能达到惩罚犯罪"的逻辑。在这一逻辑下，司法机关可能会根据民意对犯罪嫌疑人进行从重的处理，而这一结果对犯罪嫌疑人来说是不公正的。

3. 由政府进行主导会导致群众在犯罪的防范上产生对国家公权力的过分依赖。群众对政府的这种依赖不仅会导致其忽视自身存在的犯罪诱因而导致被害，而且，一旦打击犯罪的效果不明显，群众可能会将责任完全归结于国家，造成对国家的不信任。

二、"打击犯罪"模式的理论基础

古典主义犯罪学认为，犯罪是个人自由选择的产物，人们在实施犯罪的时候会估算犯罪的风险成本和潜在收益。政府的任务就是利用超越犯罪潜在收益的适度惩罚，来控制犯罪收益和成本的理性计算，用现代的说法就是威慑原则。但是，从19世纪后期法国第一次公布犯罪统计以来，古典主义犯罪学预防犯罪措施的效果就遭到了质疑。一些美国学者运用实证的方法对刑罚的威慑力进行的研究表明，对于高危人群来说，刑罚的威慑对犯罪行为几乎没有影响。在决定是否违法方面，个人的规范评价比对刑罚的感知更为重要，并且与正式的刑罚相比，非正式制裁或法律之外的威慑，如羞耻、尴尬、受到家人和同龄人的谴责等都能够有效地制止违法行为。对于陷入危机的犯罪人（如穷困者、激情犯罪人）来说，无法适用"成本——收益"的分析方法分析其行为。

还有学者对最具威慑力死刑的威慑效果进行了考察，结果表明在美国适用死刑最多的州，杀人罪的发生率也往往最高，废除死刑州的杀人案件没有上升，恢复死刑州的杀人案件也没有因此下降。这说明，最具威慑力的死刑能震慑杀人犯罪的论点都是不可靠的。由此可见，"打击模式"的威慑力并不能有效地起到遏制犯罪的效果。

三、"打击犯罪"模式的犯罪观和以此为基础的刑事司法体制存在一定的弊端

在这种犯罪治理模式下，犯罪被视为个人反对国家的斗争，犯罪人是国家的对立面。在这种刑事司法体制下，犯罪人与代表国家的公诉机关之间处于一种对抗型关系。

1. 这种犯罪观和刑事司法体制遭到了一些美国后现代主义犯罪学家的批评。刑罚的暴行只能使犯罪的暴行永远存在和增加，只有当犯罪学家和公众放弃了对暴行的有效性和适当性信仰时，我们才能期待罪犯同样放弃暴行，不再犯罪。虽然后现代主义犯罪学的这种观点有些激进，但希望通过以暴制暴的方式来减少犯罪显然不利于犯罪问题的根本解决。这种犯罪治理模式并不鼓励犯罪人真诚悔罪，犯罪人仅仅将所受的惩罚视为一种义务，是向国家"还债"。犯罪人可能根本就没有认识到自己的行为给他人或者社会带来的巨大的危害，即使犯罪人刑满出狱，也只不过是还清了所背负的"国家债务"，其仍然处在国家的对立面。

2. 在"打击犯罪"的模式下，被害人的感受容易被忽视。大多数的犯罪是对被害人个人权益的侵害，如果忽视被害人的感受，则不利于二者之间矛盾的化解，甚至因为国家公权力的介入而导致二者之间矛盾的激化。此时，如果能够适当转变犯罪观，将犯罪问题的解决着眼于化解犯罪人与被害人之间的矛盾，修复被犯罪破坏的社会关系，则不失为一种有益的补充。这一方面可以使犯罪人认识到自己行为的错误，有利于特殊预防的实现以及对被害人的补偿，另一方面可以促成被害人对犯罪人的谅解，有利于实现对被害人的抚慰。综上所述，"打击犯罪"模式并不是一种理想的犯罪治理常规模式。因此，"预防犯罪（狭义）"的模式应该进入我们的视线。

3. 在现代社会，"预防犯罪"已经成为西方犯罪学的主流思想。正如有学者所说的，"20世纪最后的几十年中确实发生了一些重要的、特殊的和不同于以往的变化，这些变化体现在政策和实践上，人们将之称为'犯罪预防'。这种模式不同于传统的已经'失败'的犯罪惩罚模式"。我国也有学者认为，"事实证明，单纯地依赖正式的社会控制很难有效地抑制犯罪和越轨行为，而非正式社会控制则在这方面有着难以估量的作用。因此在犯罪预防中必须重视对后一种控制形式的运用"。这里所说的"非正式社

会控制"其实指的就是"预防犯罪"模式。不过，虽然"预防犯罪"是我们第一轮筛选所得出的较之"打击犯罪"模式更理想的犯罪治理模式，但这并不意味着"预防犯罪"模式就应该成为我国犯罪治理的常规模式。

四、构建社会治安防控网络体系

📝 学习情境4

两个年轻小伙子，一个四川人、一个湖南人，千里迢迢来到上海应聘工作的，却遭遇了接二连三的"招工诈骗"。身上所有钱被骗光后，孤身在外的他们经历了各种艰难，心理极度失衡，决定去昆山抢劫。

两个年轻小伙子当晚干的第一单案子，就上演了"黑吃黑"，被抢的原来是个盗窃犯。被抢的"盗窃犯"身上只有几部偷来的手机，当场要求加入抢劫，并表示自己路熟可以带路，抢劫队伍瞬间壮大，三人继续抢下去。被抢劫的第二个人身上只有75元，三人让该被抢对象进行手机贷款，但被抢者在各种贷款平台上已经欠下很多钱了，"想贷款是不可能的，这辈子都不可能的"。于是"三人行"只好拿走他的75元钱和手机，继续抢下去。

该抢劫队伍抢的第三个人，是个白天做日结短工、晚上在网吧通宵的"三和大神"，"三和大神"表示自己身无分文，刚被网吧老板赶出来，正愁没地方去，于是也要求加入抢劫队伍！于是，短短几个小时，"三人行"再次升级，成了"四人游"。此时天已蒙蒙亮，"四人游"抢第四个人的时候，遭到反抗，于是各自逃跑、团队解散，几天之后所有成员陆续被抓。

社会治安防控网络体系是从政府和职能部门严格执法和加强社会管理角度强调犯罪预防，而从公民个体角度实施的预防被害策略则是强调从个人权益保护出发，在有效提升个人防卫能力的同时，使社会治安防控网络体系更加完善和严密。

（一）突出政府责任，发挥主导作用

政府及相关部门要充分利用政府优势，构建强大的防控体系，尽量扩大防控体系的覆盖面和严密程度，减少失控漏洞，完善薄弱环节，为实施预防被害策略营造良好的社会环境氛围。为公众尽可能提供高质量的公共安全产品，加大安全保障体系建设，是政府的应尽之责。作为社会管理的重要内容，社会治安防控网络体系建设是一项重要的民生工程，直接关系社会稳定和群众安居乐业。政府掌控的资源较多，动员组织能力强，构建社会治安防控网络体系时，一是必须结合当地社会治安实际，突出防控网络体系的针对性；二是必须从群众安全需求出发，注重防控网络体系的实效性。政府主导建设的社会治安防控网络体系因为具有大视野、高层次、全方位、多角度，能在不同层次和不同方面满足公众安全需求，可以压缩一切犯罪活动的时间和空间，增加和扩大公众的安全地带。政府提供的这种公共安全产品质量越高，居民群众被害的可能性就越小，实施预防被害的投入和压力就越小，安全感也越强。

（二）把握薄弱环节，突出公民协调互补作用

目前我国社会治安防控网络体系的基本状况和特点是政府提供的公共安全产品量大但质弱，社会治安防控网络体系庞大而不严密，特别在中、小城市情况更为突出。另一方面，作为社会公众的公民个体，严重缺乏安全防控意识，参与和协作意识不强，自防能力差，个人安全消费投入不足。我国社会治安防控网络体系的互补性不强，政府主导的网络体系漏洞和薄弱环节没有通过居民群众个体的防卫能力得到有效弥补，公民个体完全依靠政府主导的社会治安防控网络体系庇护获得安全保障，一旦政府防控网络体系存在漏洞和薄弱环节，一些自防能力较差、预防被害能力弱的居民个体，就完全暴露在犯罪分子侵害行为的威胁之下。只有当政府防控网络体系的防控能力与公民个体预防被害能力能够形成互补态势，形成的合力大于犯罪行为的侵害能力时，犯罪行为才能得到有效的遏制。把握当前我国社会治安防控网络体系的这一特点，找准存在的薄弱环节，在构建和完善我国社会治安防控网络体系时，就必须高度重视和处理好政府防控网络体系与公民个体预防被害能力的协调性和互补性，特别是必须使社会公众个体的预防被害，通过广泛、深入的参与成为整个社会治安防控网络体系的重要环节和组成部分，从而使社会治安防控网络体系更加完善，更为严密、可靠和高效。

（三）提高公众自防意识，激活公民预防被害主体作用

任何政府的职能都是有限的，不可能包揽所有社会事务，更不可能满足公民的一切需求和欲望。在社会治安防控网络体系建设方面，政府投入力度、手段方法的采取、科技化程度等，都不可能达到深入每个家庭户的程度，更不可能满足每个公民个体性、特殊性的安全需求，这就需要公民个人的投入并通过个体的努力来弥补政府防控网络体系的缺陷与不足。政府要通过宣传、沟通、引导等方式唤醒公民的自主意识，使其充分认识到保护公民权益既是政府责任但又不能仅仅依靠或依赖政府，公民个人还必须通过自身努力才能获得更大的安全保障。政府应强化预防被害的主体责任，并通过协调、组织确定公民参与或实施预防被害的基本途径、参与方式，充分激活公民个人作为预防被害主体的能动作用。

（四）通过群防群治，强化基层组织自治作用

在安全防范工作中，要将提高公民预防被害能力作为居民自治的重要内容，依托基层组织支撑作用，强化基层组织自防自治的功能。社会治安防控网络体系建设是社会管理的重要方面，也是一项重要的民生工程。任何公民总是生活在特定的社区或社会环境中，相对于负责安全保障的职能部门而言，社区或特定社会环境更贴近公民，如在遭遇不法侵害时，能够得到身边社会成员的及时的集体施援，则避免受侵害的成功概率会大得多。这里，基层政权组织特别是社区自治组织应该承担起有效组织公民

进行协防的社会管理责任，通过宣传引导、组织发动，帮助居民充分认识当前社会治安形势特点，保持一定限度的危机感和紧迫感，强化自防自救意识，具备相应的防范知识和技能，有效增强公民预防被害能力，而基层自治组织的自治功能也将由此得到提升，自治作用得到发挥。

📖 拓展阅读

颤抖吧，黑恶势力以及你的帮凶[1]

2018年6月24日，全国扫黑除恶专项斗争督导工作培训班在京举办，消除黑恶势力对人民群众的威胁和滋扰是当前的紧迫任务。现在的黑恶势力大多以"公司"形式、依托经济实体存在，一些"转型""漂白"的黑恶势力，组织形式"合法化"、组织头目"幕后化"、打手马仔"市场化"。中共中央、国务院发出《关于开展扫黑除恶专项斗争的通知》，重点打击12种黑恶势力：

1. 威胁政治安全特别是政权安全、制度安全以及向政治领域渗透的黑恶势力。

2. 把持基层政权、操纵破坏基层换届选举、垄断农村资源、侵吞集体资产的黑恶势力。

3. 利用家族、宗族势力横行乡里、称霸一方、欺压残害百姓的"村霸"等黑恶势力。

4. 在征地、租地、拆迁、工程项目建设等过程中煽动闹事的黑恶势力。

5. 在建筑工程、交通运输、矿产资源、渔业捕捞等行业、领域，强揽工程、恶意竞标、非法占地、滥开滥采的黑恶势力。

6. 在商贸集市、批发市场、车站码头、旅游景区等场所欺行霸市、强买强卖、收保护费的市霸、行霸等黑恶势力。

7. 操纵、经营"黄赌毒"等违法犯罪活动的黑恶势力。

8. 非法高利放贷、暴力讨债的黑恶势力。

9. 插手民间纠纷，充当"地下执法队"的黑恶势力。

10. 组织或雇佣网络"水军"在网上威胁、恐吓、侮辱、诽谤、滋扰的黑恶势力。

11. 境外黑社会入境发展渗透以及跨国跨境的黑恶势力。

12. 同时，坚决深挖黑恶势力"保护伞"。

现实表明，黑恶势力往往通过拉帮结派、请客吃饭等方式拉拢成员，如果不检点，就可能成为他们发展的重点对象，抵抗力弱的，甚至会通风报信或包庇、纵容违法犯罪分子，使黑恶势力有恃无恐。

---

[1] 本部分内容参考"颤抖吧！黑恶势力！党中央国务院决定开展扫黑除恶专项斗争"，https：//mp.weixin.qq.com/s/W450rB3M2MNeJUzE2gvOuA，2018-1-25。

1. 也许，你只是一个农民，但你有一个当村支书的"铁哥们""把兄弟"，在村里可以一手遮天、说一不二，是个名副其实的"村霸"，你跟着他狐假虎威，通过组织拉票贿选还帮你当上了村干部，之后你们垄断村里各种资源，啃食村民利益，霸占或低价转让村集体资产攫取利益，干一些违法乱纪的勾当。

2. 也许，你就是一个打工的，但是你的工作环境是一个大型游戏厅或者电玩城，实际上，它就是一个披着合法外衣的赌博黑窝点，所谓的游戏机就是赌博机，什么"一剑十八鲨""万能鲨""海鲨王子"等赌博游戏应有尽有，你的老板像个十足的黑道老大，雇了一帮小弟看场子，"站岗放哨""维护秩序"，你就是其中之一，那么你的行为可能涉嫌开设赌场罪或赌博罪。

3. 也许，你在一个矿业公司上班，很不错还是一个部门经理负责组织生产，你的老板更威风，什么"优秀企业家""政协委员"光环罩身，但背地里却网罗一帮地痞流氓，用猎枪、铁棍和炸药开道，暴力抢夺矿井，是威震一方的"矿霸"，没有资质私挖滥采，那么扫黑除恶时，你也会成为"非法采矿罪"的犯罪嫌疑人之一。

4. 也许，你是一名整天陪游客"游山玩水"的导游，但这并不是你工作的主要目的，你实际上要带游客"赶场购物、强迫交易"赚取钱财。有时你会遇到不识趣、不听话甚至对抗的游客，但这并难不倒你，后面有挺你的江湖"大哥"，那些卖货的也不是善类——不识趣的就恐吓，不听话的都关小黑屋，对抗的那就直接打趴下。那么你就是所谓的黑导游！

5. 也许，你是一名疾恶如仇的"愤青"，整天对社会不满，对政府失望，觉得世界太黑暗，却没有什么发泄渠道，有一天你在网上认识了一位自称民间正义人士的"高人"，与你志同道合，于是编造一些虚假灾情、警情和恐怖信息，甚至抹黑党和政府的视频、言论等，让你整天通过各种微信网络渠道传播。你自以为在揭露社会"黑暗"，但实际上已经被境外的反华黑恶势力所利用。

6. 也许，你刚中学毕业因无一技之长而成了无业游民，但突然有一天遇到一个"大哥"，对你特别好，带你吃香喝辣，还出入娱乐场所，并给你安排了一份工作，不仅包吃包住，报酬还特别高，就是让你把一包东西藏在身体里运到它地甚至出国，你感激不尽百依百顺……事实上他就是一个"黑毒贩"，而你就是运毒马仔，是可能会被判死刑的。

7. 也许，你为一家"小贷"公司工作，虽然你明白它就是一个放高利贷的，既然是高利贷，自然就有还不起钱的，但是这些难不倒你，你以为"欠债还钱，天经地义""犯什么法"，对还不起钱的，就应该恐吓、堵门、殴打、拘禁、侮辱，但你迟早会遇上"扫黑除恶"行动。

8. 也许，你在一家"会所""浴池"或者"KTV"等场所工作，表面上只是一个服务员，虽不体面但听起来也算一份正经工作。然而，你的老板黑白通吃，表面合法经营，但内藏"黄赌毒"，甚至还干着逼良为娼的勾当，虽然你人不坏，但是对老板的指示也是言听计从，就这样成了犯罪的帮凶！

9. 也许，你给一家"拆迁公司"打工。然而，征地拆迁哪有那么顺利的，遇到几个讨厌的"钉子户"在所难免，为此你的老板养着蛮横跋扈的地痞无赖，你天天跟着他们对"钉子户"威胁恐吓、掐电断水、破坏滋扰、砸玻璃、喷油漆，最后还暴力强拆。

10. 也许，你是一位自认遭遇不公、利益受损的上访户，长期以来问题始终得不到解决，正好有一个跟你"同病相怜"的人，要拉你入伙抱团取暖，煽动包括你在内的一群人上街游行示威、喊口号、拉条幅、围堵政府机关、扰乱公共秩序。你认为人多力量大，这样或许就可以解决问题，所以乐此不疲，谁知这是一伙搞政治阴谋的黑恶势力团伙，你只是一枚被他们利用的棋子。

11. 也许，你平时游手好闲、无所事事，一天有人给你提供了一个好差事，不用卖苦力，也不用动脑筋，在其控制的菜市场、夜市、早市，向小摊小贩收"管理费"，欺行霸市、嚣张跋扈，遇到不服管理、不交钱、少交钱的，就骂骂咧咧，掀摊子，甚至拳脚相加。小摊贩们寄人篱下，也只能敢怒不敢言！那么好，你就成了所谓的"市霸"。

12. 也许，你只是一名基层公务员，自以为黑恶势力"保护伞"永远都不会跟你挂上边。但只要你拿了人家好处，不用什么称兄道弟，在管理职责内，对一些人欺压百姓、横行霸道的行为视而不见、包庇纵容、违法不纠、执法不严、有案不立、有案不查，那么你就成了地道的黑恶势力"保护伞"。

颤抖吧，黑恶势力！

学习单元七

被害预防

🖎 学习导语

没有受害就没有犯罪，预防是最好的治疗。

项目一　被害人概述

🖎 学习情境1

24 岁的中国女留学生毕某在与外籍男友马修斯交往的期间，后者把她当作"人肉取款机"，毕某不仅要为其支付房租，还经常买各式各样的礼物讨男友欢心。女友的百依百顺，让马修斯愈发肆无忌惮，不仅时常殴打毕某，还在言语上贬低她"一文不值"。对此，毕某选择了沉默与忍耐，甚至没做错什么的她还要经常向自己的男友道歉。终于，毕某付出了惨痛的代价。2016 年 8 月，在男友的一次殴打下，她的下颌骨和多条肋骨骨折，身体上存在大面积的乌青，送到医院时，最终因为心搏停止而死亡。24 岁的毕某被外籍男友活活打死，这条新闻震惊中外。

家庭暴力并不是一触即发的，而是一点一点升级的，暴力的开始，可能源起于一件小事，施暴者情绪失控，使用暴力手段，伤害了对方，通常分为四个不同阶段，从出现摩擦、发生暴力，到施暴者道歉并寻找借口，再到重归于好，如此这般呈现周期性的反复，期间伴随着一次次无奈的忍让和微渺的期待。此刻被施暴者的隐忍和原谅只会助长另一半的"嚣张气焰"，很快，暴力行为会再次发生。

受害者在第一次遭遇暴力的时候，就该看清施暴者的真面目，不要再因伪装的卑微求饶而一时心软；不要再因他人的劝慰而徒然忍受；更不要害怕自己破碎不堪的生活再难维系，有时候，潇洒斩断，才能迎来新生。

一、被害人理论起源

在犯罪被害人学出现之前，学者们对犯罪的研究主要集中于"犯罪人"身上。20

世纪 20 年代起，美国著名犯罪学家萨瑟兰、德国犯罪学家门德尔松等犯罪学家开始注意到被害人在犯罪人实施的犯罪中所起的作用，将目光转向被害人，并创立了个人被害因素理论、生活方式暴露理论等被害性理论。1947 年，门德尔松首次创造出"犯罪被害人学"、萨瑟兰则首次在其著作《犯罪学》中以专章的形式论述了犯罪被害及被害人等对后续研究影响甚巨的议题；20 世纪 60 年代兴起的法律与秩序运动要求司法系统关注暴力和盗窃类犯罪的被害人，并严惩犯罪人；20 世纪 60 年代后期进行的妇女运动则要求保护那些受到男性侵犯的、却没有得到司法公正对待的妇女；自 20 世纪 70 年代起，犯罪被害人学逐渐融入犯罪学的主流研究中；20 世纪 80 年代以来，关于被害人的权利问题受到极大的关注，原因是美国的民选官员们参与制定了一系列以被害人之名命名的法律，如 1993 年颁布了规定购买枪支之前必须要检查犯罪记录的《布雷迪法案》；1994 年颁布了规定性犯罪者案件资料要建档并上传网络，刑满释放后必须备案存档的《梅根法案》等，被害人学的出现和确立促进了新的被害人群体的再发现。

二、被害人特征

（一）被害性

📖 学习情境2

刘某系一经营非法买卖人体器官的违法商人，在街头电线杆、公用电话亭、厕所等地张贴"卖肾"的小广告和联系电话。古某、马某根据刘某所留电话联系到刘某，声称急需用钱准备卖肾，约刘某到一宾馆商谈，刘某到约定房间后，古某、马某以刘某买卖肾源是违法活动要挟其交出 10 万元，否则就到公安机关告发，刘某无奈让妻子给古某、马某送来 10 万元现金。

犯罪被害人的被害性是由被害人的自然特性、稳定的个人素质和一般性活动等因素构成，能独立或相互联系地构成被害人容易被害的情境。瑞士的被害人学家格雷文认为，被害性就是指"一种由内在、外在两方面因素所决定的，从而使人成为被害人的特性"。有学者把犯罪者自身的素质，犯罪欲望看作一个常数，将被害人的被害因素看成一个变数，在常数已经确定的场合，犯罪是否发生就取决于变数的大小，考察被害人的被害因素在犯罪过程中所起的作用，对于客观评价犯罪现象，有效预防犯罪被害，显得尤为重要。上述案例中，因为被害人刘某本身具有违法行为，被犯罪人古某、马某要挟控制，心理上出于无奈而顺从犯罪人，说明被害人刘某本身具备被害性。

（二）互动性

📖 学习情境3

33 岁的张某原是北京大学光华管理学院的硕士研究生且已婚，与 43 岁的银行职员张女士在乘坐公交车时相识，二人后发展成情人关系。两人开房时，张某偷录下两人的性爱视频，后多次以此要挟张女士投资或借款百万元，否则就曝光视频。

现代犯罪学认为，犯罪不仅仅是犯罪人单方面自由意志活动，更重要的是犯罪人与被害人交互作用的产物。在某些情况下甚至可以说，没有被害人的参与或"推动"就不可能有犯罪的实施，也不可能有罪犯的产生。现实发生的案例表明，不仅犯罪人犯罪现象产生了被害人、被害现象，而且被害人的触引、刺激也导致了犯罪人及犯罪现象。根据自由意志的趋利避害原则，犯罪人可以通过自己的选择，基于基本的生理、心理和社会因素而不实施犯罪，如果周围的环境不能为他提供条件，不能形成犯罪氛围，行为人不可能受到影响而实施犯罪，而被害人作为外在因素之一，在与犯罪人的互动过程中，恰恰扮演互动角色。学习情境中的张女士对一个偶遇的陌生男子，在不能核实其真实身份情况下，就轻易与之亲密交往，显系轻率，交友不慎，落得个被骗色骗财的结局。

（三）可责性

学习情境4

2016年7月3日21点左右，48岁的王某在家杀了自己24岁的儿子。据王某供述，当天晚上天刚黑的时候，儿子忽然拿锄头打他，他拿起红果树棒丢过去，儿子被打昏倒在地，之后王某用木棒击打他的头和双腿。

王某说，"我当时就是想把他打死"，确认儿子已死，王某打了派出所的电话报警，天亮后到派出所投案。王某告诉民警，出事前4年来，儿子经常殴打父母。他一件件地讲了这些年自己遭受的暴虐，最严重的一次发生在2015年的腊月二十三，当时儿子在他身上戳了4刀，小肠都被捅出来了。2016年6月30日傍晚，儿子掀了桌子，碗筷全摔在地上，嘴里说要杀人，将他按倒在沙发上用杀猪刀抵着胸口，之后又用扁担打他和老伴。

案发后，王某没有被刑事拘留，而是被丘北县公安局直接取保候审。

法院经审理认为，被害人存在重大过错，王某系长期被殴打迫害而激愤杀人，情节较轻，且其主动到公安机关投案并如实供述其犯罪事实，属于自首，可从轻处罚。2017年11月15日，丘北县法院以故意杀人罪判处王某有期徒刑3年，缓刑5年。

被害人因自身的某些过错，如引诱、挑衅、激惹或疏忽过失等态度、行为而促使被害的发生，从而对被害负有一定责任并应受到一定的谴责这一特征是准确认定被害人的被害因素，从而预防被害并对犯罪公正量刑的依据之一。上述案件中被害人王某儿子与加害人王某的频繁接触使他被害的机会大大增加，并最终被害。个人被害因素理论指出，重复被害的发生原因除了被害人本身具有的被害性外，还有社会情境、被害者与加害者的互动关系等，如被害人携带大量现金走在人迹稀少、没有监控的地带，陷入容易被害的危险情境，可能会诱发具有犯罪动机的潜在犯罪人实施犯罪行为。

三、被害人与犯罪人的互动关系

📖 **学习情境5**

1973年，瑞典首都斯德哥尔摩的一家银行，歹徒欧陆森（Olsson）与欧佛森（Olofsson）在持枪抢劫银行时中了警方的埋伏，随即劫持了一男三女，将他们扣压在保管库内。匪徒提出的条件是，释放在押的同伙，保证他们安全出境，否则将人质一个个处死。经过6天的包围，警方设法钻通了保管库，用催泪瓦斯将人质和劫匪驱赶出来，狙击手同时做好了危急情况下击毙劫匪的准备。然而出人意料的情况发生了：离开保管库后，3名人质反而将劫持者围了起来，保护他不受警方的伤害，并拒绝提供不利于他的证词。1名人质克丽斯丝汀（Christian）竟然爱上欧陆森，还说等他获释后就嫁给他，更有进者，克丽斯丝汀已与欧陆森订婚。当此情形，全世界都不禁感叹：这到底是怎么回事？而被称为"斯德哥尔摩综合症"的这个病名就此诞生了。

斯德哥尔摩综合症（Stockholm Syndrome），又称为人质情结，是指犯罪的被害者对于犯罪者产生情感，甚至反过来帮助犯罪者的一种情结。研究发现，从集中营的囚犯、战俘，乃至受虐妇女与乱伦的受害者，都可能患上斯德哥尔摩综合症。以人质为例，如果符合下列条件，任何人都有可能患有斯德哥尔摩综合症。首先，受俘者必须真正感受到绑匪威胁到自己的存活。其次，在遭挟持的过程中，被绑的人必须辨认出绑匪可能施与的一些小恩惠的举动。再次，除了绑匪的看法之外，受俘者必须与所有其他观点隔离。最后，受俘者必须相信，逃离是不可能的事情。

（一）共存的"刑事伙伴"关系

被害人与犯罪人的关系是犯罪被害人学揭示的重要问题，在犯罪与被害发生的全过程中，被害人与犯罪人的关系始终是一种动态关系。在犯罪的发生及其控制过程中，犯罪被害人和违法犯罪者都是作为主体而存在并活动的。1941年，德国杰出的犯罪学家汉斯·冯·亨蒂首次提出了"犯罪行为的动态概念"。他提出，在犯罪人与被害人之间存在着一种互动关系，被害人在犯罪的发生与犯罪预防过程中不再只是一个被动的客体，而是一个积极的主体。犯罪人与被害人实际是"相辅相成的伙伴"。事实上被害人"影响并塑造了"罪犯，"犯罪人与被害人之间的联系是犯罪学的一个基本事实。当然，这并不意味着犯罪人与被害人之前是达成协议，或故意犯罪与被害，但彼此确实存在着互动关系，互为诱因"。被害人学的创始人门德尔松认为，所有的被害人都对自己的被害负有责任，如果没有被害人的作用就不可能产生犯罪人与被害人这一刑事关系，他将二者以"伙伴"关系相联系，提出了著名的"刑事伙伴"概念，在此之后，被害人与犯罪人在犯罪与被害发生过程中相互依存、彼此作用的关系得到认同。日本著名学者菊田幸一指出：所谓"没有被害人的犯罪"的说法，是不能成立的，"只有被害人而无加害人的犯罪"的说法，至少也是因不太明确谁是加害人而提出的。共存的

"刑事伙伴"关系强调了双方主体角色的缺一不可。在刑事犯罪案件中，如果没有被害人有意或无意的"参与"，其互动关系就无从产生。在某些犯罪中，虽然从表面上看无被害人，但其背后必然存在作为被侵害的社会关系的权利主体，它是作为一种致害因素间接地参与了与犯罪人的互动过程。

（二）被害人与犯罪人的一般人际关系

被害人与犯罪人的交往关系可以从不同的视角把握，就相识程度而言，有的不曾相识，有的互相认识，有一面之交或一般来往，有的却关系密切；从关系性质来看，二者的关系可以表现为多种多样，如近亲属、朋友、同学、雇佣、邻里、经营中的竞争对手或合作者等；以相识时间看，交往关系可以划分为初次见面和长期相识两类。根据世界各国的实证研究，在各种犯罪类型中，熟人间的侵害占有相当大的比例。中国司法部 2014 年的调查显示，暴力犯罪中被害人与犯罪人相识的比例高达 56.3%，侵财犯罪中被害人与犯罪人存在一定人际关系的比例虽然低于暴力犯罪，但仍然有39.5%。被害人与犯罪人存在人际关系的现象改变了以往人们认识上的偏差。过去，我们往往认为犯罪人是与被害人素不相识的凶恶之人，事实上，在许多犯罪案件中，正是这种相识关系，放松了人们的警惕，才使犯罪屡屡屡屡得手。有些犯罪中，被害人与犯罪人虽不存在人际关系，但仍然具有互动关系，因为"人与人之间的互动是以信息传播为基础的"。信息的传播并不以双方存在人际关系为前提。如在入室盗窃中，住宅不住人或门窗无防盗装置就给犯罪人提供了有利作案的信息，形成了两者间的互动关系，所以，有学者提出"机会诱惑力比作案本身的因素更重要"，现代社会中表现较突出的网络犯罪，犯罪人与被害人往往不在同一地域，甚至不在同一国度，犯罪行为之所以发生并得逞，是由于犯罪人收到了被害人具有可以侵入的机密资料与网络安全不足的信息，导致被害人与犯罪人形成互动关系。

（三）被害人与犯罪人的被害转化

被害转化是被害人与犯罪人在互动过程中，存在着一种角色易位的被害转化的关系。这种关系可以包括：

1. 从防卫过当中得以体现，即原来的被害人面对不法侵害，出于防卫目的，实施了防卫过当的加害行为，原先的被害人转化为最终的犯罪者，这是现实中角色易位中最典型的一种被害转化关系。

2. "事后报复型"的加害被害关系，即原来的被害人在被害后，由于激愤、怨恨情绪或案件得不到公正处理等情况的出现，被害人对原加害人实施了报复行为，从而使双方均有加害行为又同时具有被害状态。

3. 冲突关系中的加害人与被害人的关系，如相互伤害的案件，被害结果并未预先注定谁是加害者，谁是被害人，双方都具有角色易位的双重身份，直至最终被害结果的出现。

4. 变对立为融洽的被害转化关系，这是一种特殊的转化关系，表现为被害人与加害人之间由开始的敌对、冲突变成积极地结成联盟，即"不打不成交"的作用关系，最为典型的是"斯德哥尔摩模式"，这一模式体现了加害与被害过程中关系的错综复杂。这是很难进行充分解释的现象，有人将其总结为下列的心理过程：被害的弱势者在长期受到侵害他们的强势者支配之下，最后终于放弃了反抗，转而认同强势者以期获得安全感的一种心理转变。受害者尽最大的努力不去激怒或挑衅加害者；而受害者这样做的时候，也渐渐失去自我意识，直到完全接受加害者的观点。假如受害者现在用加害者的眼光来看世界，他们就不再渴望自由，结果是当救援到来时，受害人可能会抗拒营救。

有学者将此心理学症状应用于描述专制政体面临崩溃时候的统治者之心态。认为他们也满足以上所列四种特征：恐惧旧体制的崩溃会对自己带来人身危险；本身一直从旧体制中获益；对世界的认识受到旧体制的局限；他们也许并不相信改革能够成功，从这个意义上说，是统治者受到了旧体制的绑架，而形成了斯德哥尔摩综合症。

项目二　被害预防的涵义

🗂 学习情境6

被告人潘某原系辽宁省沈阳市某学校兼职教师，2015 年 11 月至 2016 年 4 月期间，潘某分别将其学生吴某某（被害人，男，时年 16 岁）、赵某某（被害人，男，时年 16 岁）、朱某某（被害人，男，时年 16 岁）带至其家中，以不喝酒就是不尊敬老师为名，强行将 3 名被害人灌醉后留宿，乘被害人睡觉之际对 3 名被害人多次实施猥亵。法院经审理认为，被告人潘某利用教师身份，向被害人施压、劝酒致被害人醉酒，后乘被害人睡觉之机实施猥亵行为，已构成了强制猥亵罪。依照刑法有关规定，以强制猥亵罪判处被告人潘某有期徒刑 3 年。

未成年人身心发育尚不成熟，缺乏自我保护意识和能力，容易受到性侵害。多年来，我国刑法一直注重对妇女、儿童性权利的保障，但对 14 岁以上男性未成年人性权利的保障有所忽略。同时，整个社会对男性未成年人预防性侵害的教育也相对缺乏。家长和学校的忽视，容易使男性未成年人欠缺自我性保护的意识，也使得性侵男性未成年人的犯罪不容易被发现。《刑法修正案（九）》第 13 条扩大了强制猥亵的犯罪对象，将男性成年人及未成年人均涵盖在内。这意味着，凡是违背他人意志，实施强制猥亵行为的，不论猥亵的对象是女性还是男性，未成年人还是成年人，均构成犯罪。本案的发生提示我们，应加强对男性未成年人防范性侵害知识教育，提高他们安全防范及自我保护的意识和能力。

被害预防是从被害人角度研究和实施防止犯罪侵害的自我防范举措；而预防犯罪

是根据犯罪原因和规律，探索犯罪诱发因素与制约因素的互动关系，调动社会各方面的力量，制定并实施恰当的对策，防止和减少犯罪的系统工程。

预防犯罪与被害预防是一个问题的两个方面，被害预防与犯罪预防关注的角度和重点有所区别，二者相辅相成，最终目的是一致的，在传统的犯罪预防中，多是围绕如何防止潜在的犯罪人实施犯罪行为展开，比如人防、物防、技防等基本的防范措施，都直接针对犯罪人。如果潜在的被害人不知晓或不会利用防范措施，传统的防范措施会大打折扣。将被害预防与传统的犯罪预防措施相结合，能达到最佳的犯罪预防效果。被害预防有其自身的优势，从实际情况看，改变被害人或潜在被害人的行为比改变犯罪人或潜在犯罪人的行为要容易，从另一个角度讲，预防被害比预防犯罪要可行得多，效果也更直接。

广义上讲，被害预防也是犯罪预防体系中的一个环节，被害预防包括社会预防、群体预防与个体预防。社会预防是整体性、综合性、宏观性预防，由有关职能部门实施；群体预防属于中观预防；个体预防是社会预防的重要补充，是个人依靠经验、知识和技能实施以避免犯罪侵害，为微观预防。对于个人而言，犯罪被害预防的重要性不容忽视。因为国家的警力是有限的，对公共安全的保护无法做到覆盖每个角落。被害预防强调公民个人的责任，即每个公民都有预防被害的责任，这与犯罪预防相比，被害预防可以最大限度地调动广大群众的积极性。

一、强化被害预防意识，增强素质，减少被害因素

强化被害预防意识是一切预防被害行为的前提和必要条件。

（一）提高警惕，树立主动自救防范意识

要认识到犯罪是客观存在的，任何地方都不是具有犯罪免疫能力的净土。树立并养成一种随时审视自己言行、消除自身被害条件的主动意识和习惯；提高警惕，用理智的眼光看待自己的利益需要，不可一叶障目，更不能投机钻营，试图通过不正当的途径来满足自己的需要。只有这样，才能消除被害心理，不给加害人任何机会。还要善于利用他人的各种受害信息，从中吸取教训，在降低自己受害可能性的同时，了解、掌握一些被害情境中的基本防范技能，努力克服因社会阅历浅、生活环境单纯而给自身抗御犯罪能力的形成带来的障碍。

（二）摈弃不良性格，养成良好个性心理

实践证明，具有不良性格的人相较健康心态的人更易遭受被害。个体应当建立一种积极向上、开心快乐的生活态度，诚实守信、助人为乐；控制暴怒情绪，遇事反应得体；学会换位思考，设身处地地为他人着想，学会自我反思。尤其是女性，要自尊自爱，大方但不轻浮。

（三）杜绝自身不良习气，规制招惹行为

一般性的招惹行为，并非希望自己被害，完全出于无意识的行为满足了犯罪人的意图，促使其实施侵害。无论是在激情犯罪还是在预谋犯罪的过程中，攻击性招惹行为都具有很大的危险性，尤其在某些特殊的场合，极易成为刺激源。因此，有这种问题或者倾向的人要学会尊重他人、冷静克制、行为得体，尽量不做促使他人产生强烈反应的诱发性行为。

二、突遇犯罪时应冷静应对，尽量缓和矛盾

（一）沉着冷静，尽量拖延时间，寻求救援机会

被害人陷入被害情境时，一定要控制自身情绪，避免对自己进行心理暗示，令犯罪人的侵犯更加肆无忌惮。

（二）审时度势，摈弃封建、愚昧、错误观点，切实维护自身生命、健康权益

如女性在遭受性侵犯时要摈弃"贞洁烈女"的封建思想，明确"生命利益高于一切"；遭遇抢劫、敲诈等侵财型犯罪时，切记要以保证生命安全为第一要务，或采取权宜之计放弃财产，或假意配合与犯罪人巧妙周旋，伺机逃脱或报警；在没有把握时不要个人英雄主义，盲目反抗，激怒犯罪人导致被害；发觉已落入骗局的被害人，不必急于当场揭穿骗局、激化矛盾，可假装中计麻痹对方而伺机报警。

（三）避免思维混乱、反应过度、言行不理智等不良反应

过度的恐惧会使当事人减少甚至丧失向外界求救的机会；过度的紧张会使被害人作出错误的判断，言行不当从而招致更为严重的加害行为；而对加害行为的愤怒往往驱使被害人进行激烈反抗，最后两败俱伤。处于被害环境中，最重要的是保持冷静，以清醒的头脑与犯罪人周旋。

三、分析被害人过错责任和被害人过错

📖 学习情境7

2013年6月8日，被害人阚某在深圳罗湖区搭乘黄某驾驶的"黑的士"（车牌号为粤 B4HB××）。司机黄某因赌博欠债，6月初萌发抢劫杀人念头，在深圳市龙岗金沙路租了一出租屋，购买了砍刀、折叠刀等工具伺机作案。当打扮入时的女模阚某乘上这辆黑车后，她一边炫耀香港男友，一边直呼黄某为屌丝。阚某的言行刺激了黄某，黄某决定实施抢劫，于是持折叠式刀威胁、捆绑了阚某，并将阚某带到出租屋内实施强奸。事后，黄某将其阚某杀害并分尸，抢走阚某的1只手表、6张银行卡、2部手机等物品。

假如阚某不要炫耀，假如不称黄某"屌丝"，被杀害、被肢解的结果也许就不会发

生。犯罪分子产生犯罪的动机，可能是生理的、心理的、社会的、教育的，多种多样。犯罪分子也许是个变态的，也可能是刑满释放的，甚至说犯罪分子可能是个逃犯，我们并不清楚。但是单独出行的人可以从其他方面防范，例如，不打黑车，不在偏僻的地方打车，不用言语或行为刺激司机……也许这么简单的几点，就可以保证安全。

通常情况下，被害人对其被害过错仅仅停留在认识层面上，并未深刻体会，对被害的产生没有责任感，因为法律缺乏有关对其责任的认定以及如何承担的规定，而把所有的过错都推到犯罪人的身上。建立被害人过错制度，是为了更有效地分清责任、是非，更有效地防止犯罪以同样的方式再度发生，使被害人及其他潜在的被害人免受被害之苦。建立被害人过错制度，准确地追究犯罪人的刑事责任，既能满足人们对公平正义的追求，又能使被害人认识到自己在多大程度上促成自己的被害并对自己的被害要承担多大程度上的"责任"，同时又警戒社会上其他有类似的"过错"倾向的人吸取教训、消除自己的过错因素，减少犯罪（被害）发生。

📖 拓展阅读 ⌐

女儿，自我保全是你的终生必修课〔1〕

2017 年炎夏，北大女生章某在美国失踪 20 多天最终遇害一案，在中美两国引发极大关注。一名优秀漂亮的女孩，怀揣着好学向上的心，去国离乡追逐梦想，却落得个生不见人、死不见尸的下场，在为这位女孩扼腕叹息的同时，也让人陷入了深思。

我在十几年的媒体工作中，接触过很多案件都是由于一言不合，在激情之下发生的。结合这些案件，我总结出的以下几条经验，或许对女儿有用：

一、在任何情况下，切记不要激怒对方

这个"对方"可以是陌生人、服务员、保安、保洁、快递小哥，也可以是同事、亲戚、恋人、丈夫、好友、同学。很多女孩自诩牙尖嘴利，说话不把对方顶到南墙不罢休，殊不知这一类人极可能就吃亏在嘴巴上。

有数据显示，至少有 70% 案件中的女性受害者在遇害之前，都与嫌疑人有过相当激烈的争吵。可能伤害到你的人，未必就是十恶不赦的坏人，很多激情杀人都是在被刺激之下发生。玫瑰带刺，兔子咬人，每个人心里都住着一个小魔鬼，你要做的就是不将它激怒，放它酣睡百年。

作为女孩子，无论何时何地都应学会避其锋芒，学会委婉表达，哪怕得理，也得饶人。别跟小人斗气，别和琐事纠缠，有证据的事交给警察，没证据的事交给因果报应。与人争吵，可讲理论事，别出言羞辱。因为，不是所有人都懂道理，也不是所有

---

〔1〕　参见"写给女儿：自我保全是你的终生必修课"，https://mp.weixin.qq.com/s/UWkididrsVl-0hgGnXD1Sg，2018-8-20。

牛都通音律，一百个人就有一百种思维体系，跟对方讲不通的时候，耸耸肩、摊摊手，选择放弃。

不管生活多么丑陋命运多么阴险，我请你坚持做一个性情平和、内心美好的人。因为，你温暖就会迎来春天，你冷酷就有概率遇上尖刀。

二、防范意识远比防盗门管用

我主张一定要争取住在市中心的成熟小区里，这可以确保你在方圆五公里内的生活圈里衣食出行是安全的。如果没钱，可以选择市中心成熟小区小一点的房子，或者租房子，但，市中心与成熟小区这两个硬件断断不可马虎。判断一个小区是否成熟，你尽可观察他的保安和保洁。

如果一个小区的保安都是精壮的小伙子，楼道里没有张贴的牛皮癣，那这个小区应该就是宜居的；如果一个小区的保安都是坐在收费岗亭里昏昏欲睡的老人家，楼道贴满了牛皮癣，那这个小区的安全肯定是无法保障的。

科技发展到今日，已有可以在手机上直接查看的家庭实时监控，待你成年之后，这种科技只会更加发达。如果你是一人居住，在回家前习惯性地拿出手机上扫一眼家中的角角落落，将它变成保持终生的习惯。

三、作为女孩，心细如发绝对可以化险境于无形

前几年深圳三个女白领被入室歹徒杀害，而歹徒仅仅只是偶然路过她们楼下，看到她们忘关窗户了临时起意攀爬入室抢劫杀人。三个女白领当中的任何一位能细心一点，在夜幕降临前就关好窗户这道重要屏障，肯定可将这场血光之灾化为乌有。心细如发可以表现在很多方面：走路不时回头，可防尾随；先拉上窗帘再开灯，可防偷窥；出差不告诉别人自己住哪个宾馆，可防骚扰。

四、必须高度警惕你周围某些了无牵挂的人

越是上无老下无小、没事业没家当的人，越光脚不怕穿鞋，一旦受到刺激，他们挥舞屠刀时通常不会左顾右盼。须更加警惕你身边有赌博嗜好的人。

十赌九输，一个想扳本的赌徒，会不惜动用他的一切聪明才智琢磨别人的卡上余额。为了迫不及待地达到目的，他们根本不介意多一条人命。

任何一个需要你不得不喝酒和不得不在夜晚外出的工作，都是你可以果断放弃的工作。不管它有多高的薪水。真正爱你的人只会劝你不要喝酒，劝你喝酒的每一个人，都来者不善。因为这种人明知一个柔弱女孩不胜酒力的可怕后果，却希望和纵容这种后果的发生。在今后的交集中，你需要对这种人高度警惕。很大比例的罪恶都可以在夜幕的掩饰下悄悄进行。一个女孩在夜晚出现危险的可能性，远高于白天。女孩的出行应当尽可能地安排在白天，朗朗乾坤可以在你不自知的情况下，令你免危险于无形。我延续了十几年的作息习惯是：晚上6点半回到家，不再出门，晚上9点整睡觉，早晨4点半到5点之间起床。4点半到7点半这三个小时是一天当中思维最敏捷、心情最舒畅、工作效率最佳的时候，我经常在这三小时里完成一整天的工作任务。这种良好

的作息，希望你可以传承。

五、我想向你提出一个预警：现实中来自熟人的伤害，至少占五成

因为，只有熟人才能接触到你。毕竟，走在路上被怀揣二级精神残疾的陌生人偷袭的可能性极小。而熟人，知悉你的行程路线、家庭情况、性格喜好、经济状况。

所以有些情况下，熟人，有时候比陌生人更可怕。与熟人不必过于黏糊，太过蜜里调油的关系，一般都会走向唇枪舌剑的穷途末路。要记住一个原则：与熟人之间的关系，保持真诚、友好，但要有距离。一段有距离的熟人关系，才是相对长久和安全的。

六、与学习、财富、爱情相比，人身安全排在第一要位，人身安全重大到对人生绝对有一票否决权

你的身体发肤受之父母，因此，你并不完全属于你自己，你还属于爸爸和妈妈。因此我恳请你，时刻绷紧安全这根弦，把自我保全作为终生必修课！

这是目前妈妈能想到的所有的事情。在你成长的过程中，会陆续有其他情况发生，我会随时调整。家有女儿，操心和担心就会多了一层，就算她长大了嫁出去，也一样会牵挂到肝儿疼。

所以，孩子，随着年龄的增长，你会觉得妈妈越来越啰唆，也会对妈妈越来越不耐烦，我都不会介意，还会一如既往。因为我相信，终有一天，你也会做母亲，会陪着她一起成长，会遇到我曾经遇到的同样的问题。

🖐 实训项目

根据本单元内容，请给一位将要去外地读书的同学，写一份《同学，请远离被害》的信件或提出一些忠告，或是在微信朋友圈中发一份《远离被害》的倡议书。

学习单元八

犯罪的社会预防

📖 学习导语 ⌐

善于设立法律的立法者往往更重视预防犯罪，要多于对犯罪的惩罚。更注重良好风俗习惯的积极作用，要多于适用刑罚。

📖 学习情境1 ⌐

2010 年 10 月 20 深夜，西安音乐学院学生药某驾车撞倒行人张某，并在发现其欲记住车牌号后对其连刺八刀致张某当场死亡。2011 年 1 月 11 日，西安市检察院以故意杀人罪对药某提起公诉；2011 年 3 月 23 日，该案件在西安市中级人民法院开庭审理；4 月 22 日，西安市中级人民法院对该案做出一审判决，以故意杀人罪判处药某死刑，剥夺政治权利终身；经最高人民法院核准，6 月 7 日，药某被执行死刑。

药某被执行死刑，这个案件渐渐落下帷幕。在我国法治化进程中，该案并不能算是一个里程碑的事件，但由集中在药某是否属于激情犯罪的种种争议以及公众对案件的关注却早已超出了案件本身。案件所折射出的许多法律、教育、社会问题确实值得我们深思和反省。

项目一 社会预防的内涵

许多中外思想家都强调犯罪的事先预防，对犯罪进行事先预防采取什么措施，观点各异，不断发展变化。在古代，主要强调以刑罚作武器，用刑罚方法来防止犯罪；近现代社会，则更多地强调对犯罪的社会预防。波兰著名犯罪学家鲁伦·霍维斯特认为犯罪预防的概念中应包含所有对消除犯罪原因及其条件能够起作用的措施；意大利的学者菲利强调由于社会领域的不同，犯罪产生的原因、犯罪的特点也不同，因此需采取与社会领域相适应的、有针对性的犯罪预防措施；冯·李斯特也在《论犯罪、刑罚与刑事政策》中提出了其认为最合理的刑事政策来源于社会，最好的社会政策也就是最符合犯罪实际的刑事政策。

犯罪的社会预防属于一种特殊的社会活动，是通过社会多种积极力量，采取对应措施，消除和削弱促使犯罪的各相关因素和条件，从而减少、控制犯罪发生及遏制重新犯罪。社会预防可以整合全社会力量的参与、配合、支持，使预防犯罪的措施更加全面、综合、有针对性，能够取得明显的成效；另一方面社会预防将阻止措施前置，可以积极、主动的惩治犯罪，降低事后打击犯罪的成本。激情犯罪通常是犯罪人在情绪不稳定的状态下实施的过激行为，因此产生的后果和危害往往非常严重，故对激情犯罪如何预防就显得格外重要，本单元的学习将以激情犯罪预防为例。

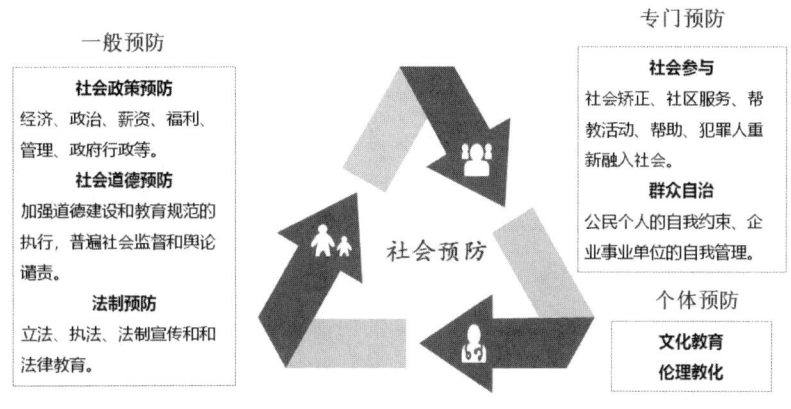

图5　社会预防的基本组成

一、社会预防有利于避免和减少激情犯罪给社会造成的损害

在所有犯罪中，激情犯罪占有相当大的比例并且仍在持续上升中，由于激情犯罪的暴力性，往往会造成人员的伤亡，对社会的损害很大。如果对其不加以控制、预防，对社会的危害会更加严重。当前社会正处于转型时期，社会阶层的分化加剧，仇富、仇官心态充斥于人们的生活，物欲横流的社会也使得人们浮躁，理性消减，道德失范，行为失控。社会层面对激情犯罪的控制力也相继减弱，反过来，激情犯罪的频发也会造成社会的千疮百孔。一起很小的激情犯罪事件，如果不加以正确引导，经过不良媒体以及有心者加以渲染推广，容易恶性发酵，政府也会对其失去控制，引起恶性连锁反应，影响社会的安定，激情犯罪对社会造成的损害不容小觑。

二、社会预防是治理激情犯罪的根本途径

治理犯罪的有效措施在于治本，只有从根本上消除和减少产生犯罪的原因和条件，犯罪才能得以治理。就激情犯罪而言，无论是宏观的社会预防措施，还是微观的措施，都试图从根本上解决激情犯罪的问题。这些措施从激情犯罪的产生原因入手，从多角度提出解决方法。其通过加强精神文明建设，同时对公众宣传心理健康的重要性，建立各种心理辅导机构供公众寻求帮助，提高公民的心理素质，构建一个和谐的社会环

境，其中人际关系健康和谐、人与人之间和平相处。在这种情形下，公众心理素质得到了提高，潜在的激情犯罪人心理承受能力也得到提高，在遇事时才有可能理性地分析问题。当事人之间有更多的宽容和理解，在道德层面上抑制激情犯罪的发生。道德意义上的预防，可以从根本上治理激情犯罪，减少激情犯罪的发生。

项目二 社会预防的方法

学习情境2

2017年5月，王大妈在朝阳某社区巡逻时，看见小区里一个老住户搬走了。有心的她开始留意新搬进来的租户。这是个年轻小伙子，每天也不上班，无论白天晚上，总能看见他出来进去的，在小区附近和其他男士警惕地聊着什么事儿，好像谈完了就一起回楼里继续谈，时间不长就又送走了，而且几乎天天都有不同的男士找他。

最让王大妈感到"蹊跷"的是，这个租户每顿饭都订外卖，送餐员一次都送好多份。不是一个人住吗？怎么订这么多份快餐？疑惑过后，经验丰富的王大妈说笑间就从送餐员那儿打听清楚了，这家租户每次订餐至少要七八份。感到形势不妙后，王大妈立即向社区民警报告了这个可疑情况。朝阳警方接到线索后，经过缜密侦查，发现出租房实为一个卖淫窝点，租房男子负责通过网络招嫖揽客，6名卖淫女每天并不出屋。最终，该窝点被朝阳警方一举捣毁，当场抓获嫌疑人15人，其中3人被刑事拘留，12人被行政拘留。王大妈协助公安机关破获了案件，也受到了表彰。

截至2017年底，北京朝阳区共有实名注册的"朝阳群众"达14万余人，而北京朝阳区的面积一共470.8平方公里，这相当于平均每平方公里的地面上有近300人。其中，与朝阳警方互动较多的"朝阳群众"数量达到近7万名，平均每月向朝阳警方提供线索近2万条，主要集中在盗窃电动自行车、街头扒窃及涉毒类线索等。2017年，北京朝阳警方接报"朝阳群众"举报的有价值线索8300余条，根据这些线索，共破获案件370余起，拘留250余人，消除各类安全隐患390余起。

一、社区预防

社区通常是指由聚集在某一地域并且有着共同的集体情感的人群所构成的社会单位，村镇、城市街道等均可称为社区。"一般说来，一切现象都可以在某一社区内反映出来"，社区在犯罪预防中占有很重要的地位，社区也越来越多地参与到犯罪预防对策的制定以及形成以社区为基础的犯罪预防计划中来。在预防激情犯罪方面，社区发挥积极的意义，可以开展安全文明小区建设相关活动，开展警民联防活动，既有益于身心健康，同时提升小区居民的法制观念，联络社区居民之间的感情，减少各种矛盾纠纷的发生。另外，在社区开展相关的社会工作和社区服务，比如扶困助残、兴办社会福利事业等工作，使社区居民产生较强的社区归属感，加强对潜在的犯罪人的感化作用。

二、群众自治加强人民调解机制

对于民间纠纷，在人民法院指导下由居（村）委会下设的人民调解委员会负责调解，以避免矛盾激化。人民调解委员会也是基层群众的自治组织，也要发挥共青团、妇联、工会等组织的作用。共青团、妇联、工会等组织在人们的心中具有较高的威信，其正确的引导调解具有很大的作用。就激情犯罪而言，事先的即时调解可以防止矛盾升级，避免犯罪的发生。人民在社会生活中难免产生纠纷，在纠纷产生之后能够及时化解，防止其不断扩大、升级相当重要。如果以回避、拖延、置之不理或简单粗暴的态度对待纠纷，则只会让事情恶化，人民调解委员会及相关自治组织应以合理的方式、正确的方法加以调解，对当事人双方给予充分关注并认真解决问题，这样才能避免矛盾的恶化，减少激情犯罪的发生。

三、完善社会救助机制，注重公众心理卫生

（一）完善社会救助机制

法律面前人人平等，任何人都应该享受到法律规定的权利，而作为一个中华人民共和国公民，理应享受国家赋予公民的所有权利。由于一些实践中的不完善，部分地区、部分人无法享受到同等的资源和相关的福利。对这些人，政府应当给予关注和足够的重视，努力解决他们的问题。许多潜在的激情犯罪人都是社会的弱势群体，由于现实中存在的投诉不力，社会保障机制的不健全，其切实利益无法得到妥善保障。当他们在得不到公正对待和应有的尊重时，很有可能采取极端的方式宣泄内心的不满。因此，政府应该完善社会保障机制，特别是救助机制，给予弱势群体应有的帮助，以解决他们的生存问题。

（二）政府应注意公众心理卫生

政府应加强相关心理辅导机构的建立，特别是应建立一些免费的心理咨询平台，使人和人在心理上出现问题时都能找到合理宣泄的出口。目前我国严重缺乏从事心理辅导与心理治疗的专业人员，政府应引起高度重视，积极建立心理干预机构等一系列心灵工程。在积极建立心理辅导机构的同时，政府应该加强心理健康重要性的宣传，教育公民讲究心理卫生，以积极健康的心态解决生活中的困境，减少和预防各种心理疾病的滋生。

（三）公民个人有责任以其实际行动参与犯罪预防活动

从犯罪学的角度而言，每个人都有可能是潜在的犯罪人。如果每个人都能遵守法律和社会道德规范而自我约束，犯罪现象必将大大减少。同时，人们应该关注自己的

心理健康，及时排除不良情绪。

1. 提高心理应变和承受能力。由于激情犯罪是行为人在激情状态下的犯罪，预防它的一个重要手段就是防止或者减少这种消极情绪的发生，提高行为人自身的心理应变和承受能力，加强自身道德修养，这才是预防激情犯罪的根本所在。

2. 提高自我控制能力。激情是一种强烈、短暂的情绪，应加强自己在激情状态下对行为的控制能力，杜绝放纵自己的非理性行为。特别是针对青少年，应该让青少年学会自我调节、自我控制。

3. 增强宽容意识，培养健康的人格。对于激情犯罪，其实只要理智对待，积极防范就能起到很好的预防作用，行为人自身对他人应该保有最起码的尊重和宽容，在遇事时能多从别人的角度看待问题，提高自己的包容能力。如果当事人能够互相包容，就能大大减少激情犯罪的发生。

4. 及时矫正失衡心理。每个人对自己的心理状况应该有客观的评价，出现心理失衡等问题时，首先应该理智分析原因并加以解决。当这种失衡自己无法克服时，应该及时求助于相关心理咨询机构，矫正自己的心理偏差。

拓展阅读

印度的"强奸文化"[1]

印度儿童强奸案频发众所周知，可是情况的严重程度或许还是远远超出想象。据BBC报道，印度是世界上性虐待儿童人数最多的国家。根据2017年最新的统计数据，印度每15分钟就有一名儿童受到性虐待。

据印度内政部长Rajnath发布的印度2016年犯罪报告称，2016年有106 958起针对儿童的犯罪案件被记录，每天报纸上都有关于性暴力的新报道，再考虑到犯罪黑数现象，真实案例数量可能会更多。

印度政府基于第一起发生在2018年1月，印控克什米尔地区的一个小村庄里一名年仅8岁的女孩被轮奸、虐待，最后被谋杀抛尸森林；第二起发生在2017年6月，北方邦一名16岁的未成年女孩被当地官员及其男性亲属轮奸，家人报警反遭到陷害，女孩的父亲被人用棍棒打死，这两起恶性强奸案震惊全国，引发全国各地抗议示威。印度总理莫迪于2018年4月21日召开内阁紧急会议，签署了一项新法案：性侵12岁以下女童可被判处死刑，但是发布之后引发了不少人的"讨伐"。

印度的司法系统已经无法应对越来越多的强奸案，大量的案件被积压。司法的缓慢是印度对付强奸案的重大障碍，莫迪的行政命令还要求在两个月内强制完成强奸

---

[1] 本部分内容参考"强奸幼女在这国家终于入死刑了！"，https://mp.weixin.qq.com/s/1JAnJ48SqBa100qYV1zKCA，2018-4-23。

案调查，并要求在同一时期内进行最高审判。然而，真实情况是：超过 160 万的刑事案件已经等待了 10 年以上，印度地区法院审理的 1890 万案件中，大约有一半已经持续了两年多。

一名年轻女子在 13 岁的时候被一群男人拖进一辆车里遭到侵害，而她花了 11 年时间才把施暴者绳之以法。她经历了 6 次审判，并忍受了 36 次庭审。

最高法院律师表示，敦促政府设定将嫌疑人绳之以法的时限才是重中之重，印度强奸案的定罪率仅为 28%。强奸案件数量会因这次惩罚力度的加大而减少吗？其实，印度此前也采取过加强惩罚力度的办法，但效果并不尽如人意。

2012 年，年轻的大学生乔蒂·辛格被轮奸和谋杀引发强烈抗议，中央政府通过了立法改革，俗称"Nirbhaya 法案"，延长刑期，并在某些案件中引入死刑，设立快速法庭，四名罪犯因此被判处死刑。然而，据国家犯罪记录局的数据显示，自那时起至 2016 年，强奸事件发生的比例反而上升了 60%，一年比一年增加。由于长期等待法医证据、警方报告和一再休庭，最后很多证人变成了敌对，受害者却已经与嫌疑人的家人达成和解。

……

据英国卫报报道：印度尼西亚一位官员于 8 月 21 日发布，该国一名 15 岁的少女在遭受同胞哥哥强奸之后，由于进行了流产，因而被处以 6 个月监禁。根据法院发言人的说辞，该少女与其 17 岁的兄长于周四一并在苏门答腊岛的穆阿拉布利安地方法院受审。据法庭发言人透露，"这位女子由于其流产行为违反了儿童保护法，因此受到指控。"女孩兄长由于对未成年人进行性侵被判处 2 年有期徒刑。印度尼西亚法律规定禁止女性堕胎，除非面临生命危险，或者在某种特定情况下被强奸。堕胎必须由注册专业医生进行，并且堕胎者怀孕周期不得超过 6 周。除此之外，堕胎女性还必须进行护理辅导。据报道，这位受害女孩不止一次受到哥哥的侵犯。因为堕胎，不但自己被法院判处有期徒刑，母亲也因此受到指控。该少女从去年 9 月至今，受到哥哥 8 次强奸，于怀孕 6 个月时进行了堕胎。少女的堕胎行为是在母亲的协助下进行的，母亲也会因此而受到指控。2018 年 6 月，警察在占碑省普劳村附近的一个棕榈种植园中发现了一名男胎后逮捕了这对兄妹。检方原本要求判处该少女 1 年有期徒刑，判处其兄 7 年有期徒刑。检方表示有可能会继续上诉。目前还不知道最终的判处结果是什么，不过印度尼西亚的堕胎法律一直受到多方质疑：世界卫生当局与人权组织对于印度尼西亚的堕胎法律一直持批评态度，他们认为这项法律限制女性生育健康权，并且导致许多人前往非法诊所进行危险的人流行为。

学习单元九

犯罪的治安预防

📖 学习导语

上医治未病，中医治欲病，下医治已病。

项目一　治安预防的内涵

📝 学习情境1

2015年3月11日上午10点左右，安徽六安市交警支队的民警在路面检查时，发现一辆皖NHA0××银灰色小型面包车牌照有污损，当即示意驾驶员（事后查明，驾驶员为屠某）停车接受检查。这辆面包车起初驶向了路边，但之后并没有停车，而是加速向前逃离。当时，执勤交警张某立即驾驶警车追了上去。追出不久，交警张某就在一个路口拦住了这辆逃逸的面包车，可当他走到车前准备检查时，司机屠某自己从车里下来，手里面拿着一把枪对着交警张某开了一枪，没打响。之后，质问张某为什么跟着他，为什么查他车子，神情非常激动。看到该名司机身上有枪，交警张某当时只能继续开车跟在面包车之后，并立即把这个情况汇报给中队领导。接到张某的求助电话，六安市公安局交警支队三大队三十埠中队中队长立即赶往现场，并拨打了110报警电话。与此同时，面包车驾驶员见张某紧追不放，途中多次朝张某开枪射击。张某驾驶的车辆上车身多处被射穿，有的子弹擦着驾驶座射进车内。见没有打中张某，屠某又拿出一杆长管猎枪，继续朝张某的警车射击。此后，屠某跳下车，持枪挟持一名过路群众，与赶赴现场的民警对峙。随后，屠某放弃了挟持的人质，逃至纺织厂大桥南侧一网吧内，并劫持网吧内16名人员。

事件发生后，省市两级领导一线指挥，迅速启动应急机制，立即成立案件处置小组，调集武警、特警、刑侦等警力对中心现场附近进行围控，开展案件侦破。经过8个多小时政策攻心、谈判，迫使犯罪嫌疑人屠某于18时30分向警方缴械投降，16名人质均被成功解救，当场缴获仿六四手枪4只、土制手雷2枚、子弹37发。

一、治安预防的概念

治安预防是指国家专门机构运用国家赋予的权力，根据犯罪行为的特点，控制犯罪行为实施的外部条件，管理、改善可能被利用实施犯罪或掩护犯罪的环境，以减少、消除犯罪机会，降低犯罪对社会危害的各种行政活动及其措施。

二、治安预防的任务

（一）预防、控制和减少违法犯罪，维护社会治安秩序，保证社会稳定

治安预防是一种最为直接的预防工作，预防、控制和减少违法犯罪是治安预防的首要任务，通过对具有犯罪倾向或者决意要实施犯罪的人采取有效防范与控制措施，预防违法的发生或者防止违法行为向犯罪恶性转化。治安预防通过对社会秩序的整治以及治安案件的防范与处理，起到维护社会秩序，增强社会公众的安全感，减少犯罪对社会与公民造成的损失，保障社会稳定的作用。

（二）惩戒、教育违反治安管理的行为人和轻微违法犯罪人

治安预防不仅体现在日常治安管理与查处工作中，还体现在对实施了违反治安管理的轻微违法犯罪人予以惩戒、教育。违反治安管理的行为人，实施轻微违法犯罪行为不够给予刑罚处罚的行为人，这是治安预防最主要的对象，这方面的防范工作做得好坏直接关系到犯罪现象的整体规模与状况。治安处罚措施有警告、罚款和拘留，还有强制戒毒等措施。惩戒不是目的，只是手段。治安预防是通过治安处罚手段和警戒措施，教育违反治安管理的行为人。

（三）警戒教育社会一般成员，指引人们遵守行为规范

治安预防的依据是治安管理处罚法律和法规，通过规定人们在治安管理法律上的权利、义务以及违反治安管理法律规定应承担的责任来调整人们的行为，以达到预防违法犯罪的目的。通过治安管理处罚法的制定、颁布、施行与广泛宣传，为人们提供了一个维护社会治安秩序和公共安全的行为准则。

项目二　治安预防的对象

学习情境2

1988 年至 2002 年，嫌疑人在甘肃省白银市及内蒙古包头市连续强奸残杀女性 11 人，作案跨度 14 年，受害人中年龄最小的仅 8 岁。该案侦破跨度 28 年，被称为"世纪悬案"。随着 DNA 技术发展，高某的一名亲属因违法犯罪被采集到血样，比对 DNA 发现白银系列凶杀案嫌犯线索。2016 年 8 月 26 日，52 岁的犯罪嫌疑人高某落网。高某

作案没有明确目的，完全随机，具有变态人格，他的心理素质极强，记忆力也超于常人，当年作案时间、地点等细节都记得一清二楚，甚至能详细到受害人住址的门牌号。对于犯罪动机，高某只回答了"报复"两个字，就拒绝再回答此类的问题，6个关键细节引发关注。

1. 1986年高某结婚，大儿子1988年出生，1988年5月26日他做了第一起凶杀案。

2. 第一起杀人案后，高某把受害者的"小白鞋"影集拿走，晚上在被窝里看，看完再起来烧掉。

3. 1998年，是他心灵最扭曲的时候，他连续作案四起。

4. 1998年高某杀害一名8岁女童，并将其强奸，作案后高某口渴，在小女孩家泡了一杯茶。

5. 2002年2月9日最后一案，是儿子口中的"自己考了全镇第一"的当晚。

6. 高某曾在晚饭后给大家讲述白银凶杀案，嫌犯把割了哪里等细节讲得一清二楚。

一、对潜在犯罪人的治安预防

对于潜在犯罪人的控制就是依靠治安行政管理部门的力量，对有犯罪倾向的人进行有针对性预防，防止其实施犯罪行为。针对有犯罪倾向人的特点，对潜在犯罪人的控制应当主要针对下列人员：

（一）具有不良习性实施了违法行为的人

在社会生活中已经染上了某种不良习性并且已经实施了相应的违法行为的人，应被认为是有犯罪趋向的人，表明其有可能实施某种犯罪。这种人主要包括：

1. 有习惯性偷窃、诈骗、抢夺等违法行为尚不够刑事处分的人。

2. 经常进行营业性赌博的人。

3. 多次传播淫秽物品和下流意识的人。

4. 经常携带凶器出入公共场所或者多次打架斗殴的人。

5. 种植罂粟或吸食毒品的人等。

对于具有不良习惯并且实施了违法行为的人，应采取以下措施：针对已经实施的违法行为，依照《治安管理处罚法》有关规定严肃处理，并在处理过程中有针对性地进行法制教育；治安行政管理部门应当要求其所在学校、单位或基层保卫组织对其进行耐心细致的思想教育工作，帮助他们戒除不良习性，并监督他们的违法行为；治安行政管理部门应当运用国家赋予的行政管理权对这类人员进行经常性的检查监督，责令他们遵纪守法，改善和控制导致其不良习性发生的环境和途径，如查禁淫秽物品、加强刀具管理、查禁赌场、打击贩毒分子等，减少其走上犯罪道路的机遇，一旦发现其有犯罪迹象，即应及时采取有效措施，制止其实施犯罪行为。对于因矛盾冲突而可能犯罪的人，首先应当进行有针对性的法制教育，先使他们冷静下来，再采取疏导的方法，同时，运用治安行政管理部门的力量，对他们采取临时性的技术防范措施，防止他们实施暴力犯罪。

（二）准备实施或者正在实施犯罪行为的人

准备实施或者正在实施犯罪行为的人即犯罪嫌疑人，是指有某种迹象表明其正在实施某种严重犯罪或者正在为实施某种严重犯罪做准备的人，以及有证据证明其可能已经实施了某种犯罪并且有可能进一步实施同类犯罪或更严重的犯罪的人。这类人员，随时都存在着实施或进一步实施严重犯罪的可能，所以具有一定危险性。对这些犯罪嫌疑人员的犯罪预防，首先需要及时发现、确认这类人员，要求治安行政管理部门通过多种渠道，进行大量的、细致的调查研究。一旦有迹象表明某人具有犯罪嫌疑，就应动用专门力量，进行重点调查，然后加以排除或者确认。对于确实具有犯罪嫌疑的人员，应当及时采取有效的犯罪预防措施，制止犯罪行为的实施或防范其造成严重的危害结果。犯罪预防措施应当因人而异：

1. 对于可能以住宅为犯罪现场或者藏匿犯罪工具或赃物的，可以在掌握嫌疑人员基本情况的基础上，通过正当理由入户观察，或者在其住宅附近设立临时观察点，随时掌握其活动情况，一旦发现其实施犯罪，及时制止。

2. 对于活动范围广泛的犯罪嫌疑人员，则应与其活动范围内的保卫人员相配合，进行全方位观察，形成观察犯罪预防网络，及时阻止犯罪发生。

3. 对于有可能流窜犯罪的人员，除在本辖区内跟踪观察之外，还要及时通知流窜地有关辖区内的治安行政管理部门注意其可能实施的犯罪活动。

4. 对于准备实施重大暴力犯罪的嫌疑人员，应当运用治安行政力量查获其准备用于犯罪的危险物品，监视其活动动向。

5. 对于可能是犯罪集团成员的嫌疑人员，应当监视其社交活动，分析其可能进行的犯罪活动，以采取相应对策。

6. 对于可能进行诈骗犯罪的人员，应当适时揭露其真实身份。同时，对于确实有重大犯罪嫌疑的人员，在掌握了确凿证据时，应当适时采取刑事强制措施，限制其人身自由，杜绝其再犯罪的机会；不宜采取刑事强制措施的，则应在必要时采取行政强制措施或其他合法手段限制其活动范围，阻止其进入可能的犯罪现场，防止其实施犯罪。

（三）解除强制戒毒、刑满释放人员和社会服刑人员

解除强制戒毒、刑满释放人员经过司法管教部部门一定时期的教育改造，多数能够悔过自新，成为守法公民。但也确有一些人由于种种原因而重新实施犯罪，有些人恶习较深，没有真诚悔改，有些人受他人的教唆、引诱又重蹈覆辙，有些人确有悔过自新的愿望，但重返社会后在就业、婚姻、生活中遭受挫折或受到歧视时，自暴自弃，重新犯罪。运用治安行政管理部门的力量，防止解除强制戒毒、刑满释放人员重新犯罪，是犯罪预防的重要内容。对他们进行犯罪预防的主要手段是一般性的考察监督。这些人已经服刑完毕或者已经解除强制戒毒，因而不能采取坐监、强制戒毒的方式对待他们，而应当尊重他们的公民权利，不妨害他们的正常生活和工作。因此，对他们的犯罪预防只能通过日常的治安行政管理进行考察监督。了解他们在服刑或强制戒毒期间的改造情况、思想状况；了解他们重返社会后所处的客观环境是否有利于促使他们的改造成果；了解他们重返社会后的社会交往，观察他们的现实表现。对于具有可能再犯罪的，则应采取必要的行政管理措施，督促其遵纪守法。对那些准备实施犯罪的人，应适时采取行政拘留、重点监视、收缴犯罪工具等措施，使其不致实施或完成犯罪。对社会服刑人员（已由人民法院判处刑罚但未在监狱服刑的人员，如被判处管制宣告缓刑、假释和监外执行的犯罪分子）进行考察监督，既是治安行政管理部门依照刑事诉讼法的规定执行人民法院判决和裁定的执法活动，也是防止其实施其他犯罪的犯罪预防。对社会服刑人员，应当设立专门组织或者指定专人负责进行考察监督。考察监督主要是要向他们宣布有关规定，监督他们切实遵守这些规定。对违反规定的，提出批评并限令改正。必要时可进行一定的管束，甚至限制其一定的行动自由；经常对他们进行法制教育，帮助他们提高认识转变思想；随时了解他们的活动情况，对于确实具有再犯可能的，应当通过法定程序，及时收回监内服刑。社会服刑人员在社会服刑期间没有再犯新罪的，刑期届满时应当按照法律规定的程序宣告其服刑期满，并随之解除考察监督工作。

二、对公共场所的治安预防

学习情境3

2018年6月25日11时许，张先生向红山区公安分局刑侦大队报案称：22日，其支付宝绑定的信用卡及钱包内两张信用卡被盗刷14 350元。

接报后，侦查员经查得知，6月22日，张先生曾与好友杨某等人到KTV唱歌，随后又与杨某一起吃烧烤，回家后发现钱包丢失。次日，张先生发现手机内的手机卡丢失，待补办手机卡后，收到多条信用卡消费记录，由于钱包已丢失，信用卡并非其本人消费。当日11时，杨某将张先生的钱包送回，称是张先生醉酒后不慎遗失，自己帮助找回，而当张先生询问杨某信用卡消费相关事宜，杨某均称不知情。

经侦查员对张先生支付宝及信用卡资金流向调取发现，23日9时许，其信用卡在两家店铺消费刷卡，支付宝绑定的信用卡通过转账，转入另一账户中。据张先生反映，其曾拒绝杨某借钱偿还债务的请求，案发当晚，只有杨某接触过张先生的手机，民警据此分析杨某有作案嫌疑。

杨某依法被传唤接受讯问，但拒不承认其骗取张先生信用卡内钱财的事实。经耐心劝解，最终犯罪嫌疑人杨某供述：其因无固定收入，无力偿还债务，22日，在与张先生一起吃饭时，便产生了盗其钱财的念头，于是趁其不备，将张先生的手机卡及钱包盗走，使用信用卡套现 14 350 元，全部用于偿还债务。

公共场所由于人多拥挤，人员构成复杂，人、财、物高度聚集、流动频繁，社会管理难度大等特点，容易发生扒窃、诈骗、抢劫、赌博、打架斗殴、行凶伤人等违法犯罪活动和治安案件。如公共营业场所是人员、物资、货币大量集中和流通的地方，往往给盗窃、诈骗、抢夺、抢劫等犯罪分子提供了可侵犯的对象和机会。

公共场所主要是指以下场所：①娱乐型公共场所，如影剧院、舞厅、俱乐、体育场、展览馆、游泳场公园、风景游览区等。②营业型公共场所，如各类商场、银行餐厅、集市贸易场所，销售性展览场所等。③集会型公共场所，如各种永久性或临时性集会场所、大型庆祝活动场所等。④流动型公共场所，如公共汽车、电车、火车、船只、飞机等正在使用的交通工具以及为之服务的车站、码头、机场等场所。

治安行政管理部门作为犯罪预防的专门力量，应当督促、配合各类公共场所的主管部门加强管理，维护公共场所的正常秩序；在公共场所，要经常宣传有关的规章制度，教育、提醒在场人员遵守有关规定，维护正常秩序。要制定紧急疏通方案，保证疏通渠道畅通，以便在紧急情况下能有效地组织群众撤离现场；对出入人员复杂的公共娱乐场所，应适当增加治安人员和加强技术防范措施和手段，以便及时发现、有效预防犯罪；在公共营业场所，要随时提醒人们保管好自己随身携带的物品，谨防扒窃、诈骗。对这类场所进行犯罪预防，应当贯彻"以防为主，以快为主"的原则，即着眼于必要的预防性措施，减少犯罪机遇，当犯罪发生时快速做出反应，及时制止犯罪。

三、对特种行业的治安预防

学习情境4

江苏泰州警方通过网上研判以及追踪侦查，最终破获了一起公安部督办的特大组织介绍卖淫案。经查，犯罪嫌疑人多达 3500 余人，涉及全国 15 省市，涉案金额达数千万元。其中一邱某男性共花 280 万元嫖资，与 160 多名"女明星"交往。让邱某得意的是，海南三亚"海天盛筵"知名"外围女""打飞的"赶到泰州，供他嫖宿。所谓"外围女"，其实就是游走在演艺圈边缘的一群人，她们并非从事真正的演艺工作，而是打着模特、演员的旗号招揽皮肉生意。李某某、刘某某等是名校大学毕业生，为开上跑车，在攀比、虚荣心理作祟下，误入"外围圈"，当起"外围女"。经过专业公司的包装，将自己打造成"明星"，动辄一夜收取"客人"数万甚至 10 多万元的嫖资，邱某就是她们的"客人"之一，短短半年就花去嫖资 280 万元。泰州公安局负责人介绍，卖淫女中不乏高学历者，甚至有些卖淫女还飞到香港、境外去"接单"，而嫖客大多是企业家等高端人士。

特种行业是指与一般行业相比，其业务活动本身的特殊性使其容易被犯罪分子所利用的行业。这类行业主要包括：旅馆业，如旅馆、旅社、宾馆、招待所、接待旅客住宿的饭店、浴室、茶社、货栈和车马店等；印铸刻字业，如印刷、铸字、刻字、誊写、复印、晒图、拍摄等；旧货业，如旧货店、古玩店、寄卖行、废品收购站等。这些行业与其他行业一样，都是社会生活所不可缺少的。但是从犯罪学的角度看，这些行业的特殊性在客观上容易被犯罪分子所利用。例如，印铸刻字业具有制造、复制仿造文字、图案、画面的功能。这种特殊性既可能被犯罪分子利用而进行各种犯罪活动，如伪造货币、有价证券，制造、仿造商标，伪造证件、印章等，也可能被犯罪分子用来为实施犯罪做准备，如制造空白合同、介绍信，仿造文字等，为诈骗、盗窃等犯罪准备必要的用品。旧货业是专门收购、代销各种废旧的物资。这种行业能够收存各种物品，这就使一些犯罪分子有可能把通过盗窃、诈骗、抢劫、抢夺、贪污所获得的赃物存放于此或者通过这类行业进行销售，这类行业容易被利用窝赃、销赃。特种行业的治安管理，就是为了维护特种行业的治安秩序，根据发现、预防和打击犯罪活动及其他违法行为的需要而采取的带有一定的强制性质的行政管理。特种行业治安管理和犯罪预防的基本方法如下：

1. 建立必要的规章制度并监督检查其落实情况。在开业前，必须到治安行政管理部门办理申报、备案手续，建立严格的情况报告制度，发现犯罪嫌疑人员或活动，及时报告。特种行业在经营过程中，必须建立健全并严格遵守本行业内部的安全防范制度。

2. 检查、限制某些业务活动。在一定时期内，要求某种物品必须由指定的旧货店收购或寄卖，而不准其他旧货店收购或出售，以便于掌握和控制盗窃、转移该类物品的情况。

3. 调查、处理发生的该行业的治安案件和犯罪活动。对住宿于或隐藏、出入于特种行业的有重大犯罪嫌疑的人员，要及时采取必要的技术防范措施，防止其危害社会。

治安行政管理部门应当建立快速反应系统，以便在发现重大犯罪嫌疑时能够迅速了解情况，适时控制犯罪。治安行政管理部门在对特种行业实行治安管理的过程中，应当重视法制宣传教育工作，帮助特种行业中的从业人员增强法律意识，充分调动他们做好安全防范工作的积极性，同时向他们传授相关的治安业务知识和安全防范技能，提高发现和控制犯罪的能力。

📖 拓展阅读

"莆田系"酒吧是一个比"莆田系"医院更赚钱的地方[1]

现如今美女最多的酒吧在哪里？不在北京，不在上海，在莆田。

---

[1] 参见"深度揭秘'莆田系'酒吧：一个比'莆田系'医院更赚钱的生意！"，https://mp.weixin.qq.com/s/1Nhs-kTUGfXKv2Pvs7_WMw，2018-10-9。

2016 年的"魏则西"事件，将莆田系医院推上了风口浪尖。直到那个时候，人们才知道，原来很多著名公立医院的科室是被莆田系承包的，全国 80% 的民营医院也是由莆田系兴办的。

"魏则西"事件导致了莆田系医院营业额直线下滑。但是，聪明的莆田系资本永远不缺赚钱的门道。通过对几名当事人的跟踪调查，我们初步掌握了莆田系目前开辟的新门道，其设计之精妙，让人不禁拍案叫绝。

一、最有竞争力的招聘启事

2018 年的大学毕业生人数，已经达到 820 万。大学生小悦作为其中的一员，自春节过后便日渐焦灼起来。如果这几个月还落实不好工作，那只能面临"毕业即失业"的结局。然而，在汹涌的毕业大军中，作为一所三本院校舞蹈系的准毕业生，小悦没有丝毫的竞争力。连续面试了几个教育培训机构、也参加了多次事业单位招考，结果都不如人意。不是她嫌对方开出的四五千块的月薪有点低养活不了自己，就是人家嫌她学校不入流，专业不对口。

直到有一天，她在招聘网站上看到一则启事：高端艺术培训机构招聘应届毕业生，要求性别女、形象好、气质佳，身高 168 以上，艺术院校声乐、舞蹈专业优先，试用期月薪 1 万元起，包食宿，有五险一金。工作地点：福建莆田。联系电话：139××××××。这是小悦看到的最有竞争力的招聘启事了，最关键的是她符合全部条件。她上网搜了一下，莆田也算是福建经济排名第六的城市，虽然没去过，估摸着也差不到哪去。于是，便毫不犹豫地打了招聘老师的电话。对方很是客气，告知三天后统一在大学城附近一个宾馆面试。

二、蹊跷的培训机构

到了面试那天，小悦早早起床，来到面试的宾馆。会议室门口已经有其他七八个人在等待了。几个 20 岁出头、受过 4 年专业艺术训练、身材高挑又画着精致妆容的女孩，自带光芒，引得路人频频侧目。面试过程很简单。对方先是召开了一个集体说明会，很有诚意地介绍了培训机构开办的时间、雄厚的实力以及未来可以提供的保障。随后分头问了几个女孩一些简单的问题。除了两个觉得离家远主动放弃之外，其他几个人都顺利通过。培训机构还提供了实习机会，如果论文已经写完、学校没有别的事，可以先去实习，与正式员工一样同工同酬。小悦和另外一个女孩正好没事，简单收拾一下，就随着培训机构的人员一起驱车前往莆田。

在路上，培训机构的老师们便慢慢和小悦聊开了。所谓培训机构，就是为在酒吧上班的"小蜜蜂"（酒吧里陪客人喝酒的姑娘，靠客人所点酒水数量提成，也称作"酒吧气氛协调员"）提供形体和声乐训练。这里月薪只有 4000 元，但要是愿意每晚去做一下"小蜜蜂"，保证月薪 1 万元以上。两个女孩再三确认"小蜜蜂"只是陪着喝酒、协调气氛，不需要提供别的服务后，决定还是尝试一下。

三、粉墨登场的莆田系医院

在度过了十几年压抑的校园生活和艰苦的专业训练后，小悦很享受每晚在光怪陆离的酒吧中肆意放纵的时光，也渐渐习惯了与各色男人打情骂俏、推杯换盏来换取更多的提成。

第一个月小悦连小费一共拿到 1.4 万元的工资，这是她做梦都没有想象过的，她之前投简历的时候，理想薪资那一栏最多也只填了 8000 元钱。

在拿到工资的当晚，当时的招聘老师又找到了她，对她这一个月来的表现大加赞赏，并委婉地说，如果条件再好点，酒吧会多安排陪同高端客户的机会，月薪 5 万元不是梦。

月薪 5 万元?! 小悦深吸了一口气。但从她一个月的见识来看，其实并不难。那些做假烟、假鞋、搞诈骗的"高端客户"，往往一掷千金，一晚上小费给 5 万元还不止。小悦决定尝试一下，她向老师求教办法。老师回答：整容。

第二天老师亲自带小悦到了这家据说是全莆田最好的美容医院，要求主治医生按照韩星标准出一套整容方案。很快，医生便开出了硅胶假体隆鼻、丰臀术、下巴削骨术、腹部整形等一系列手术项目。

一共收费 8 万元!

四、遮遮掩掩的医美贷

小悦对医生专业的讲解很满意，也很期待整形后的成果。但是 8 万元的价格实在是无法承受，自己虽然赚了 1 万多，但是除去必要的开销，也就还有四五千块钱，为了整容向家人要钱也肯定不可行。

老师仿佛猜透了小悦的心思，给她推荐了一个办法：医美贷。医美贷又称医美分期，就是为那些想整容但是又拿不出钱的用户提供一个融资渠道，由医美贷金融平台将整形所需费用打给医院，用户再分期偿还。

小悦还是有点犹豫不决，这时，老师又向她再三保证，只要手术完成，一定将酒吧核心资源向她倾斜，这些费用一两个月也就赚回来了，而且还会终生漂亮。

最终，小悦按照老师的推荐与医院门口的医美分期平台签署了协议，虽然利率比银行高出几倍，但想想以后辉煌的生活，小悦还是毅然决然地走进了手术室。

五、完美的链条

小悦的手术非常成功! 连她自己也没有想到，自己会变得如此性感、美丽，她的自信心、自豪感瞬间爆棚!

酒吧老师也兑现了之前的承诺，开始让小悦到酒吧的 VIP 包间去调节气氛，越来越多的大客户被小悦的美貌倾倒，争着抢着要小悦陪饮。酒吧的生意好了不少，小悦的小费也水涨船高，第二个月拿到了 3 万元，第三个月拿到了 4.5 万元。除去每月的花销和还贷的部分，还能剩下 1 万多元。

6 月底是毕业的季节，小悦一身名牌回学校参加毕业典礼，看着很多同学还在为找工作而苦恼，听着好朋友满嘴的溢美之词，她的内心得到了极大的满足，她由衷地感谢为她提供工作机会的酒吧、为她美容的医院以及肯贷款给她的医美贷平台。

但是她不知道的是，美容医院收取的8万元美容费中，给了3万元回扣给酒吧，1万元回扣（也叫保证金）给医美贷平台，除去手术的成本1万元，净赚3万元。

在整个链条中，小悦整容后颜值提升，身价飞涨，赚了；酒吧拿了回扣，客源大增，赚了；美容医院有了客户，做了手术，赚了；医美贷平台成功放贷，拿到利息，也赚了。唯一可能受损的，可能只是小悦每况愈下的身体，和再也找不回的灵魂。

六、诡异的无损链条

小悦是幸运的。其实，在现实案例中，很多女大学生在去往莆田的途中，就被"忽悠"洗脑，直接拉进了美容医院，签订了高昂的整形套餐和医美分期协议，至于手术是否能达到理想效果，是否能在酒吧促成更多消费，没有任何人能保障。

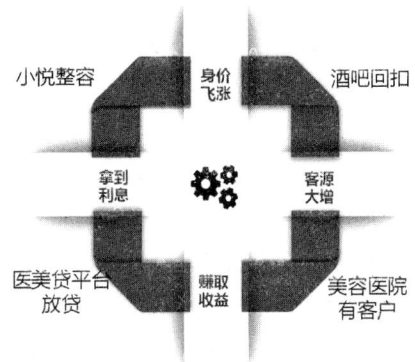

图6　利益链条图

学习单元十

刑罚预防

学习导语

法律是最大的善之一，创造法律是为了公民的安全、国家的长存以及人们生活的安宁和幸福。

刑罚是因为犯罪，并且是为了杜绝再犯罪而处罚。

学习情境1

2000年4月1日深夜，来自江苏北部沭阳县的4个失业青年潜入南京一栋别墅行窃，被发现后，他们持刀杀害了屋主德国人普某（时任中德合资扬州亚星—奔驰公司外方副总经理）及其妻子、儿子和女儿。案发后，4名18~21岁的凶手随即被捕，后被法院判处死刑。这起当时轰动全国的特大涉外灭门惨案很快结了案，但是故事并没有结束。

案发后，普某先生的母亲贺某从德国赶到南京，了解到，这4个男青年并非有预谋要杀人，他们一开始只是想偷摩托车，但换来的钱并不多。后来得知玄武湖畔的金陵御花园是南京最高档的别墅区。于是潜入小区，想去洗劫一间不亮灯的空宅，结果那套正在装修的别墅并没有东西可偷。最终他们选择了隔壁的普某家，盗窃的行为被普某一家察觉，因为言语不通，惊惧之中，他们选择了杀人灭口。

了解案情之后，老人作出一个让人觉得很惊讶的决定：她写信给法院，表示不希望判4个年轻人死刑。贺某解释说，"我们觉得，他们的死不能改变现实"。

在当时中国外交部的新闻发布会上，有德国记者转达了普某家属希望宽恕被告的愿望。外交部回应："中国的司法机关是根据中国的有关法律来审理此案。"最终，江苏省高级人民法院驳回了4名被告的上诉，维持死刑的判决。

4名凶手被执行死刑后，在南京居住的一些德国人及其他外国侨民为了纪念这户被害的德国人，设立了纪念普某一家的协会，自此致力于改变江苏贫困地区儿童的生活状况。协会用募集到的捐款为苏北贫困家庭的孩子支付学费，希望他们能完成中国法律规定的九年制义务教育，为他们走上"自主而充实"的人生道路创造机会。他们为什么要这样做？他们认为消灭犯罪的根源比处决罪犯更重要。

"好好学习，将来不要和某某一样""努力赚钱，去过上流社会的生活"……这是我们受到教育中，比比皆是的语句，背后是一个逻辑：远离落后人群，才能有安全、舒适、有尊严的生活。可是不要忘了一件事，你逃离了落后的人群，可是被你比下去的伙伴，并不会因与你的"隔离"就消失在世界外；如果教育没给他们生存技能，他们没有被传授过向善的经验，愤懑和不安会在他们的人际中传递。困顿之人能拥有的选项，是社会安稳这个"水桶"最低的木板。

多么残酷的刑罚都无法阻止别无选择或贪婪到失去理智的人铤而走险。这个社会需要法庭和监狱，但是更需要的是互助与教育，前者通过资源共享让困乏的人免于绝境，后者通过开发人的智慧与道德让人学会正确抉择。只有做好了这两项，人类才能真正远离恐怖和暴力，否则，我们每个人随时都可能成为下一个犯罪的目标。这群德国人看似在用教育以德报怨，其实不过是他们对"因果"看得更深一层。

项目一　刑罚预防的功能

早在 18 世纪，代表新兴资产阶级刑法思想的刑事古典犯罪学派，反对用神学的观点分析人们犯罪的原因，主张对人类行为进行自然主义探讨。他们以自由意志论为其理论基础，认为刑罚的目的既不是要摧残犯罪人，也不是消除业已犯下的罪行，而是阻止有罪的人不再危害社会，并制止其他人实施同样的行为，为了使刑罚达到这种特殊预防和一般预防的双重功能，只有依靠制定法律，并在执行法律中坚持人人平等的原则，基于这种观点，提出了刑罚人道主义的刑法理论以及刑罚应遵循的三大原则，认为刑罚是对于犯罪的报应，作为报应的刑法须与犯罪行为所造成的实际危害结果相适应，主张罪刑法定、罪刑相当、限制死刑，反对酷刑和侮辱人格刑，在预防犯罪方面，提出"法律控制犯罪论""心理强制论""报应刑论"。并且，他们提出后来为现代刑罚制度所确认的三大原则，罪刑法定原则、罪刑相适应原则和刑罚人道主义原则，呼吁废除刑讯和死刑，实行无罪推定，使刑罚最终达到预防犯罪的目的。

犯罪预防是一项宏大的社会工程，不仅需要动用国家司法机关的力量进行专门预防，还需要动员全社会的力量进行预防。刑罚预防是国家专门性预防措施之一，处于犯罪预防体系中的最后一道防线。从根本上讲，刑罚预防不是预防犯罪的根本的或主要的方法，但是必不可少的方法。

一、惩罚、改造犯罪人，减少或剥夺其再犯罪机会

刑罚预防是针对犯罪人在实施犯罪行为后所采取的惩治、控制措施，剥夺和限制其再犯能力，减少再犯机遇。运用刑罚必然使犯罪人充分感受到惩罚的痛苦，体验到

犯罪给自己带来的不利后果，从而抑制或消除再次犯罪的意念。刑罚执行的方式无论轻重，都具有惩罚的功效和作用，使犯罪人的人身自由受到限制，使其享有权利被剥夺或者无法行使，减少了犯罪人再次犯罪的机会和条件。在刑罚执行期间，犯罪人从根本上丧失了实施犯罪的条件，即使其有犯罪意图，也不可能或者很难付诸实施。至于那些被适用死刑的犯罪人，刑罚的执行就完全终结了生命，永久剥夺了其再犯罪的能力。在刑罚执行过程中，通过劳动锻炼，严格的管束、深入的法制教育、长时间的反省，都会促使犯罪人矫正自己反社会的个性品质，消除犯罪意识，真正改恶从善，重新做人。

二、抑制犯罪冲动，威慑、警戒潜在犯罪者

刑罚通过对犯罪人的谴责、惩罚，剥夺或者限制一定的人身权利，甚至包括剥夺生存权利，或者丧失一定财产权利。对于潜在犯罪人，必然会考虑到自己的犯罪行为可能给自己带来的不利后果。慑于刑罚之苦，犯罪冲动都自觉地或者不得不停留在意识之中。即使那些怀着侥幸心理意欲实施犯罪的人也会因受到刑罚之苦的心理压力而不敢轻举妄动，有的甚至在实施犯罪的过程中迫于心理压力而中止犯罪或在实施犯罪之后主动投案自首。刑罚不仅可以抑制潜在犯罪人的犯罪冲动，也可以消除犯罪被害者的犯罪冲动，防止由犯罪的被害者发展为犯罪的实施者。事实上，刑罚威慑的确能够遏制犯罪动向，作为最古老的惩治犯罪的手段，刑罚一直是预防犯罪体系的核心。1764年贝卡利亚认为：处罚和手段要与行为相适应，并且要用效果最持久、能够让人印象深刻，但是产生最少的身体痛苦。贝卡利亚认为刑罚的目的是预防犯罪而不是报复。刑法不只是为了保护国民利益，更要保护社会利益，刑法应以保护社会利益为本位，社会利益要优于个人利益，为了维护社会秩序，可以扩张刑罚处罚的范围。

三、传达刑法禁令，规范公民行为

国家的刑法制定、刑罚权的实施，包括制刑、量刑和行刑等一切活动，通过信息传递、辐射作用，对社会公众都产生教育、警示效应。通过刑罚，人们可以认识刑法所禁止的行为。刑罚向人们传达刑法的禁止性规范，即不遵守禁令时将会受到怎样的刑罚惩罚，比任何正面传达的法律规范对人们的影响要强烈、持久。刑罚的严厉性也使人们不得不时常考虑刑罚所传达的禁止性规范对行为的约束作用，使人们不敢贸然实施刑法所禁止的犯罪行为。

项目二　刑罚预防的局限性

学习情境2

　　沈某没有读过多少书，更没有一技之长。1969 年 8 月，22 岁的他因犯盗窃罪被判处有期徒刑 10 年，这是他第一次入狱。出狱后仅仅 1 年，1980 年 10 月，沈某又因盗窃罪被判处有期徒刑 4 年……十四进十四出，因为盗窃和诈骗，他差不多在高墙内蹉跎了一辈子。2016 年 6 月至 11 月，沈某在公交车站、地铁站出口，采用撬车锁等方法，盗窃了 3 辆电动自行车。这一次，他被法院判处有期徒刑 7 个月，并处罚金 2000 元。2018 年除夕，是他第 15 次刑满释放的日子。就在他刑满释放前两周，管教民警齐警官却说："他不肯出监，我们已经做了 1 个多月思想工作。"齐警官很无奈地说："正好是除夕那天释放，说什么也不肯走。"

　　"这里有衣穿，有饭吃，生病了还有人照应，出去还不如待在这里。"沈某用含混的口音恳求齐警官。

　　刑罚主要是通过打击犯罪来预防犯罪的。通过对犯罪的打击，抚慰受害人，使他们放弃复仇的可能；通过对犯罪的打击，剥夺犯罪人的犯罪能力，使犯罪人不能再次犯罪，刑罚在发挥着积极作用时，也存在局限性。

　　刑罚通过其控制功能的正常发挥起到预防犯罪的作用，但是预防犯罪不能完全依靠刑罚预防。因为刑罚预防作用以国家的大量投入为基础并受一定条件限制。刑罚并不能消除犯罪产生的社会根源，更不可能从根本上预防和消灭犯罪。

　　在犯罪预防的具体环节上，刑罚不可能对所有犯罪的人或者企图实施犯罪行为的人都产生预防作用，在对不知法的人的犯罪冲动的抑制显得无能为力；对熟知法律，但认为自己可以逃脱刑罚惩罚的人来说，不会因为刑罚的存在而不去实施犯罪行为；对于那种认为犯罪所得大于犯罪所失的人，也不会因为惧怕刑罚而不去实施犯罪行为；对于各种受激情驱使已经把生死置之度外的人也不会慑于刑罚而终止犯罪。特别是由于一些制度调整，政策制定所引起的社会矛盾造成某些犯罪增多，再重的刑罚也不能从根本上消除甚至难以减少此类问题。因此，我们不能企盼由刑罚来预防一切犯罪，也不能企盼一切受过刑罚惩罚的人都不会再犯罪。

　　在重视刑罚预防功能时，应当具有清醒的认识，不能过分夸大刑罚在预防犯罪中的作用，更不能把刑罚当作预防犯罪的唯一途径。中国历史上有诸多朝代吸纳了重刑的思想，利用刑罚的威慑作用达到预防犯罪的目的。商鞅第一个提出重刑思想，认为"禁奸止过，莫若重刑"，他的重刑理论建立在性恶论的基础之上，主张"刑主赏辅""刑不善而不赏善"，以达到"以刑去刑，以杀去杀"的目的。法家是以民性、民情为重刑理论的归宿，着眼于轻罪重刑。汉有酷吏张汤，以执法森严闻名，在明朝建立之初，也是"乱世用重典"。重刑之利，在于能在较短的时期内恢复正常的社会秩序、平复人心，使恶性犯罪得以暂时收敛。但是中国古代是人治社会，刑罚的主观性较强，长期重刑治国必然会如桀、纣般亡国。当今，若以重刑预防犯罪，是社会推卸自身责任的一种表现，更是缺乏对人的基本权利的尊重。在刑罚预防体系中，要破除"刑罚万能"的观念和重刑主义的思维定式，转换刑罚观念，必须把刑罚预防与社会预防、心理预防、治安预防等其他犯罪预防措施结合起来，使犯罪预防体系形成一个有机和谐的统一。

拓展阅读

日本正在崛起的监狱养老 [1]

报纸上的墓地广告铺天盖地、货架上码放着各式成人纸尿裤、超过 1/4 的人口是 65 岁以上的老年人，这就是日本社会的日常。随着暴力团体日渐式微，日本社会的犯罪率已连续 13 年下降，但同时，"银发罪犯"也与日俱增——相比于监狱，他们发现自己生活的社会是一个更艰苦的地方。

裁判官："可以保证这是最后一次偷窃吗？"

被告人："用生命起誓。"

裁判官："上次你也说了同样的话。"

被告人："这我无言以对。"

这是在 7-11 便利店偷了三明治的 79 岁无职业男——P 先生在接受公判时的场景。从第一次进广岛监狱开始，他便发现"老残监区真是个舒适无忧的养老之地啊！"此后，他多次实施故意犯罪，陆续吃过鸟取、高松、大阪、名古屋、福岛等全国各地的牢饭，并凭借着十八"进宫"的辉煌事迹，荣登日本"老年犯罪名人堂"。而事实上，P 先生并不是第一个主动跑去"蹲号子"的老头，也绝不会是最后一个——如今在日本，像他这样通过逆向操作，过上"饿了有饭吃，病了有人治"的牢狱生活的老年人为数众多。

2017 年日本警视厅发布的白皮书显示，在日本的监狱里，每 5 名罪犯中就有 1 名是 65 岁以上的"银发罪犯"，而该比例在 1990 年仅为 3%。他们的路数各有千秋，但过半都是干些小偷小摸的勾当。在日本犯罪率连续 13 年下降的大背景下，老年人犯罪率逆风而上。据日本警方观察，以往在寒冷的冬天才集中爆发的"犯罪潮"，如今已变得不问季节频频出现了。"只需要从便利店顺走一个 200 日元（人民币 11.5 元）的三明治，就可以获得两年的监禁，比领养老金靠谱多了。"

---

〔1〕 参见"日本：监狱养老，震撼"，https://mp.weixin.qq.com/s/Z3JzrkdPih2fhS6s3Y9m0Q，2018-7-4。

是牢狱之灾，更是养老天堂

"早上 6 点 40 起床，老太太们或坐着轮椅或徒步，从一间配有洗脸台、厕所和成人尿布的牢房里出来。8 点，大家聚集在工场，做的都是很简单的工作。

'冷不冷，没关系吗？'作业期间，看管经常对她们嘘寒问暖，帮她们换尿布……一个犯人在吃饭时噎到，看管马上冲过来轻拍她的背。

下午 4 点，一天的工作就结束了。5 点吃过晚饭后，剩余的都是休闲时间，犯人们可以躺在床上看电视，9 点准时上床睡觉。"——这是记者 Shunji 记录下的《日本老年监狱的一天》。

"这不是老人院哦，这是监狱。"对于所见所闻，Shunji 觉得不可思议——当全世界的典狱长绞尽脑汁严防罪犯越狱时，日本的监狱竟是这样一片和谐之象，没有美式霸凌，没有同性鸡奸，更没有肖申克的救赎，只有家长式的关怀。

在尾道监狱，你能看到养老院常见的辅助行走栏杆；在德岛监狱的"高龄服刑人员专用楼"内，有特别改造过的轮椅坡道和防滑浴室；而考虑到当地的严寒气候，北海道旭川监狱还首次引进了西式单间，里面有木桌、木床，床尾有马桶，还有壁挂电视……为了应对未来数十年罪犯人数的增加，目前入住率约为 70% 的日本监狱系统，最近还未雨绸缪，扩大了规模。

"与外面的社会一样，监狱正在往高龄化方向发展。我们正在扮演养老院的角色。"神户监狱的工作人员铃木敏行直言。

除了改善监区设施之外，监狱里的软服务也不马虎。在尾道监狱，囚犯们每日的定食，例如易于吞咽的面条，会由看护人员切碎、舀好、送到跟前。管教经常客串保姆："你要留意他们的身体状况。看他们脸色好不好，有没有吃完饭。"为了防治老年痴呆，从去年 4 月开始，神户监狱还引进了音乐疗法。而在枥木监狱体育馆，30 分钟的柔软体操运动也流行起来。

另外，为了应付囚犯老年化问题，不少监狱特设了"养护工场"，让他们能做一些诸如整理文件、叠衣服等简易的工作。同时规定，老年囚犯的平均工时为 6 小时（低于一般的 8 小时）。行动困难者，甚至可以不用到监狱工场做事，而是在房间里睡觉休息。

"等最终释放的时候，我们希望看到的是他们健康地离开。"德岛监狱的治疗主任 Kenji 表示。

然而，这样的做法遭到一些人的质疑——"监狱为惩罚而设计，但这些人的罪责偿还力度真的足够吗？"

为了应对质疑，德岛监狱实施了一些限制性的规定，例如工作时间禁止交谈，不在牢房里装空调，犯人在冬天只能一周洗两次澡，而在夏天可以洗三次……"我们正竭力维持一种平衡，既确保年龄大的犯人保持相对健康的状态，又不让条件太过舒适。"

"监狱是我的绿洲。"

"事实上，里面的生活从来都不容易。"P先生说，军事化的管理让人崩溃：把毛巾盖在头上会被大声呵斥；刮完胡须后要让狱警检查干不干净；借指甲刀要事先申请，获得同意后才能从小窗里接过使用——但即便如此，总算是一个有屋檐的地方，有监护员保护、有人照顾健康。"就算死了，也有人为你隆重吊唁。"

相比之下，外面的世界更糟

早在2012年，日本政府就发布白皮书，称70%的老年盗窃者是依靠社会福利度日的贫困人口。同年，《日本时报》指出，因经济不景气，团块世代步入晚年之后，养老金遭到不断的削减。另一方面，年轻人连自己都养不活，给老年人的经济支撑也越来越少。

眼下，日本大约有1100万"下流老人"——这不是在骂人，而是指每3个老人中，就有1人属于社会中下层贫困人口。

这就造成了在日本社会，少部分有钱的老人满世界旅游，而大部分没钱的老人只能在便利店、机场打零工的现象，用自由换粥饭和床铺的也不在少数。

据东京一家研究机构的调查，即便是节衣缩食，一名有少量储蓄的日本退休人员，每年的生活成本仍然要比78万日元（约合4.62万元人民币）的基本养老金多出至少25%。

"我一个人靠福利生活，日子很难。如果出去了，我必须想办法用1000日元（57.6元人民币）过一天。"74岁的K女士在谈到自己的犯罪动机时说。

"我丈夫去年死了。我们没有孩子，于是就剩我一人孤苦伶仃。有一天我去超市买菜，看到一块牛肉。我想要，但我知道买了牛肉，日子就会更加难过。所以我就把它偷走了。"

相比起老年男性，老年女性在经济上更加脆弱。在65岁以上的独居女性中，有将近一半的人生活在贫困中，而男性独居人口中，贫困人口仅为29%。

贫穷并非身陷囹圄的唯一原因

在一档名为《万引きGメン》（意为：监视盗窃的警察）的节目中，一名70多岁的男性偷窃者给人留下了深刻印象：他的车是雷克萨斯的，住的也是独门独户的房子。被逮到后，他承认自己一共偷窃过四次，"我有钱，但不想付"。而这也是许多老年窃贼的犯罪理由。

"我丈夫给我的钱不算少了，大家总是对我说我有多幸运。但我要的不是钱，钱根本不能让我快乐"。80岁的N女士13年前因为偷了一本平装小说，被抓住并带到警局，"当时一个警察审讯了我，他特别善良，倾听我想说的一切。我感觉有生以来第一次被人倾听。最后，他轻轻拍我的肩膀说，'我明白你很孤独，但请不要再偷东西了'。"

这个国家，60岁以上的独居者比以往任何一个时代都多，而且经常会有经过数周甚至数月才发现他们孤独死去的案例。孤寡老人 Kinoshita 的公寓一角：房间里堆满垃圾，却摆着三四床全新的羽绒被，那是推销员利用老年孤独心理上门推销的杰作。去年东京政府进行的一项调查显示，这些高龄罪犯中，约六成已丧偶，近五成独居，四成属于无亲无故或与亲友少有来往的无缘老人。

"他们有自己的房子，也有自己的家人。但这并不意味着他们有自己的家。"岩国女子监狱的主管 Yumi Muranaka 说。

2 个月前，N 女士因为偷盗一本平装书、一份炸丸子和一把扇子再次入狱。

"我很喜欢在监狱工场工作。身边总是有人，在这里我不会感到孤单。"

同样因盗窃被判刑 1 年 5 个月的 O 女士甚至觉得，这里就是她的应许之地："监狱是我的绿洲。这里有很多会陪我说话的人，让我很安心……我女儿说我很可悲，我觉得她说得对。"

"我知道这样不好，但我已经离不开这里了"

除了稳步上升的老年犯罪率之外，让日本当局感到大为头痛的是，很多老人把监狱当成"他们在地球上的最后一站"。和青少年罪犯不同，对于他们来说，出狱并非最大愿求，滞留囚场才是。一旦离开了这个"舒适圈"，很多人都会不约而同地怀念起牢狱饭的滋味。

据东京警察厅的调查数据，截至 2016 年，在 60 岁以上的老年罪犯中，超过 40%会在出狱后半年内再犯，"六进宫"的人数更高达 36%。

在重度偷窃犯罪中，有 2/3 是因为"找不到生存意义""无人可诉""放监后一个人生活"而再度犯罪。男性高龄者再犯率为 14.3%，而女性为更高的 37.5%，遭遇近亲生病或离世的女性高龄者，再犯率甚至达到了 77.8%。70 岁的囚犯 M 因企图抢劫而被判 3 年半的刑期，眼下余刑越来越短，他的焦虑感也越来越重。"我担心像我这样的人，出去以后会找不到工作"，他说，"弟弟也会避开我。"

而为了在下次审判时获得更长的刑期，一些人会在出狱后变本加厉地犯罪。2006年，一个刚出狱 8 天的 74 岁老人，就用打火机点燃了山口县下关火车站旁的一座仓库。被逮捕时，他身上只剩下几枚硬币。

"在某种程度上，他们是经济萎靡的受害者，但这不应该成为借口"，尾道监狱的负责人 Takashi Hayashi 指出："监狱不应该是他们的退休之家，我们希望他们重新获得生活的动力。"

2016 年，日本政府推出"再犯防止推进法"，尝试透过改善福利和社会服务系统，对出狱犯人给予支援。

然而，日本社会对犯罪者的偏见仍大量存在。"养老院已经人满为患了。"狱警Kurahashi 指出："况且，谁愿意接受有前科的人？"

很多人出狱后，立即又回到居无定所的状态——子女不愿与他们一同居住，房东害怕老人死后打扫房子很麻烦，也不愿意把房子租给单身老人。由于缺乏住所和工作机会，很多人不得不一次次回到犯罪现场。

日本公立养老院"一位难求"，通常只能"走一人，进一人"，目前仍有大约 52 万人处于待机状态。而私立养老院的费用颇高，经济条件一般的老人负担不起。

累犯率的上升，也给狱方带来了连年增长的护理费用和超额的工作量。

"她们（女性老年囚犯）对尿失禁感到羞耻，把内裤藏起来。我对她们说，'给我吧，我来帮你们洗内裤'。"女狱警 Satomi Kezuka 说，她不排斥同时担任护工的角色，但也有人不胜负荷。在栃木监狱内，已经有超过 1/3 的女狱警在 3 年内陆续辞职。

"何处不是囹圄?"当检察官以"再犯的可能性很高，有必要进行长期矫正教育"为由求刑 3 年时，P 先生终于松了一口气。

一切如常，安静的工场里，所有的犯人都穿上浅绿色的囚服，而狱警正对着一名忘记戴帽子的囚犯大喊大叫。桌子上的鱼缸里，一条金鱼和一只乌龟在游动，那是财富和长寿的象征。

"通过劳动和汗水，就能自我救赎吗?" P 先生问。

下编　典型犯罪预防分析

学习单元十一——

恐怖主义犯罪与预防

📎 学习导语

　　恐怖主义犯罪是附着在社会机体上的一大"毒瘤"。法律在危难和情势紧急的时候，才能体现其全部的价值。

项目一　恐怖主义犯罪的涵义

📎 学习情境1

　　"9·11"恐怖袭击事件是2001年9月11日发生在美国本土的一起系列恐怖袭击事件。两架被恐怖分子劫持的民航客机分别撞向美国纽约世界贸易中心一号楼和世界贸易中心二号楼，两座建筑在遭到攻击后相继倒塌，世界贸易中心其余5座建筑物也受震而坍塌损毁；9时许，另一架被劫持的客机撞向位于美国华盛顿的美国国防部五角大楼，五角大楼局部结构损坏并坍塌。"9·11"恐怖袭击事件是发生在美国本土的最为严重的恐怖攻击行动，遇难者总数高达2996人。联合国发表报告称此次恐怖袭击对美经济损失达2000亿美元，相当于当年生产总值的2%。此次事件对全球经济所造成的损害甚至达到1万亿美元左右。

　　此次事件对美国民众造成的心理影响极为深远，美国民众对经济及政治上的安全感均严重被削弱。

　　时任美国国务卿鲍威尔2001年9月13日召开新闻发布会宣布，本·拉登被锁定为制造"9·11"恐怖袭击事件的头号嫌疑犯。美国众议院在9月14日晚同意授权美国总统布什对恐怖分子使用武力。据美国民意测验显示，美国民众中有90%的人支持美国对恐怖主义分子实施武力打击。

　　2001年10月7日13点左右，时任美国总统布什宣布，美国和英国已经开始对阿富汗塔利班当局军事目标和伊斯兰极端主义份子拉登的卡达训练营进行军事打击，反恐战争爆发。

这两场因"9·11"而引发的战争出动了美军总计20多万的兵力和几千架的战斗机。据美国国会研究所计算，在未经通货膨胀率和国债利率调整的前提下，美国总共支出了1.4万亿美元军费。由于美国还大量背负外债，仅是利息就还将面临几千亿美元的支出。

2011年5月1日，美国海豹突击队一支小分队乘坐直升机突袭本·拉登住所，本·拉登因反抗被击毙。整个突击过程用了约40分钟。

"9·11"事件后，美国人几乎在顷刻间将一切可以保卫美国的技术手段都"神圣化"。民意调查显示，2001年8月，支持政府尽快部署国家导弹防御系统（NMD）的人数约为54%，而到9月25日，这一数字升至80%以上。此外，美国团结一致、共同将反恐作为国家安全首要目标的状况下，民主党与共和党两党本来在导弹防御问题上的严重分歧几乎瞬间消失。

当时的布什政府本来是一个"弱势"政府，在布什总统的执政初期，其政府前景并不被看好。"9·11"事件发生后，共和党政府成了"准战时政府"，确实也表现了出色的危机管理能力以及当机立断的行动反应。这次事件激发了美国的"超级民族主义"情感，提升了受"9·11"事件重创的国民情绪。

"9·11"事件之后，不仅美国的盟友对美国表示了同情和支持，而且非盟友国家也表示支持美国打击恐怖主义。美国加强了与其盟国的合作，而且也加强了与俄罗斯和中国的合作。联合国安理会5个常任理事国、德国、日本等一些地区大国间的高层互访和会晤增多，电话热线通话频繁。

"9·11"事件将届五周年之际，《纽约时报》和哥伦比亚广播公司联合进行的民意调查显示，仍然有69%的纽约人"非常担心"当地还会再发生恐怖攻击，只比2001年10月的74%低了5个百分点，显示恐怖攻击的阴影并未真正散去。其中，近1/3的纽约人说他们每天都会想到"9·11"事件，四成的受访者则说他们还是觉得很不安。美国专栏作家罗伯特·萨默森说，恐怖活动炸毁的"不仅仅是世贸中心和五角大楼的一部分，而是美国的平静和安全感"，"美国人的自由假日从此画上了句号"。

一、恐怖主义犯罪再认识

冷战结束以来，恐怖主义犯罪凸显，已成为影响世界和平与国家安全的一个重要因素。当今世界，恐怖主义已被认为是一种公害，"可以与战争、国家债务、人口膨胀、饥饿、贸易逆差、疾病等相提并论"，甚至有人认为恐怖主义犯罪应与政治腐败、环境污染并列为21世纪人类面临的三大威胁。20世纪中后期以来，恐怖主义犯罪更是进入高发期。据不完全统计，在1968~1997年的30年间，全球发生的恐怖主义犯罪事件至少有1.36万起，平均每年约453起，造成的人身伤亡和财产损失难以计数。恐怖主义犯罪的危害性是不言而喻的。当今恐怖主义犯罪不仅关乎一个国家政权的稳定和社会安宁，更是对整个人类文明与尊严的挑战。

在政治影响方面，恐怖主义犯罪日益成为影响国际形势和国际关系的一大变数，是非传统安全的重要因素之一。它不但可能促使地区矛盾加剧，冲突升级，造成局部动荡，还可能在现代大规模杀伤性武器等因素的刺激下引发全球危机。另一方面，以美国为首的西方阵营绕开联合国开展的所谓"反恐战争"客观上造成了伊拉克和阿富汗等国的人道主义危机，实际上也可归结为恐怖主义犯罪的连锁政治影响。

在经济影响方面，恐怖主义犯罪有意识地针对具有象征意义的群体范围和地域建筑范围进行袭击，造成直接和间接性重大财产损失。以"9·11"恐怖袭击对世界经济的影响为例，据联合国贸发会议估计，2001年下半年，全球对外直接投资出现大幅下降，2001年的总额比2000年下降了近46%，而这种情况是20世纪90年代以来从未出现过的，应该说与美国"9·11"事件的发生有密切关系。在其他直接和间接损失方面，仅纽约世贸中心的直接损失就高达400亿美元，相关的清理和重建工作需要花费约460亿美元。加上股市受挫、银行业降息、政府减税、航空公司裁员、旅游及金融保险业受损，造成的间接损失无法估量。另一方面，各国在反恐中增加投入，设立新的反恐机构、设立专项基金用于预防、救援和重建等方面的花费也极为惊人。除此之外，恐怖主义犯罪打击了消费者信心，经济发展的预期风险增大，这些都对整体经济的发展有长远和潜在的负面影响。

从表现形式和特征看，当今社会的恐怖主义犯罪也随着社会变迁和世界局势的变化呈现出新的特点：从类型看，民族型、宗教型、分裂型、极左极右型恐怖组织并存与交织的局面已经形成；恐怖主义犯罪的目标已逐渐由针对政治领导人或有政治影响的标志性"硬"目标转向无辜群众、民用设施等"软"目标；新兴的高科技手段越来越成为恐怖分子手中的利器，诸如超级恐怖主义、网络恐怖主义、电磁恐怖主义等新形式层出不穷；恐怖主义犯罪的活动地域已从发达国家或地区蔓延到发展中国家和地区，并呈现"本土化"趋势；伊斯兰极端势力已然成为国际恐怖主义犯罪的骨干力量，2002年全球各地发生的恐怖袭击有近70%为伊斯兰恐怖势力所为。"9·11"后，尽管国际社会加大了对恐怖主义犯罪的打击力度，强化了各国之间的反恐合作，但有全球影响的恐怖袭击仍然时有发生：2002年的巴厘岛爆炸案、2004年的马德里爆炸案、2004年的俄罗斯别斯兰事件、2005年的伦敦地铁爆炸案等，不仅直接造成大量无辜民众的伤亡，更使各国深陷于恐怖噩梦之中，影响了正常的国家建设和社会发展。

二、恐怖主义犯罪的概念

恐怖主义犯罪，是指恐怖组织或其成员使用暴力、暴力威胁或其他手段所实施的社会恐怖，严重危及公民人身和重大财产安全，违反刑事立法，需要追究刑事责任的行为，实施下列之一行为，均可认为是：

1. 组织、策划、准备实施、实施造成或者意图造成人员伤亡、重大财产损失、公共设施损坏、社会秩序混乱等严重社会危害的活动的。

2. 宣扬恐怖主义，煽动实施恐怖主义犯罪，或者非法持有宣扬恐怖主义的物品，强制他人在公共场所穿戴宣扬恐怖主义的服饰、标志的。

3. 组织、领导、参加恐怖主义犯罪组织的。

4. 为恐怖主义犯罪组织、恐怖主义犯罪人员、实施恐怖主义犯罪或者恐怖主义犯罪培训提供信息、资金、物资、劳务、技术、场所等支持、协助、便利的。

5. 其他恐怖主义犯罪。

三、恐怖主义犯罪实施方式

（一）爆炸

由于爆炸物品比较容易得到和制造，其外形便于伪装、运输和携带，使用方法简单易行，而且杀伤力大，能造成大面积破坏和大量人员伤亡，破坏社会稳定，符合恐怖主义犯罪的要求，因而成为恐怖分子使用最多的恐怖主义犯罪手段，当前，自杀性人体炸弹和汽车炸弹是危害最大的恐怖爆炸方式。

（二）绑架劫持人质

恐怖分子以暴力或威胁使用暴力的方式将特定或不特定对象置于其控制之下，用以强迫一国政府、政党、组织、社会团体或个人满足其提出的要求。绑架的对象一般是政府首脑、政党领袖、社会知名人士、政府官员，也可能是一般公民。绑架劫持人质是恐怖组织为获取资金、解救被捕同伙而经常使用的手段。

（三）暗杀

暗杀是最古老的恐怖行为手段。恐怖分子使用爆炸、枪击、投毒、纵火、制造交通工具事故（车祸、空难、海难）及其他杀人手段从肉体上消灭某些特定政治对象或对手。恐怖分子所选择的暗杀对象往往是政府首脑、知名的政治活动家、有特殊政治身份或代表特定的政治集团和势力的人物。

（四）劫持交通工具

恐怖分子以暴力或暴力威胁的方式将有人员乘坐的飞机、轮船、火车、汽车等交通工具置于其控制之下，以此为要挟，迫使某一对象满足其提出的要求。由于目标具有相对封闭和高度危险的环境条件，再加之各国往往以乘客的安全为首选，劫持行为实施后比较容易成功，劫机是世界上经常发生的恐怖主义犯罪。

（五）武装袭击

恐怖分子以枪击、爆炸、纵火、刀砍等方式，对国家或社会的单位机构或标志性设施甚至无辜公民实施的暴力行动或屠杀活动。袭击活动往往形成一定规模的武装冲突，造成较大的损失和人员伤亡。

（六）生化恐怖主义犯罪

恐怖分子通过播撒、释放、感染等方式，针对社会公众及环境使用具有大规模杀伤力的生物病菌和化学武器，以此威胁国家或社会，造成恐怖气氛和恐慌心理，要挟达到某种政治目的和影响。

（七）新型恐怖主义犯罪

新型恐怖主义犯罪是以网络技术、电磁武器、金融投机和恐吓信息等新型手段实施的恐怖主义犯罪，这种恐怖主义犯罪是 20 世纪末以来新出现的恐怖主义犯罪类型。

四、世界著名的恐怖组织

（一）东突组织

东突组织是"东突厥斯坦"维吾尔族民族分裂恐怖分子的总称，其包括："东突厥斯坦"伊斯兰运动、"东突厥斯坦"解放组织、世界维吾尔青年代表大会、"东突厥斯坦"新闻信息中心等多个组织。"东突厥斯坦运动"的产生和发展，是受泛伊斯兰主义和泛突厥主义的双重影响。"东突厥斯坦"（简称"东突"），这一名词最早是 19 世纪末期西方别有用心的殖民主义者提出的，他们把俄罗斯中亚地区称为"西突厥斯坦"，而把中国的新疆称为"东突厥斯坦"，并编造出新疆是"东突厥"人家园的谬论。因此"东突厥斯坦"不是一个单纯的地理概念，而是殖民主义者为肢解中国而提出的一个政治概念。东突组织在境外建立基地、培训暴力恐怖分子，不断派人潜入中国境内，策划、指挥恐怖破坏活动。

（二）"基地"组织

"基地"组织于 1988 年苏联入侵阿富汗后，由沙特阿拉伯富商本·拉登创立，其最初目的是以此组织为基地，来训练和指挥与入侵阿富汗的苏联军队战斗的阿富汗义勇军。苏军撤退后，目标转为美国和伊斯兰世界的"腐败政权"，消灭全世界入侵伊斯兰世界的西方国家，以建立一个纯正的伊斯兰国家。该组织主要在中亚、中东地区活动，被联合国安全理事会列为世界恐怖组织之一。

（三）IS 组织

IS 前身是 2006 年在伊拉克成立的"伊拉克伊斯兰国"，该组织的目标是消除二战结束后现代中东的国家边界，并在这一地区创立一个由基地组织运作的酋长国。2014年 6 月 29 日，该组织的领袖阿布·贝克尔·巴格达迪自称为哈里发，将政权更名为"伊斯兰国"，并宣称自身对于整个伊斯兰世界（包括历史上阿拉伯帝国曾统治的地区）拥有权威地位。2014 年 9 月，美国组建了一个包括英国、法国等 54 个国家和欧盟、北约以及阿盟等地区组织在内的国际联盟以打击 IS。2015 年 5 月，伊拉克拉马迪被 IS 攻占。2015 年 11 月，美国总统奥巴马和土耳其总统埃尔多安决定向"伊斯兰国"

施加更大压力。

2017 年 7 月 9 日，伊拉克政府军正式宣布全面解放被极端组织"伊斯兰国"占据的伊拉克第二大城市摩苏尔，11 月 21 日，伊朗总统鲁哈尼向全国发表电视直播讲话时表示，极端组织"伊斯兰国"已被剿灭。

（四）博科圣地

伊斯兰教派极端组织，目标是主张在尼日利亚全国推行伊斯兰教法，有尼日利亚的"塔利班"之称，该组织的名称翻译大意为"西方教育是亵渎"或者"西方教育是罪恶"。该组织经常使用炸弹袭击来扩大自己的影响力，自 2009 年发生教派暴力冲突以来，该组织逐渐被国际社会所了解。

（五）埃塔

西班牙巴斯克民族分裂组织埃塔成立于 1959 年，该组织原为弗朗哥独裁统治时代西班牙北部巴斯克地区的一个地下反抗组织。弗朗哥政权垮台后，埃塔逐渐发展成为危害整个西班牙社会、以暴力从事民族分裂活动的组织。该组织主张在西班牙北部巴斯克地区和法国南部巴斯克地区成立一个独立的国家，但这一主张遭到西班牙和法国的反对。

埃塔过去一直受到古巴、利比亚和黎巴嫩等国的资助，并与其他左翼军事组织有很多联系。埃塔组织的成员除了在西班牙本国外，还广布于西欧的法国、比利时、德国、意大利，以及拉丁美洲的墨西哥、乌拉圭、多米尼加等国家。埃塔暗杀对象的范围很广，上至政府要员，下至平民百姓。多年来，该组织用暗杀、绑架和爆炸等手段夺走了近千人的生命，欧盟和美国已经将埃塔列为恐怖组织。

项目二　我国恐怖主义犯罪的现状

学习情境2

2009 年 7 月 5 日 20 时左右，一些人在乌鲁木齐市人民广场、解放路、大巴扎、新华南路、外环路等多处猖狂地打砸抢烧。乌鲁木齐"7·5"事件造成 1700 多人受伤、197 人死亡、331 间店铺被烧，砸烧公交车、小货车、越野车、货车、警车等共 627 辆，184 辆车被严重烧毁，直接经济财产损失达 6895 万元。

2013 年 10 月 28 日 12 时 5 分许，乌斯曼·艾山、其母库完汗·热依木及其妻古力克孜·艾尼等 3 人驾乘一辆吉普车闯入长安街便道，沿途快速行驶故意冲撞游人群众，后点燃车内汽油致车辆起火燃烧，撞向金水桥护栏，车内的乌斯曼·艾山等 3 人当场死亡，行驶过程中造成 3 名群众死亡，39 人受伤。经北京警方查明，"10·28"事件是一起经过严密策划，有组织、有预谋的暴力恐怖袭击案件，警方在车内发现汽油及盛装汽油的装置、两把砍刀、铁棍，车上还发现印有极端宗教内容的旗帜。新疆等地公安机关大力配合下，北京警方先后将其他5名同伙抓获。

2014年3月1日21时，10余名统一着装的暴徒蒙面持刀在云南昆明火车站广场、售票厅等处砍杀无辜群众。经通报，火车站暴力恐怖案件由新疆分裂势力一手策划组织，造成29人遇难，130余人受伤。民警当场击毙4名暴徒、抓获1人。

2014年5月6日11时27分，当昆明至广州的K366次列车旅客出站时，头戴白色帽子、身穿白色T恤、黑色长裤的图尔迪麦麦提·吾加阿卜杜拉从广场南侧出站口对面的报亭冲出来，手中挥着一把长达半米的砍刀。1分钟之内，长刀所及，6人受伤，3分钟后，被制服，造成6名群众受伤。

2015年3月6日8时，2名暴徒在广州火车站广场持刀砍伤群众。正在现场的执勤民警立即果断处置，当场击毙1名嫌疑人，抓获1名嫌疑人，并将9名伤者送往医院救治。

近些年来，恐怖主义犯罪在全球范围相继发生了一系列骇人听闻的恐怖袭击事件，在造成全球恐慌的同时，也威胁着各国经济发展和社会稳定。不论是西方发达国家，还是亚非拉等发展中国家，当前都面临着严重的恐怖主义犯罪威胁。恐怖主义犯罪不再是某个国家或地区的问题，而是全世界共同面对的难题。

以互联网为依托，在全球化浪潮的助推下，恐怖主义犯罪的"外溢效应"强烈，"国际性"特征突出，向区际和国际恐怖主义犯罪集团转型。这种"亚国家"的国际恐怖主义犯罪组织一旦形成，将会在更大程度上威胁世界和平与稳定，尤其是当其染指跨国毒品犯罪、洗钱犯罪、军火走私、民族冲突、种族冲突、宗教冲突，甚至局部战争等，世界现有的秩序格局将可能被打破，每个国家和地区都会在恐怖阴影的裹挟下走向一种无序的状态。

我国同样面临着严重的恐怖主义犯罪威胁，正陷入"本土"恐怖威胁与"外来"恐怖威胁双向夹击的局面，并呈现出新特点，给国家的经济发展和社会稳定造成了极大的冲击。在宏观上我国的恐怖主义犯罪已经异常严重，不再是以往零星或者偶发性的犯罪，而是已经具备了相当的规模，并处在不断扩张、增长的态势中。自新疆"7·5"事件发生以后，我国已经发生了多起恐怖主义犯罪案件，近几年我国恐怖主义犯罪的发生频率较快，恐怖主义犯罪的破坏性在进一步增强。在揭示恐怖主义犯罪严重的社会危害性的同时，给公众的朴素情感和日常生活也蒙上了恐怖阴影。而从恐怖分子的犯罪目的来看，想通过残忍的犯罪手段，针对不特定群体实施惨无人道的恐怖主义犯罪行为，最大限度地增加社会恐怖效应，引发社会恐慌，进而给政府施压，以期实现非法目的。因此，恐怖主义犯罪的社会危害，一方面来自恐怖主义犯罪发生过程中给公众生命、财产造成的直接损害，另一方面来自恐怖主义犯罪附加的恐怖效应给公众带来的心理恐慌，以及社会管控中不稳定因素。由此可见，恐怖主义犯罪在我国已经成为一种严重犯罪类型，具有极强的破坏性和危害性。

项目三 我国恐怖主义犯罪的特征

表1 2011年7月至2014年9月我国恐怖主义犯罪案件统计

序号	时间	地点	事件	受害人		嫌疑人	
				死亡	受伤	死亡	抓获
1	2011.07.18	新疆和田市	袭警事件	3	2	14	4
2	2011.07.30	新疆喀什市	街头砍人事件	6	28	1	1
3	2011.07.31	新疆喀什市	纵火杀人事件	6	15	5	0
4	2011.12.28	新疆皮山县	劫持人质事件	1	1	7	8
5	2012.02.28	新疆叶城县	街头砍人事件	16	14	8	1
6	2012.06.29	新疆和田市	劫机事件	0	0	0	6
7	2013.04.23	新疆巴楚县	袭警事件	16	0	6	19
8	2013.06.26	新疆鄯善县	袭警事件	24	21	11	4
9	2013.10.28	北京天安门	撞人事件	2	40	3	0
10	2013.11.16	新疆巴楚县	袭警事件	2	2	9	0
11	2013.12.15	新疆疏附县	袭警事件	2	0	14	6
12	2013.12.30	新疆莎车县	袭警事件	0	0	8	1
13	2014.01.24	新疆新和县	爆炸事件	1	2	2	3
14	2014.01.24	新疆新和县	爆炸事件	1	2	2	3
15	2014.01.26	新疆新和县	袭警事件	0	1	12	5
16	2014.02.14	新疆乌什县	袭警事件	0	4	11	1
17	2014.03.01	云南昆明市	火车站砍人事件	29	143	0	0
18	2014.04.30	乌鲁木齐市	火车站爆炸事件	1	79	2	0
19	2014.05.08	新疆阿克苏	袭警事件	0	1	1	1
20	2014.05.22	乌鲁木齐市	早市撞人爆炸事件	39	94	4	1
21	2014.07.28	新疆莎车县	袭警砍人事件	37	13	59	215
22	2014.09.21	新疆轮台县	爆炸袭击	6	54	40	2

一、动机上表现出极端化

从我国近年来发生的恐怖主义犯罪案件来看，较之于以往，在动机上表现出了极端化特征。具体来看，绝大多数恐怖主义犯罪行为人都受到了极端宗教主义、极端恐怖主义、极端分裂主义等思想的侵蚀，导致其人格发生了扭曲，丧失了基本的是非判断，在所谓"圣战"等口号的蛊惑下，实施一些惨无人道的暴恐犯罪行为。例如，暴恐分子街头随意殴打行人、利用自制爆炸装置袭击警察、点燃汽油活活烧死社区排查干部、驾车冲撞早市致多人死伤，以及在火车站持刀砍杀乘客等。这些行为充分说明了恐怖主义犯罪分子行为动机的极端化，在这种极端化动机的支配下，其已经丧失了作为人的怜悯心和正义感，对他人生命产生了极大的蔑视，我国恐怖主义犯罪在动机上表现出极端化特征，不仅会使恐怖主义犯罪的社会危害性和恐怖效应更加突出，而且会使恐怖主义犯罪的防控难度加大。

二、地域上表现出扩散化

由于历史、政治、文化、宗教等原因，绝大多数恐怖主义犯罪以往都集中在我国新疆地区，其他地区较少发生。但从目前来看，我国恐怖主义犯罪在地域上的这种稳定性已经被打破，虽然绝大多数恐怖主义犯罪案件依旧发生在新疆地区，但出现向外扩散的趋势。正如表1数据所示，虽然21起恐怖主义犯罪有19起发生在新疆地区，占总数的90.5%，但也有2起发生在非新疆地区，占总数的9.5%，这在以往是没有的。另外，根据2015年7月13日中国新闻网的报道，当日沈阳警方在抓捕暴恐分子时，4名新疆籍暴恐分子持刀拒捕，警方击毙3人，击伤1人，抓获1名28岁女性和3名随行儿童。这也进一步说明当前我国的恐怖主义犯罪主要集中在新疆地区，但也出现了从新疆地区向其他地区扩散和蔓延的趋势。在地域上，我国的恐怖主义犯罪还出现了向境外辐射的趋势。我国恐怖主义犯罪组织及个人与中亚、西亚、南亚等地区的民族分裂势力联系更加密切，与境外恐怖主义犯罪组织的勾结也更加频繁，甚至有部分恐怖活动组织成员直接偷渡出境，在境外接受"军事化"的恐怖技能训练，并境外参加恐怖主义犯罪进行"练胆"，然后再潜回国内，打着宗教的"幌子"拉拢、发展、训练组织成员，宣扬极端宗教思想和暴力恐怖主义犯罪思想，组织、领导、指示组织成员实施一系列恐怖主义犯罪，发动所谓的"圣战"。显然，我国恐怖主义犯罪在地域上呈现出的扩散化特征，说明我国恐怖主义犯罪的流动性在增强，打击和预防的难度进一步加大。

三、对象上表现出无差别化

以往，不论是民众还是专家学者，都认为恐怖主义犯罪是一种政治性犯罪，具有明确的政治诉求，与民众没有直接的关联，大多数是针对国家公权力机构或者具有国家权力象征的人员或者建筑实施暴恐犯罪行为。然而，从近年来我国发生的恐怖主义犯罪案件来看，恐怖主义犯罪的对象不再是单一的国家机关和国家工作人员，其已经延伸到了普通民众。如表1数据所显示，在笔者统计的21起恐怖主义犯罪案件中，以警察、政府工作人员等为袭击对象的有10起，占总数的47.6%，以普通民众为袭击对象的有11起，占总数的52.4%。这说明以普通民众为袭击对象的恐怖主义犯罪案件在我国已经占相当数量。从个案来看，2014年3月1日发生在昆明火车站的砍人事件和2014年5月22日发生在乌鲁木齐市的早市撞人事件，说明了当前单纯针对普通民众的恐怖主义犯罪确实是存在的，恐怖主义犯罪在对象上的无差别化特征更为明显。如果将前述恐怖主义犯罪在对象上的无差别化归为政治属性方面的无差别化的话，我国恐怖主义犯罪在对象上的无差别化还表现在民族属性和人身属性上。就民族属性而言，我国当前恐怖主义犯罪的对象不单纯是汉族民众，维吾尔族民众及其他民族的民众都已经成为恐怖主义犯罪的侵害对象。就人身属性而言，我国当前的恐怖主义犯罪不只是单纯针对男性或女性、老人或小孩的犯罪，不论男女老少，都已经成为恐怖活动侵害的对象。就是每一个人都是恐怖主义犯罪侵袭的潜在对象，或者恐怖主义犯罪的"魔爪"随时会伸向任何一个人。显然，我国恐怖主义犯罪在对象上的无差别化特征，不仅揭示了恐怖主义犯罪作为社会"毒瘤"的本质，而且也间接说明了我国恐怖主义犯罪的可怕性，这种对象上的无差别化更容易对民众在心理上造成恐慌。

四、手段上表现出多样化

犯罪手段是指行为人借以实施犯罪行为的途径。从以往来看，由于受观念、技术等方面的限制，我国的恐怖主义犯罪手段相对比较单一，一般表现为单纯暴力砍杀或者纵火等。然而，从近几年我国发生的恐怖主义犯罪案件来看，犯罪手段出现了多样化趋势，不仅传统的犯罪手段得到了改造和升级，而且还出现了大量的新型的犯罪手段。例如，从新闻媒体的相关报道来看，除惯常的绑架、纵火、砍杀、劫持人质等手段之外，还出现了驾车冲撞、劫机、制造爆炸装置、自杀式袭击等手段。更为突出的是，随着互联网时代信息技术变革带来的便利，网络恐怖主义犯罪作为一种新型恐怖主义犯罪也开始出现，其手段的智能化和隐蔽性特征更加凸显。显然，恐怖主义犯罪在犯罪手段上表现出的这种多样化特征，不仅使恐怖主义犯罪的侦查和防控工作变得愈加艰难，而且其隐藏着更大的破坏性，给社会稳定带来更大的冲击。

五、主体上表现出多元化

从主体层面来看，我国恐怖主义犯罪出现了多元化特征。以往，我国的恐怖主义犯罪主体多为成年男性，而从近几年发生的恐怖主义犯罪案件来看，出现了向未成年人和女性发展渗透的趋势。例如，在云南昆明"3·01"暴恐事件中，其中就有1名未成年女性犯罪嫌疑人参加；在北京天安门"10·28"暴恐冲撞事件中，有2名女性犯罪嫌疑人参加；在 2015 年 7 月 13 日沈阳警方抓获的恐怖主义犯罪嫌疑人中，就有 1 名 28 岁的女性嫌疑人和 3 名随行儿童。由此可见，我国恐怖主义犯罪在主体方面的多元化趋势较为严重，不仅有越来越多的女性犯罪嫌疑人开始参与到恐怖主义犯罪当中，而且更令人吃惊的是，受极端宗教主义和恐怖主义的侵蚀和蛊惑，一些未成年人甚至是儿童也参与到恐怖主义犯罪当中。显然，我国恐怖主义犯罪在主体上的这种多元化趋势，一方面揭示了恐怖主义犯罪对社会毒害之深，另一方面也揭示了恐怖主义犯罪组织的残酷性和人员组成的复杂性。

项目四　我国恐怖主义犯罪的防控对策

学习情境3

根据《全球恐怖主义指数（2014）》显示，我国 2014 年的恐怖主义指数（GTI）已经上升到 5.21，比 2013 年增长了 0.38，在纳入统计的 162 个国家中排名第 25，已经超过了英国（恐怖主义指数［GTI］为 5.17，排名第 27）和美国（恐怖主义指数［GTI］为 4.71，排名第 30）。我国首部国家安全蓝皮书《中国国家安全研究报告（2014）》也指出，在国际恐怖活动呈反弹之势的背景之下，我国境内恐怖活动再次呈高发态势，并呈现新特点，给国家的经济发展和社会稳定造成了极大的冲击。在宏观上我国的恐怖主义犯罪已经异常严重，不再是以往零星或者偶发性的犯罪，而是已经具备了相当的规模，并处在不断扩张、增长的态势中。

我国长期以来作为一个发展中的大国，具有不同于他国的特殊国情，尤其是当下正处于社会转型期，社会矛盾正在集中凸显。

当下我国恐怖主义犯罪的防控，必须从我国的实际国情出发，既需要制度设计和实践摸索同步进行，也需要宏观防控与微观防控相互配合。具体而言，一方面，需要从完善"反恐"法律制度体系、整合社会化"反恐"资源、注重源头性涉恐矛盾化解等宏观层面加强制度设计；另一方面，需要从加强涉恐人员的心理疏导、涉恐财产科学处置，以及"反恐"国际合作等微观层面进行实践探索。

一、整合社会化的"反恐"资源

从我国近年来的反恐实践来看，一方面，恐怖主义犯罪的隐蔽性特征更加凸显，恐怖主义犯罪组织和个人往往打着"宗教""社交""生意"等幌子，从事与恐怖主义犯罪相关的行为，导致恐怖主义犯罪本身的侦破难度进一步加大；另一方面，受制于人力、财力、物力等多方面的限制，国家的专业化反恐资源已难以满足恐怖主义犯罪日趋高发的态势，导致国家层面的反恐工作愈显被动。因此，整合社会化的"反恐"资源，成了当前我国反恐实践中应对资源困局的必然选择。事实上，整合社会化的

"反恐"资源,坚持的是一种"群防群治、群策群力"的理念,其不仅在国外的反恐实践中已经取得了成效,而且与我国长期以来践行的群众路线思想相契合。具体而言,整合社会化"反恐"资源,在反恐实践中充分调动民众的积极性和主动性,鼓励和引导民众参与到反恐实践中,收集恐怖主义犯罪线索,揭发恐怖主义犯罪组织和人员,与恐怖主义犯罪行为做斗争,逐渐形成政府、军队、警察、民众四位一体的立体化"反恐"网络体系,从根本上压缩恐怖主义犯罪组织和人员的生存空间。一方面,需要通过反恐宣传和教育,使民众对恐怖主义犯罪的本质具有清晰的认识,尤其是要让民众认识到那些经伪装的恐怖主义犯罪行为的危害性;另一方面,需要引导民众掌握反恐常识和反恐技能,在学会自我保护的前提下,机智、理性地参与到反恐实践中。

二、注重源头性涉恐矛盾化解

恐怖主义犯罪的发生,具有政治、历史、文化、宗教等多方面的原因,是多方面因素共同作用的结果。在一定程度上讲,恐怖主义犯罪也是社会矛盾集中凸显的一种极端形式。因此,对恐怖主义犯罪的防控,在坚持严厉打击已经发生的恐怖主义犯罪行为的同时,更应当注重源头性涉恐矛盾的化解,只有将二者有机地结合在一起,才能实现有的放矢、标本兼治的防控预期。从我国近年来发生的恐怖主义犯罪案件来看,涉及政治、宗教、就业、社会保障等多方面的矛盾。例如,境外"三股势力"在政治上一直对我国政府怀敌对态度,以新疆"7·5"事件为代表的多起恐怖主义犯罪都是其一手策划实施的;再如,从参与恐怖主义犯罪的人员来看,大多数属于无业青年,他们不仅在思想上偏激,而且容易被别有用心的人利用,这在一定程度上折射出了社会就业保障方面存在的问题。另外,近年来一些妇女和未成年人也参与到了恐怖主义犯罪之中,他们对恐怖主义犯罪行为缺乏理性认知,容易受到蛊惑和利用,这也在一定程度上折射出教育和社会抚养方面存在的问题。因此,我国恐怖主义犯罪的防控,同样需要从源头上化解相应的社会矛盾,着力解决宗教、就业、教育、社会保障等领域存在的突出问题。

三、加强"反恐"国际合作

在全球化的背景下,世界不再是模块化的孤立格局,国与国之间的联系更加紧密,许多重大事务需要国与国之间的密切配合才能得到妥善解决。随着网络信息的进一步发展,恐怖主义犯罪的国际化趋势更加明显,多区域、跨区域恐怖袭击事件也时有发生,不同地区恐怖活动组织和人员之间的联系也更加紧密。恐怖主义犯罪已经成为一种国际性犯罪,各国在不同程度上都饱受着恐怖主义犯罪的侵袭。显然,在此背景下对恐怖主义犯罪进行预防和打击,仅凭一国之力是很难完成的,必须通过国际"反恐"合作,集各国之力来实现恐怖主义犯罪行为的共同打击。就我国而言,我国的"反恐"斗争是全球反恐斗争中的组成部分,我国的"反恐"斗争也离不开相关的国际"反恐"合作。具体而言，一方面，我国要加强与周边国家的"反恐"合作，依托"上合组织"推动区域"反恐"协作，促进"反恐"交流，积极磋商"反恐"合作相关事宜，认真履行《打击恐怖主义、分裂主义和极端主义上海公约》中的"反恐"义务，而且针对跨国、跨境恐怖主义犯罪的新特点、新动向，及时联络各方商讨应对之策。另一方面，我国要加强与国际组织和其他国家之间的"反恐"合作，例如，国际刑警组织、联合国反恐委员会、欧洲刑警组织等国际组织都是重要的国际反恐力量和平台，美国 FBI、英国反恐情报部门、俄罗斯反恐部门等在反恐情报搜集、暴恐事件处置、暴恐案件侦查等方面都有相对比较成熟的经验值得借鉴，与这些组织和部门展开深入的反恐合作与交流，将对我国的恐怖主义犯罪防控提供极大助力。

四、科学处置涉恐财产

资金和财产是恐怖主义犯罪得以发生的物质基础，不管是恐怖活动组织还是实施恐怖主义犯罪的个人，都必须具备一定物质基础。切断恐怖组织及实施恐怖主义犯罪的个人的资金链条，使其在经济上缺乏基本保障，能够达到遏制恐怖组织发展的目的。在我国的反恐实践中，不能片面地追求打击恐怖主义犯罪，而忽略了"涉恐"财产处置上的法律要求和程序支撑。

五、加强涉恐人员的心理疏导

从心理学角度看，在社会生活中，当一个人对事物的认知是理性的、正确的，将自己的情绪也调适在最佳状态时，是不会实施社会越轨行为的，相反，当其认知发生错误、产生敌对情绪时，就会实施一些越轨行为。恐怖主义犯罪的发生，同样是行为主体认知发生错误后异变心理支配所致，因此，一方面需要通过化解源头性的涉恐矛盾加强社会控制，另一方面需要通过心理疏导实现行为人的自我控制。

📖 拓展阅读

国际社会应对恐怖主义犯罪的态度[1]

"9·11"之前，有重大影响的恐怖袭击虽也有发生，但恐怖主义犯罪尚未被认为是全球性安全问题。"9·11"事件预示着恐怖主义犯罪和全球反恐斗争进入了一个前所未有的新阶段。美国主导的全球"反恐战争"成为恐怖主义犯罪治理的主要方式之一。2001 年 9 月 28 日，联合国安理会第 4385 次会议通过了第 1373 号决议，决议在谴责"9·11"恐怖袭击的同时，申明了《联合国宪章》所确认并经 1368 号决议

---

〔1〕 本部分内容参考"最高人民法院等四部门出台意见 指导依法办理恐怖活动和极端主义犯罪案件"，https：//mp.weixin.qq.com/s/4Lv7_ftmTPFNfvCpZISggw，2018-6-15。

（2001）重申的单独或集体自卫的固有权利。这表明联合国在一定程度上认可各成员国以必要的武力手段进行反恐，但这并不意味着"9·11"恐怖袭击就是战争。美国政府在"9·11"事件的第二天就宣称该恐怖袭击是对美国进行的战争行为，一方面希望从心理层面凝聚社会共识，另一方面也是试图为美国将采取的军事报复寻找合法性基础，安理会的1373号决议正好符合美国的反恐需求。然而，国际社会在一致谴责"9·11"恐怖袭击对人类文明与安定所造成的破坏的同时，普遍将该攻击行为视为违反人道的国际犯罪行为。另一方面，武力自卫权的行使所面临的一项重大隐患，便是其可能演变成为非法的报复行为。在以美国为首的西方联军针对伊拉克和阿富汗的反恐战争中已经出现了拒绝适用任何法律的情况，造成了许多的不确定性以及对个人权利的伤害。不可否认，在伊拉克和阿富汗，有数以万计的平民在反恐战争的硝烟中丧生，而截止到2009年8月，美军在伊拉克的死亡人数至少已达到4300余人。与反恐战争造成的人道主义危机形成鲜明对比的是，国际范围内的恐怖主义犯罪非但没有得到有效遏制，反而有愈演愈烈之势。事实证明，武装镇压并非治理恐怖主义犯罪的明智之策，无论是邪恶的恐怖袭击还是依靠武力进行的"战争自卫"，受到伤害的总是那些易受攻击和毫无戒备的平民。纯粹的武力治理以及美国式的肆无忌惮的反恐战争缺乏正义的基础，无法实现预设的反恐目标。恐怖主义犯罪产生的特殊根源和国际社会自"9·11"恐怖袭击以来的反恐治理实践效果表明，只有依据现代法治的理念和手段惩治恐怖主义犯罪，才是符合全人类共同利益的最佳方案。正如有学者指出的，"法律在危难和情势紧急的时候，才能体现其全部的价值"，只有依法反恐，才能使恐怖主义完全丧失民众基础，才能最大限度地孤立恐怖势力，从而削弱其社会根基。"依法反恐"应当成为国际社会治理恐怖主义的首要原则。从近年来国际社会的反恐实践看，依法惩治恐怖主义犯罪的理念在逐渐成为共识。这从各国的反恐立法和实践可见一斑。联合国在2003年第58届、2004年第59届、2005年第60届和2006年第61届联大上多次提出"在打击恐怖主义的同时保护人权和基本自由"的号召。同时安理会也通过决议设立了反恐委员会，并要求人权事务高级专员对反恐中的人权保障进行具体监督。可以说，联合国及其安理会从美国的反恐战争所造成的人权危机中已经认识到了通过法治途径治理恐怖主义的必要性和重要性。同时，在国内法层面，各主权国家也掀起了制定专门反恐立法和修改相应的刑事立法的高潮。有的国家通过制定综合性的反恐法来协调各方力量对恐怖主义犯罪进行防范和打击；有的国家针对某些具体类型的恐怖主义犯罪进行补充性立法；还有的国家在原有刑事法制的基础上，根据恐怖主义犯罪的特殊性对实体刑法和刑事程序法进行必要的修改。尽管各国的立法形式有所不同，法律文本对反恐作为的实际功能也不尽相同，但"依法反恐"正在成为一个基本方向。恐怖主义犯罪需要综合治理，因而在法制对策上也体现为多管齐下。但作为对一种犯罪行为的惩治，法定的刑罚处罚应当是最佳的方式。通过刑事实体法的修改进一步严密法网，扩大恐怖主义"犯罪圈"，有利于强化反恐作业面；通过刑事诉讼程序立法的修改，设置针对恐怖主义犯罪侦查、起诉、审判的特殊程序措施，将通过刑事法治治理恐怖主义犯罪的实践推向纵深，有利于实现反恐的有效性和公正性、犯罪控制价值和人权保障价值的合理平衡。因此，用刑事法治的手段治理恐怖主义犯罪应当是一种更长久、更稳妥的方式。刑事法制建设将是反恐法制发展的重要组成，因为在刑事法治的框架下，国家能够集中力量惩治恐怖主义活动；公民的合法权利能够得到充分维护；各国间能够展开富有成效的反恐刑事司法合作，进而消除恐怖主义产生的根源和土壤。

学习单元十二

网络犯罪与预防

项目一　网络犯罪的涵义

📝 学习导语

这是最好的时代、智慧的时代，但也是最坏的时代、愚蠢的时代。

📝 学习情境1

2011年3月11日，日本东海岸发生9.0级地震，地震造成日本福岛第一核电站1-4号发电机组发生核泄漏事故。3月15日有一网名叫"渔翁"的用户在QQ上发布谣言，称"据有价值信息，日本核电站爆炸对山东海域有影响，并不断地污染，请转告周边的家人朋友储备些盐、干海带，暂一年内不要吃海产品"。随后，该信息在网络上被广泛转发，从3月16日开始，我国部分地区陆续发生食盐抢购现象，多地食盐在一天内被抢购一空，造成市场秩序混乱。

计算机通信网络诞生于20世纪60年代末的美国，互联网技术以如此惊人的速度向前发展，使它与这个地球村中每一个国家、每一个人都发生着如此紧密的联系。互联网络特别是移动互联网，已经深刻影响到我们日常生活的方方面面，为我们的生产、生活提供了前所未有的快捷与便利。通过前文可知，一个事物具有两面性，我们在深度依赖网络改变自身生活方式的同时，在虚拟的网络空间里，也存在着多种形式的违法犯罪，只不过其表现出的形式和呈现出的特点与现实空间的违法犯罪活动有很大的区别，危害性也有所不同。网络犯罪是随着计算机技术的发展和信息化应用的延伸逐渐产生的，是信息时代的必然产物。从网络犯罪行为的诞生之日起，人们就开始注意并不断研究这个在所有犯罪类别中最年轻的"撒旦"。

一、网络犯罪的概念

网络犯罪并不是具体的某种犯罪，它与传统意义上的犯罪之间也有千丝万缕的联系。在网络犯罪概念的形成过程中，国内外专家学者都根据本国的实际情况提出过不同的名称，含义也不尽相同，有电子计算机犯罪、电脑犯罪、网络犯罪、网络信息犯罪等。我国对于网络犯罪的概念主要有信息说、工具说和对象说等三类主流学说，通过对各种学说的比较研究，网络犯罪被认为是指行为人运用计算机技术，利用计算机及网络等信息化处理设备，借助与互联网对其系统进行攻击，以及以网络技术为工具进行其它犯罪的总称。具体来说，网络犯罪既包括行为人直接运用其编辑、加密、解码技术或工具在网络上实施的犯罪，也包括行为人利用软件指令、网络系统或产品加密等技术及法律规定上的漏洞在网络内外交互实施的犯罪，还包括行为人借助于其居于网络服务提供者特定地位或其他方法在网络系统实施的犯罪。随着计算机技术和信息技术和发展，网络犯罪的形式层出不穷，花样也不断翻新。按照网络犯罪的构成、手段、行为、造成影响及后果等因素分类，网络犯罪主要可以分为网络盗窃犯罪、网络诈骗犯罪、网络谣言犯罪、网络色情犯罪、网络赌博犯罪、网络黑客犯罪和网络营销犯罪等具体犯罪形式。

二、网络犯罪的特点

（一）智能性

📎 学习情境2

2016年12月，江苏徐州公安机关侦破谭某等人利用DDOS（分布式拒绝服务）网络攻击案，抓获犯罪嫌疑人34名，扣押、冻结涉案资金60余万元。2015年底，徐州公安机关接到某云计算服务公司报案称，其公司多台云服务器遭受攻击，造成云端多个托管网站无法正常访问，多项互联网服务受到影响。经查，该团伙涉及湖南、河南、重庆等14省26个地市，由发单人、"肉鸡商"（倒卖黑客远程控制机器的人员）、攻击实施人、出量人、担保人等分工角色组成。该团伙对几十家网站及公司实施DDOS攻击，导致被攻击的网站服务瘫痪，造成巨大损失。

据美国斯坦福大学研究统计，在各类网络犯罪的实施者中，计算机专业人员约占到一半以上，说明网络犯罪具备较高的智能性特点。

网络犯罪与其他类型犯罪的一个重要区别就是要求犯罪行为的实施者具备较高的计算机操作能力和水平，网络犯罪属于典型的智能型犯罪。随着信息化教育的不断普及和深化，以及公众对计算机网络应用的日益成熟，客观上提高了人们使用网络的熟练程度，增大了发生网络犯罪行为的概率。

（二）隐蔽性

📎 学习情境3

2015年9月4日上午，陕西省汉中市公安局汉台分局民警接到报警，称不少人收到诈骗短信。民警根据信号源，锁定其位置在汉中市中心广场附近，随后对犯罪嫌疑人实施了抓捕。民警在犯罪嫌疑人龙某（17岁）随身携带的背包里发现电源、主机以及信号发射器（伪基站装备）。

据龙某交代，从2015年7月中旬开始，他就背着这套装备在湖南、四川、陕西等地发送诈骗短信，短信内容分为两种，一是以房东讨要房租的形式，让信息接收者向某银行卡内汇款付房租；二是私下可以办理看守所取保候审等业务，需要者可致电的形式进行诈骗。据办案人员介绍，龙某受雇于他人，而控制他的只是一个电话号码，并按每日信息的发送量给他报酬。龙某每天发完后，就将发送量截图发给对方，对方以每条一分钱的价格付钱给龙某。

计算机信息网络具有交互性、跨地域性、及时性、非实体性等特点，大多数网络犯罪，都是行为人经过周密的谋划和安排，利用自身掌握的计算机网络专业知识，向计算机输入非法指令或篡改软件程序，进行犯罪活动，加大了此类犯罪的隐蔽性，也增加了案件的侦破难度。

（三）复杂性

📝 学习情境4

2017年3月26日，央视《新闻联播》曝光了一个特大虚拟投资诈骗平台——尧融大宗商品交易中心。据受害人李女士称，2016年11月初，她经某婚恋网站推荐，与"男友"结识。随后，在"男友"的引荐下，她在尧融大宗商品交易中心网络平台投资25万元，但注资后短短几日内所投资金便亏损殆尽。

经查，嫌疑人先在婚恋网上物色受害人，取得信任后，诱骗其在该虚假网站上投资，接着又通过人为操纵涨跌的方式，将受害人钱款洗劫一空。目前，全国已查实有50多名受害人，被骗资金达到400多万元。

1. 犯罪主体的多样性和复杂性。随着计算机技术的发展和网络的普及，各种职业、年龄、身份的人群都可能网络犯罪的主体。由于互联网络的跨地域特征，罪犯完全可能来自不同的民族、国家、地区，且难以判断和辨认。

2. 犯罪对象的复杂性。网络犯罪就是行为人利用网络所实施的侵害计算机信息系统和其他严重危害网络正常秩序的行为，其犯罪行为侵害的对象也日益复杂多样。例如盗用、伪造客户网上支付账户，电子商务诈骗，非法侵入及破坏各类计算机信息系统，虚假网络认证，通过网络传播淫秽色情、网络赌博、网络洗钱、通过网络实施盗窃以及通过网络操纵股市、证券交易等。

（四）低龄化

📝 学习情境5

2015年3月9日，广东省佛山市南海区黄岐某公司业务员刘先生，准备订一张前往贵州省贵阳市的飞机票。他通过网络查询发现一个网站可以购买特价机票，于是拨打网站上提供的某客服电话，对方便要求刘先生将购票款转到一个以 6217 开头的银行账户。刘先生随后将购票款转入指定的账号后，对方说转账不成功，刘先生又按照对方的提示，在柜员机上进行转账操作，随后发现银行卡内的 2 万多元现金被悉数转走。发现被骗后刘先生立即报警。

2015 年 3 月 12 日，羊某政、羊某能等 13 名犯罪嫌疑人被警方抓获，当场缴获赃款人民币 2 万多元、作案用小汽车 4 辆及银行卡、手机等涉案物品一批。这是一个所谓办理"飞机票火车票改签"业务的特大电信诈骗团伙，其诈骗窝点设在海南，却"承包"了包括广东、河南、福建等省的 30 多宗"飞机票火车票改签"电信诈骗案，团伙成员大多十六七岁。

青年人群和青少年则是认同并接纳网络这个新兴事物的中坚力量。随着信息化和网络技术的快速发展，特别是近些年来出现的移动互联网、网络虚拟社交工具、在线网络游戏等，使青少年人群参与网络变得日益方便、快捷和多元化。青少年心智发育尚未成熟、社会阅历和经验普遍缺乏，本身就是违法犯罪的高危群体，加之主体网络空间被青少年所占据和计算机网络空间的虚拟性，极易滋生网络犯罪行为。

（五）低成本

学习情境6

2017 年 5 月 12 日，名为"WannaCry"的勒索病毒迅速在互联网上扩散，并疯狂袭击了公共管理和商业系统，先后有 150 多个国家和地区的电脑遭受感染，我国也有近 3 万家机构组织的数十万台机器遭受袭击。"WannaCry"病毒的典型特点是传播速度快、涉及范围广、破解难度大、针对性强，而且危害后果严重、社会影响深远。在很短的时间内，包括英国、俄罗斯、整个欧洲以及中国国内多所高校校园网、大型企业内网和政府机构专网均遭到攻击，被攻击的计算机终端需要支付高额赎金才能解密恢复文件。

据统计，有 100 多个国家的 10 多万台计算机终端遭到病毒的攻击、感染，造成了一场全球性的互联网灾难，给相关国家、行业和广大互联网用户造成了巨大损失，经济损失更是达到 80 亿美元。"WannaCry"病毒的爆发是世界网络安全和网络战进入新阶段的标志，让人们真正意识到"世界上无绝对安全的网络"，也让世界各国意识到了网络主权和核心技术对国家安全、社会公共安全的重要性。

网络犯罪，其犯罪成本和造成的损失是不成比例、甚至是严重失衡的，犯罪分子以微乎其微的犯罪成本造成犯罪对象的重大损失。以网络信息诈骗为例，犯罪分子只需在电子元件市场或通过网购等方式，以极低的价格买到信息群发及改号装置，通过这些设备以伪基站的方式向覆盖范围内的手机用户群发诈骗短信息，以每条 0.1 元的价格，一次群发 1000 条，费用仅为 100 元，但只要有一个不明真相的群众接到信息后上当受骗就会造成较大金额的损失，甚至是巨额经济损失。因此，网络诈骗分子就以极低的犯罪成本获取高额甚至是巨额的不法收入。任何一个部门、领域的计算机网络系统中的任何一个环节出现不安全漏洞或问题，都有可能导致该部门、行业、领域出现秩序混乱、系统瘫痪、数据破坏等，其损失是难以估量的。

（六）难侦查

学习情境7

2013 年 6 月 19 日，北京警方端掉了在马来西亚的两个网络电信诈骗窝点，抓获犯罪嫌疑人 86 名，其中有 29 名大陆地区犯罪嫌疑人，缴获大量手机、电脑、通信设备等作案工具，涉案金额超过 500 万元人民币。此诈骗团伙之所以能够成功诈骗巨额财产，主要是使用一款"改号软件"，将自己的诈骗电话号码改为 114，从而使不明真相的群众极易上当受骗，同时干扰警方对案件的侦办。

普通犯罪案件一般都会留有实体的现场、痕迹、证物等，但网络犯罪留下的则主要是计算机网络通信的电磁记录，相关证据难以保存和固定，而犯罪分子正式通过这种无形的手段达到有形的违法犯罪的目的，因此网络犯罪一般情况下较其他案件更不易被发现、识别和侦破。据统计，全世界被发现的网络犯罪大约只占总数的 1%，其中只有 4% 的案件会被正式立案并开展调查。

互联网及网络技术未来的发展，对于我们来说将是机遇与挑战并存，当人们更加深度的享受互联网发展带来的便利与高效的同时，网络犯罪也必将如影随形，向着更加智能、隐蔽化、职业化、年轻化、国际化的方向发展，所造成的破坏性和影响力也将不断加大，这需要全社会的高度关注和警惕。

项目二　网络犯罪的原因

一、黑客文化作祟

学习情境8

美国国防部曾多次遭黑客侵入，在联邦调查局、司法部、航空航天署等有关部门会同警方的一次调查中，将一名年仅 18 岁的以色列年轻人抓获。据这名 18 岁的年轻"黑客"说，曾数次进入美国国防部的电脑系统，但所幸没有进行实质性破坏。犯罪嫌疑人称，他并不存在什么主观恶意，更没有险恶的犯罪动机，在他进入该系统时，还为系统弥补了几个安全上的漏洞。他感觉这样做"很棒"，甚至还觉得自己是高技术领域的"罗宾汉"。

一名自称"破坏博士"的网络黑客曾撰文说，黑客们习惯把自己看作是敢于挑战自己的精英分子，个个胸怀大志，都自认为是新的电子世界的拓荒者，黑客犯罪的精神根源，一方面为了显示才华，另一方面是蔑视法规。

黑客行为就是指利用计算机网络技术对计算机信息系统、应用、数据等网络服务资源进行入侵、攻击、破坏等活动，以达到实施者自身目的的行为，入侵破坏行为的实施者一般就称之为黑客。以黑客为代表的黑客文化，以盲目崇拜技术为重要特点，认为技术无所不及、无所不能，在虚拟的计算机网络上，面对各类利益的诱惑和冲击，藐视道德良知、挑战法律权威，从而导致网络犯罪的发生。当前，黑客技术已成为高科技网络犯罪的重要工具，黑客文化对网络犯罪的发生起着推波助澜的作用。

二、不良文化的消极诱导

学习情境9

即将读大学的王某虚构了一个"上海某文化传媒公司招收明星"的信息在网上发布，物色想要做明星的女童，又以女性身份通过 QQ 聊天套取报名女孩子的信息，并以"面试考核"为理由诱惑她们进行视频聊天。从 2017 年 4 月开始，王某开始了他的罪恶行径。为了掩盖自己的身份样貌，王某在与女童们视频聊天时并未打开自己的摄像头，他通过打字诱骗女童做动作，诸如脱掉衣服、抚摸身体……这些本不应用在未成年女童身上的词汇悉数由王某"教"给了她们。唆使未成年女童实施了引诱其对自身进行裸露、摸弄身体等猥亵行为。至案发，王某已经诱骗了多名年龄在 10～12 岁的未成年女童。

这也只是当代社会的一个缩影，与父母缺乏沟通，性教育的缺失，对法律的无知，网络平台的复杂环境……对未成年儿童或者刚成年的人来说，这都可能是发生不可"想象"事情的导火索。

近些年来，网络色情已不知不觉地渗透到互联网的各个角落，虽然国家和各级政府部门多次重拳出击，整顿净化网络空间，但网络色情犹如挥之不去的幽灵，在整顿清理之后极易死灰复燃。究其原因，不断翻新花样的色情文化借助互联网，产生了各种形式的网络色情犯罪，包括通过网络复制、传播淫秽色情信息以及通过网络进行各种色情交易等。而网络色情犯罪又充分利用互联网的传播优势，不断丰富色情文化的内容。正可谓是"火借风势、风助火攻"，色情文化对网络犯罪的发生负有不可推卸的责任。

三、网络本身不安全

计算机网络的开放性、虚拟性特点决定了网络空间的安全管控无法做到与实体空间一样。回顾互联网诞生发展的历程可以看出，驱动网络技术向前发展的重要动力是现实的应用需求，这就说明网络是以满足人们实际需求为首要目的。计算机网络技术与国民经济和社会生活结合的日益紧密，各行各业的控制、调度、指挥、传输、指令、数据等关键环节的网络化、信息化、共享化程度越来越高，加之网络安全的"木桶效应"，共同决定了计算机网络犯罪可能会造成极大的危害性。任何一个部门、领域的计算机网络系统中的任何一个环节出现不安全漏洞或问题，都可能导致该部门、行业、领域出现秩序混乱、系统瘫痪、数据破坏等，造成难以估量的损失。

互联网的安全管控手段和技术却相对滞后，难以应对网络技术和应用的迅猛发展，这就在安全技术上为网络犯罪的发生埋下了隐患。随着互联网应用功能的不断完善，网络空间已经俨然成为一个由电磁波构成的虚拟社会，如现实生活一样，网络中也充斥了利益与诱惑，犯罪分子正是看准了网络安全技术滞后、网络使用者安全意识淡薄这一特点，通过网络实施各类违法犯罪活动。

四、网络犯罪立法相对滞后

网络犯罪因其犯罪行为的智能化、虚拟化等属性特征，决定了网络犯罪诞生的时间相比传统意义上的犯罪都要晚，但它的表现形式却随着网络信息技术的快速发展而迅速增多，对社会稳定和经济发展的破坏程度也日益加强。与之相对应的则是国内外对网络犯罪立法的滞后以及运用法律武器应对网络犯罪能力经验的不足。就我国而言，网络犯罪的立法工作还处于起步阶段，鉴于法制体系和法制理念的不同，国际上能够借鉴的有关网络犯罪立法的经验有限，已有的法律法规在网络犯罪定罪量刑等方面的规定过于笼统、宏观，自主裁定的范围过大、可操作性不强。另外，我国还没有形成较为完善的有关网络犯罪防控的法律体系，法律的滞后性较为突出，网络犯罪在法律适用上存在很大难度，难以对当前网络犯罪进行有效的打击防范，特别是对黑客攻击等高智能网络犯罪行为更加难以定罪量刑，从而使违法犯罪分子极有可能逃脱法律的制裁而逍遥法外，助长了其继续实施网络犯罪行为的势头。

项目三　网络犯罪的防范对策

📖 **学习情境10**

某网店的负责网络店铺的日常运营前员工钟某离职后另起了炉灶，与前东家做起了同行买卖。为了尽快干出成绩，赶上老东家，钟某想到了歪点子：组织"刷单手"在前东家的网店恶意刷单。2017年8月8日，随着钟某下达"任务指令"，"刷单手"们用编造的地址和联系方式，在王某的网店刷了2000余单女士内衣。在店铺全部安排发货后，8月10日和11日，"刷单手"们再次按照钟某的要求发起退款申请。根据电商平台的规则，如果在短时间内，订单数量暴增，会被平台视为虚假交易，网店将会遭受降权、扣分、罚款、删除链接的处罚。不成想，如此一箭双雕的计谋却使钟某因犯破坏生产经营罪被判处有期徒刑 2 年 3 个月。

在电商经济中，"刷单"比较常见，是指店铺经营者为提升商品销量、商铺流量、信誉度等，由卖家付款，虚构买家进行货物交易的行为。但"反向刷单"并不常见，一些人基于打压竞争对手等目的，"帮助"竞争商家刷单，同时再通过退货退款等操作，造成被害人货或运费等直接经济损失，危害很大。

按照传统的理解，破坏生产经营行为一般出现在工业、农业领域，针对的是实体生产工具及要素。但随着社会经济的不断发展，尤其是互联网时代的到来，新的生产要素和生产资料不断出现，需要与时俱进地理解破坏生产经营罪中的"其他方式"。具体到本案，被害人遭受的货款和运费损失是客观存在的，考虑到电商经营的特殊性，销量、信誉是招揽顾客、吸引买家的重要依据，与生产经营利益息息相关，属于网络空间的生产经营资料，也不能随意侵害。"反向刷单"对被害人的生产经营造成多方面破坏，应该受到现实法律的规制。

一、加快立法建设，完善法律体系

通过立法保障网络安全、防治网络犯罪已成为当前全球各个国家的共识，已有 90 多个国家制定了专门的法律法规。例如欧洲的《网络犯罪公约》，美国的《联邦信息安全管理法》《网络安全法案》以及日本 2014 年颁布的《网络安全基本法》等。针对我国防控网络犯罪的相关法律体系尚不完善、立法工作相对滞后问题，国家针对现状，加快了相关网络犯罪立法及法制建设，逐步完善防治网络犯罪的法律体系和法制保障。目前，我国已有的涉及网络犯罪防治的相关法律法规包括《计算机软件保护条例》《计算机信息系统安全保护条例》《信息网络传播保护条例》《计算机信息网络国际联网安全保护管理办法》等。具有里程碑意义的是，我国首部涉及网络安全管理的《中华人民共和国网络安全法》，由十二届全国人大常委会于 2016 年 11 月 7 日表决通过，并于2017 年 6 月 1 日正式开始实施。网络安全法的颁布实施是以国家法律的形式确立了开展网络信息安全管理的重要地位和重大意义，通过发挥法律的强制性规范作用，为进一步维护网络空间安全、防控各类网络犯罪提供了重要的法律依据。

二、加强道德指引，增强法制观念

实施违法犯罪首先突破的是自己道德与良知的底线，由此可见，道德与良知的力量对于犯罪的预防起到了至关重要的作用。就网络犯罪而言，由于网络空间的开放性、共享性、隐蔽性和虚拟性等特征，相比于其他类型的犯罪就更具有刺激性和诱惑性，犯罪实施者更容易突破道德法制约束，实施网络犯罪行为。为此，全社会要积极倡导并开展网络道德和网络法制教育，特别是要从青少年群体抓起，教育广大青少年树立正确的人生观、价值观，从现在做起、从自身做起，不断增强法制意识和法制观念，引导广大网民自觉抵制不良网络文化和网络信息的侵害，积极同各类网络犯罪行为做坚决斗争，构筑起全民预防网络犯罪的坚强屏障。

三、提高防范意识，提升预防能力

📝 学习情境11

　　留学德国3年的陈某，2017年10月底，她在浏览一知名招聘网站时发现杭州一家翻译公司招聘兼职翻译，于是投了简历。经过笔试、面试等环节，公司"夏总"对陈某说："你非常符合我们的应聘条件，笔译也完成得非常出色，你是否愿意和我们签订合同书?"，并拿出一份公司合同，逐条给陈某解读。

　　合同的期限有1个月、2个月、3个月和1年几种形式，根据不同的合同期限，需要缴纳一定数额的权益保证金，分别为1290元、2580元、3870元、9760元。"夏总"向陈某承诺权益保证金到合同期结束就返还，而缴纳保证金的目的是约束应聘者按时完成翻译任务，同时要求不能向外泄露稿件翻译内容。

　　陈某选择签订了一份3个月期限的合同，并缴纳了3870元保证金，然后拿走了公司发放的一份109页的翻译稿件任务。而当陈某在交稿时间联系公司时，才发现之前联系她的固定电话和手机号码已成空号。

　　案件中的受害人主要是海归、大学生，几乎都是高学历人群，他们在缴纳保证金之前不可谓不谨慎，不少人不仅在网上搜索了该公司的营业执照，还到营业场所进行了确认，但最终依然落入了诈骗分子精心设计的圈套。因为诈骗分子针对这样的心理特点设计了专门的骗术，通过注册公司、租用办公场所，并设置笔试、面试、签订合同等环节层层瓦解就职者的警惕心，最终达到骗取保证金的目的。根据我国《劳动合同法》第9条的规定：用人单位招用劳动者，不得要求劳动者提供担保或者以其他名义向劳动者收取财物。因此，正常的公司在任何时候都不会以任何名义向就职者收取费用。

　　网络犯罪的发生很大程度上是由于公众自身网络安全意识淡薄，对网络犯罪防范的知识和经验缺乏造成的。广大公众应主动作为，积极了解和关注网络犯罪的新发展、新动向，加强对各类网络犯罪行为和危害的了解，不断增强并提高安全防范意识和防范能力。例如，对于网络诈骗犯罪，公众应主动了解常见的网络诈骗手段和方法，设置资金安全防控的红线，做到未雨绸缪、提前防范；面对网络上各种各样的社会信息，时刻保持清醒、理智的头脑，坚持"不轻易相信、不随意转发"的安全原则，使网络谣言止于当下，无法大面积传播；公众和广大网民在日常的社会生活中对网络犯罪始终保持警惕，不断提高安全防范意识和能力，绝大部分网络犯罪是完全可以预防和避免的。

四、强化打击防控，提升治网水平

　　面对网络犯罪，各级政府、公安机关和相关行政管理机关应相互配合、主动出击，坚决依法依规打击惩处各类网络犯罪行为。公安机关要担负起打击网络犯罪、维护网络安全的主力军作用，积极应对网络犯罪发展的新形式、新挑战，建立一支素质过硬的网络警察队伍，不断研究探索新方法、新技术，始终保持对各类网络犯罪"魔高一尺、道高一丈"的高压打击态势，充分依托人才和技术保障网络安全。

同时，全社会应积极倡导形成网络犯罪的综合治理格局，让人人参与、齐心灭罪的理念逐步深入人心，从道德、法律、政策、技术、管理等多个方面不断强化对各类网络犯罪的打击和防控力度，努力压缩违法犯罪的空间、提高违法犯罪的成本，积极营造阳光和谐、健康有序的全新网络空间，提升国家和社会对网络安全的管理水平和综合治理能力，让网络不再成为违法犯罪的天堂和犯罪分子的避风港，使通达四方的国际互联网成为促进国家经济社会发展和提升人们生活幸福指数的绿色网络，让信息技术的发展成果真正惠及千家万户。

拓展阅读

常见的网络安全知识与问题[1]

恶意程序

恶意程序通常是指带着不良意图而编写的一段程序，主要包括计算机病毒、蠕虫、木马、僵尸网络等。近年来，不同类别的恶意程序之间的界限逐渐模糊，木马和僵尸程序成为黑客最常利用的攻击手段。

网络攻击

网络攻击是指利用网络存在的漏洞和安全缺陷，对网络系的硬件、软件及其系统中的数据进行的攻击。近年来，我国域名系统遭受拒绝服务攻击的现象日益严重。

网络泄密

互联网已成为泄密的主要渠道，根据有关部门公布的调查数据，某一个时期，中国网络泄密占泄密事件的70%以上。

网络漏洞

网络漏洞是指网站、信息系统等存在安全漏洞。"漏洞"有两种，一种是编程过程中无意留下的，可以在系统升级时"查漏补缺"；另外一种则是预先蓄意设置，就是通常说的"后门"。"后门"通过预设密码或隐蔽通道获得用户通信模块的管理权，操控设备，泄露敏感信息。

钓鱼网站

钓鱼网站就是模仿一个有固定用户群体、访问量较高、有潜在消费者的网站，通

---

〔1〕本部分内容参考"网络安全知识科普"，https://mp.weixin.qq.com/s/K9V3j3a-qIQUGx3rH76R_w，2018-12-5。

过这种方式来诱骗这类用户群体访问虚假的网站，窃取用户的账号密码或其他个人信息，从而窃取或欺诈用户资金来获取利益的一种恶意网站。

伪基站

伪基站一般由主机和笔记本电脑组成，通过短信群发器、短信发信机等相关设备，能够搜取以其为中心、一定半径范围内的手机卡信息，通过伪装成运营商的基站，任意冒用他人手机号码强行向用户发送诈骗、广告推销等短信。

《中华人民共和国网络安全法》

2017 年 6 月 1 日起《中华人民共和国网络安全法》（以下简称《网络安全法》）正式施行，这是我国第一部全面规范网络空间安全管理问题的基础性法律。《网络安全法》有八大亮点：

1. 将信息安全等级保护制度上升为法律。

2. 明确了解网络产品和服务提供者的安全义务和个人信息保护义务。

3. 明确了解关键信息基础设施的范围和关键信息基础设施保护制度的主要内容。

4. 明确了解国家网信息部门对网络安全工作的统筹协调职责和相互监督管理职责。

5. 确定网络实名制，并明确了解网络运营者对公安机关、国家安全机关维护网络安全和侦察犯罪的活动提供技术支持和协助的义务。

6. 进一步完善了解网络运营者收集、使用个人信息的规则及其保护个人信息安全的义务与责任。

7. 明确建立国家统一的监测预警信息通报和应急处置制度和体系。

8. 对支持、促进网络安全发展的措施作了规定。

学习单元十三

诈骗犯罪与预防

📝 学习导语 ⌐

　　林肯曾说：你可以一时欺骗所有人，也可以永远欺骗某些人，但不可能永远欺骗所有人。

项目一　诈骗犯罪的现状

　　从警方的权威统计看，近几年全国各地的社会治安都有比较明显的好转，特别是盗窃、抢劫、杀人等传统犯罪一直呈逐年下降趋势，但在这种形势一片大好、群众安全感明显增强的情况下，唯有诈骗犯罪"一枝独秀"，每年均以接近两位数的速度增长，特别是网络电信类非接触型的诈骗，每年老百姓被骗金额数以百亿计，如果加上隐案，以及传统的接触型诈骗，所有诈骗犯罪涉案金额将更加惊人。

　　权威部门统计，每年仅因公民信息泄露被诈骗的金额就超过 800 亿，一些隐性的诈骗更是不计其数，每年被诈骗的金额甚至数以千亿计。

项目二　诈骗犯罪的特点

　　诈骗手法种类繁多，但万变不离其宗，只要我们能够认清这个"宗"，那识破骗局的功力就会得到大幅度提升。可归结为两个手段、三种技术。

　　所谓两个手段：一头牛，正常情况下有什么办法让它往前走呢？无非是两种办法：一是在前面放一把青草，引诱它向前走；二是用鞭子抽打它屁股，逼迫它往前走。当然，也可以两者兼用。同样，所有的诈骗手法，全部都可以归结为这两种手段：要么利诱，要么威逼。比如，中奖诈骗、退税诈骗、捡钱后分钱诈骗等，就是利诱；冒充公检法、邮包涉毒、洗黑钱、PS 官员裸照等，就是威逼。有些诈骗则两种手法并用，如复制手机卡骗局，往往先是利诱，告诉被害人可以用很低的价格复制一张被害人竞争者的手机卡，等被害人汇钱并告诉骗子想复制的手机号码后，骗子会反过来威胁被害人，再花一笔钱消灾，否则就把这事告诉他人，让被害人出丑。

所谓再说三种技术。第一种技术是虚构事实，比如告诉你手机号码中奖，领取奖品要先交各种费用等；第二种技术是虚构身份，比如"猜猜我是谁""我是你领导，请到我办公室""我们是税务局干部，推荐你买某某书"等；第三种技术是虚构能力，比如江湖术士告诉被害人认识某领导能帮助你升官发财，能让被害人中标工程，摆平竞争对手等。

由这两种手段、三种技术，可组合出六大类型的骗术：一是虚构事实利诱，如手机中奖；二是虚构事实威逼，如邮包涉毒；三是虚构身份利诱，如冒充领导帮助晋升；四是虚构身份威逼，如冒充记者给官员寄合成裸照；五是虚构能力利诱，如诈称发明了永动机技术；六是虚构能力威逼，如诈称被害人即将大难临头，而自己可以代为解决。

项目三　诈骗犯罪的原因

一、诈骗犯多而警力有限

《资本论》里说过，当一项生意有300%的利润时，哪怕冒着被杀头的风险都有人去做。而现实状况是：诈骗犯罪几乎无本万利。同时，诈骗犯罪的最高刑是无期徒刑，不用付出生命的代价。这在一定程度上解释了，为什么会有部分地区、家庭大面积涉案，为什么诈骗产业化的趋势越来越明显。

同时，或许也有人会质疑：这么多诈骗案，警方为什么不破？这么多骗子，警方为什么不抓呢？有三个事实不可否认：一是警方更像医生，主责治病而不是防疫，破案是警方的责任，但产生这么多骗子、发生这么多诈骗案，是整个社会多种因素共同作用的结果，不是警方可以单独解决的。二是警方的资源是有限的，要受警力、经费等各方面因素制约。而目前侦破一宗诈骗案，特别是电信诈骗案，办案成本很高，极其费时、费力，在有限的资源下，警方最优的选择肯定是先侦破社会影响更恶劣、危害性更大的凶杀案，然后才是抢劫、盗窃和诈骗案等。因此，诈骗案破案率自然相对不高，但先进如美国、日本等国的警务部门，其刑事案件的破案率一般也只有20%左右。三是现在的诈骗绝大部分是非接触类型，警方在防范盗抢这类传统犯罪时，可以通过安排更多的警力去巡逻值守，通过震慑或抓现行的办法来减少盗抢案件的发生，但对于非接触的诈骗犯罪，警方哪怕投入10倍于现在的警力，也不会取得更好效果。防范和打击诈骗，警方总有一种铁拳打在棉花上的无奈。

二、被害人在诈骗犯罪中处于弱势地位

诈骗犯罪的被害人在多数情况下只能凭个人的智慧和经验来识别骗局。诈骗犯往往却是一个团队，其中有精通心理学、社会学、法学以及银行、电信、网络运营的专家，负责编写"天衣无缝"的诈骗剧本；有键盘手、话务员按照既定的剧本，诱骗被害人往设好的套里钻；有操作员把诈骗到账的钱款分散转入多个"肉鸡"账户（与诈骗犯没有任何关系，但账户与银行卡被诈骗犯控制）；再由提款员到柜员机提现；最后，提到的现金，通过另外的途径，再汇到境外账户，以致许多诈骗案件，即使顺利侦破案件，钱款也很难追回。

三、通信平台和银行监管的困难导致难以破案

这个交易平台核心就是"两流"：一是信息流，诈骗犯的信息能够方便地传导给被害人；二是资金流，被害人的钱款能够方便地转账给诈骗犯。

诈骗信息流与电信运营商和网络服务商有关，虽然他们在防范诈骗上也做了不少工作，但在识别、阻断诈骗犯罪的信息流上还有很大进步空间。另外，手机实名制、网络有条件实名制尚未得到有效的落实，匿名手机卡、网络改号软件便利了各类诈骗用的手机卡、网络账户，而且诈骗犯可以用完即弃，难以从源头追查诈骗犯罪。这大大增加了警方的破案难度。

而从资金流上看，银行虽然实行了实名制，但仅仅是知道每个银行账户是用哪个身份证开设的，至于这个账户到底是谁在用、怎么用，银行不便进一步监管。因此，诈骗犯往往专门雇人收集丢失的身份证去银行开户，或者到农村收购已开好银行卡和U-KEY的全套资料，专门作为接收和分发诈骗钱款的账户（即"肉鸡"账户）。每次诈骗成功，他们会动用数十个甚至上百个这类账户进行转账和提现，也大大增加了警方的侦破难度。

项目四　诈骗犯罪的防范对策

一、公安局打击诈骗犯的难点

（一）打击难

全国电信诈骗案件50%以上的损失是由台湾诈骗集团实施的，但他们遍布海外，早已专业化、集团化运作，警力资源有限，为反诈骗提供协助的公司、企业配合不足，使打击诈骗犯罪难上加难。

（二）防范难

很多境外诈骗电话通过先进的改号软件，能改为正常显示的国内号码（前面没有"+86"等异常标识），具有很大的迷惑性。频繁的改号使得国内主流的、靠多次标注才能显示诈骗电话的手机安全软件运作机制失灵；警方宣传人才不足、宣传效果不佳，几种常见电信诈骗被翻来覆去地解读，群众早已"自动屏蔽"一般的宣传彩页、短片、文章，防骗宣传入手、入眼却难以入脑、入心。

（三）劝阻难

反诈骗中心的预警资源、劝阻力量有限，不可能做到对每个人进行及时劝阻，而且受害人有时宁肯相信电话那头的诈骗犯是警察，也不肯相信真正的辖区警察。

二、打击诈骗犯罪的途径

成功诈骗三要素：施骗者、诈骗交易平台、受骗者。要成功防范与减少诈骗，也是从这三个方面入手：一是最大限度地打击骗子，尽可以将他们全部抓获并绳之以法，以儆效尤，打击一批，震慑一片；二是扎紧篱笆，识别并阻断涉嫌诈骗的信息流和资金流；三是强化教育，增强并提高潜在受骗者的防范意识和识别骗局的能力。

（一）打击施骗者

无疑是警方的责任，但前文已分析过，不是警方不尽力，而是侦破诈骗案件的办案成本实在太高，警方毕竟资源有限，导致某种程度上，目前诈骗案件陷入越打越多的恶性循环，这种局面短期内看不到改善的迹象。我国正全面进入社会主放市场经济社会，市场经济就是法制经济、诚信经济，没有法制的强制力和诚信的道德力，正常的交易也将无以为继，如果纵容骗子横行，正当商人也会受影响。在网上、电视上、银行柜台上、小区电梯里等地方，有关防范诈骗的宣传铺天盖地。但是诈骗犯罪日益猖獗，不得不承认，原有的宣传有一定成效，但效果不太理想。形式千篇一律、内容简单重复的宣传很难给人留下深刻印象。这些宣传都没有抓住"客户"的兴奋点，很难引起"客户"共鸣，自然也就留不下什么印象，发挥不了应有的宣传效果。

（二）破坏诈骗交易平台

在阻碍诈骗的信息流和资金流方面，电信、网络运营商、金融机构不能说不作为，它们采取了不少措施，取得了一定的成效，但篱笆扎得再紧，总有缝隙可钻，何况，采取措施是需要投入成本的，企业除了讲社会效益，也要讲经济效益。诚然，企业应该可以更好地履行社会责任，把篱笆扎得再紧一些，但彻底破坏诈骗的交易平台，目前来看，不现实，只能进一步加强监管。

（三）提高公民自保能力

自保是最直接、最可控，也是见效最快的防范和减少诈骗的办法。掌控自己能掌控的，接受自己不能掌控的。在防范诈骗的三要素里，前两个要素，也就是警方的公共安全责任和企业的社会责任，并不在潜在受骗者所能掌控之列。而提高防范意识、识破骗局完全是可以由自己掌控的。先从自己能掌控的地方入手，多了解诈骗犯罪的不同类型、形态、手段，扎紧自己防范诈骗的篱笆，让诈骗犯无机可乘。

三、进入全民反诈骗时代

（一）由警方主导变全民互助

以往的反诈骗劝阻多是警方事后劝阻，但资源、力量有限，无法对每一个被骗者进行实时劝阻。

（二）由警方提醒变亲友提醒

以往在冒充公检法的诈骗中，骗子均要求受害人严格保密，坚决不告诉第三人，连上门劝阻的真警察都拒之门外，对此应让群众彼此在亲友互相提醒、宣传。

（三）由事后打击变为事前预防

提高群众的防骗知识与技能，免于被骗，是反诈骗工作最关键、最经济、最有效的战术。

拓展阅读

防诈骗鉴定测试

1.（电信常识题）以下哪种说法是正确的？

A. 来电显示的是座机号码，只要经 114 查号核实就可以确认。

B. 领导用私人的手机号打电话给我，说明她对我的信任。

C. 手机 SIM 卡是不可能被复制的。

D. 400 开头的号码一般都是集团公司的客服电话，比较可信。

2.（网络常识题）以下哪种说法是正确的？

A. 在 QQ 上跟你聊天的好友不一定是你那个好友。

B. 银行和航空公司的网站都可以放心使用。

C. 上网登录的 IP 地址不能伪造的。

D. 是通过百度搜索到的信息都是真的。

3.（银行常识题）以下哪种说法是正确的？

A. 只要银行卡在身上，卡上的钱就不会被取走。

B. 并不是每笔消费银行都会有短信提示。

C. 银行有安全账户，只要把钱转过去核实后，就会自动还给我。

D. 我不懂英文，但只要有人教我，我也能在 ATM 机上操作。

4.（警务常识题）以下哪种说法是正确的？

A. 能获得照片、户籍资料等准确性个人信息的不仅只有公安机关。

B. 紧急情况下公安民警可以通过电话指令，冻结犯罪嫌疑人全部材料。

C. 被警方通缉的嫌疑人，只要选择与警方合作，就可以避免被抓捕。

D. 有重大刑事案件应当由公、检、法会联合侦办。

5. 最容易受到网络电信诈骗的群体，应该是以下哪种？

A. 中年家庭妇女。

B. 青年打工者。

C. 高学历白领。

D. 城镇老年人。

6. 你认为以下哪种人说的话比较可信？

A. 朋友圈里看到的对方可以免费赠送羽毛球拍、自行车、手表、手机。

B. 某 P2P 网贷公司的老板他承诺每年最低年化投资回报率为 25%。

C. 某赌徒告诉你曾经在澳门赌输了钱将价值 20 万的劳力士以 5 万元的价格卖给了当铺。

D. 警察打来电话说，你被人盗用了身份信息实施犯罪，你正在被通缉。

7. 以下哪件事情比较可信？

A. 专做劳务输出的中介到旅游学校招人号称：这批服务员将被送到迪拜的七星级酒店当服务员，并承诺年薪可达到 30 万人民币。

B. 好多新闻都有文章在推荐贵金属收益很大，还有免费的老师进行免费指导比炒股强多了。

C. 有被亲戚说，有个投资项目稳赚不赔，利润可达到 50%，他已经亲自去考察过了，公司实力非常雄厚，他投资 2 年了，资产已经翻倍。

D. 朋友说，凡是有资金池的风险都很大，老板容易跑路，这种互助模式就安全多，钱只要在用户之间点对点流通，可以确保万无一失。

8. 小明妈妈收到一个陌生来电对方自称是小明的班主任李老师，电话中李老师告诉她，小明得了急性肠胃炎，让她立刻带钱赶往本市的一家医院，小明的妈妈，这时该如何应对？

A. 宝贝儿子生命要紧，立即按李老师要求赶往指定的医院了解情况。

B. 把情况通报给她家老公张先生，期间张先生也一并赶往医院。

C. 先赶到学校了解事情的起因之后再前往医院。

D. 想办法找到李老师的本人电话，跟李老师核实孩子的情况。

9. 在国内诈骗集团的手法具有地域性，他们通过传帮带形成同类诈骗方式的重灾区，以下的地区，与其诈骗手段匹配的是？

A. 广东电白猜猜我是谁，海南儋州冒充 QQ 好友，广西宾阳机票退改签，湖南双峰重金求子，河北丰宁冒充黑社会，福建新罗淘宝退货款，江西余干 PS 官员艳照，台湾冒充公检法。

B. 广东电白冒充 QQ 好友，海南儋州机票退改签，广西宾阳重金求子，湖南双峰冒充黑社会，河北丰宁淘宝退货款，福建新罗 PS 官员艳照，江西余干猜猜我是谁，台湾冒充公检法。

C. 广东电白猜猜我是谁，海南儋州机票退改签，广西宾阳冒充 QQ 好友，湖南双峰 PS 官员艳照，河北丰宁冒充黑社会，福建新罗淘宝退货款，江西余干重金求子，台湾冒充公检法。

D. 广东重金求子，海南儋州冒充黑社会，广西宾阳淘宝退货款，湖南双峰 PS 官员艳照，河北丰宁冒充黑社会，福建新罗淘宝退货款，江西冒充 QQ 好友，台湾机票退改签。

10. 如果你觉得自己肯定不会被骗，那么是因为以下哪种因素？

A. 我见多识广，那些骗子瞒不了我。

B. 我认真学习犯罪预防，那些花招基本上了解。

C. 我很诚信，交往的都是靠谱的朋友。

D. 我曾经被骗过，所以有足够的防范意识。

鉴定测试答案：

1. C　2. A　3. B　4. A　5. B　6. C　7. A　8. D　9. C　10. B

学习单元十四

毒品犯罪与预防

项目一　毒品概述

✍ 学习导语

珍惜生命，远离毒品。

✍ 学习情境1

2009年6月26日，国家禁毒委员会办公室聘请成龙为中国禁毒宣传形象大使。成龙称，自己非常关心禁毒公益事业，希望今后和国家禁毒委员会办公室有更多的合作，尽自己所能为禁毒宣传教育做出更多贡献。

2014年8月香港演员房祖名、台湾演员柯震东等人在北京一洗浴中心吸食大麻被北京警方查获。房祖名自述有长达8年的吸食毒品史，柯震东坦承两年来曾八度在大陆吸食大麻，两位艺人吸食毒品的行为给公众特别是青少年带来了极其恶劣的影响。

《纽约日报》点评：成龙多年坚持反毒，但儿子涉毒让他添上了不光彩的一笔。

《时代》报道：成龙是中国的反毒大使，这起涉毒案非常讽刺。

柯震东以清新形象出道后曾拍摄过一段禁毒宣传片，在宣传片中，柯震东以健康的形象出镜，面对镜头宣传，毒品对于放松解压或解决问题是完全没有效果的。生活中有再多的压力，要通过其他渠道发泄。

联合国发布的数据显示全球吸食毒品问题严峻，毒品泛滥已成为人类的一大灾难。2014年全球每20个成年人当中就有1人吸食毒品。在中国，官方报告也指问题"复杂严峻、不容乐观"。2015年，中国全年登记吸食毒品人员共234.5万人，中国吸食毒品者年增50万，与吸食毒品相关的案件逾17万宗，约占刑事案件总数的14%，对社会安全构成威胁。

一、毒品的概念

从不同的角度出发，对于毒品的概念有着不同的理解。从法学的观点来看，毒品被理解为对个人和社会有严重危害的一种特殊物质，是违禁品，是受法律严格管理和控制使用的物品。从医学角度来看，它是一种能够用来防病、治病或缓解病痛以及对手术进行辅助的药品。但是，称它为药品仅限于在医学意义上，而且还必须是对它的使用进行严格的控制。一旦这些药品被无节制、无控制地使用滥用，它们就会变成对人体有害的毒品。

联合国 1971 年《精神药物公约》第 2 条物质管制范围第 4 款规定：毒品是指能引起成瘾或依赖性，使中枢神经系统产生兴奋或抑制，以致造成幻觉，或对动作机能、思想、行为、感觉、情绪造成损害的天然、半合成、合成的物质。1997 年 10 月实施的《刑法》第 357 条规定，刑法所称的毒品，是指鸦片、海洛因、甲基苯丙胺（冰毒）、吗啡、大麻、可卡因以及国家规定管制的其他能够使人形成瘾癖的麻醉药品和精神药品。从以上条文可以看出，毒品的定义，在外延方面，毒品的范围包括国家规定管制的能够使人形成瘾癖的麻醉药品和精神药品；在内涵方面，毒品的本质特征是能够使人形成瘾癖。

二、毒品的特征

（一）成瘾性

成瘾性在医学上也称为药物依赖或药瘾，是指由于反复使用某种药物而对该种药物产生的躯体或心理依赖。躯体依赖性称生理依赖，是指中枢神经系统对长期使用依赖性药物所产生的一种适应状态。这时候机体必须在足量药物维持下，才能保持正常的状态，一旦断药，生理功能就会发生紊乱，出现一系列严重反应，称为戒断症状。戒断症状或称撤药综合症状，表现为头痛、烦躁不安、恶心呕吐、全身不适与神经功能障碍，严重者可引起意识障碍、昏迷、肢体抽搐、甚至虚脱而致死，而当再度用药时，戒断症状消失。精神依赖或称心理依赖，就是药物对中枢神经系统作用所产生的一种特殊的精神效应，用药者处在一种追求用药的强烈欲念下，这种欲念强迫用药者不顾一切地去不断寻求毒品以满足自己的欲望。它与身体依赖性不同，它在断药后无明显戒断症状。毒品的精神依赖性，成为吸食毒品者在吸食毒品后很难戒断的主要原因。

（二）毒害性

毒品的毒害性分为躯体毒性和心理毒性。躯体毒性与成瘾性相联系，成瘾性导致毒品吸食者长期使用，滥用这些药物之后出现慢性中毒，产生各种不适症，如：体力衰弱，智力减退，神经、大脑、呼吸、消化道、心血管受到明显的损害，甚至出现精神错乱，中毒死亡。毒品的心理毒性指毒品进入躯体后作用于大脑精神系统，使吸食者出现渴求使用药品的强烈欲望，驱使其不顾一切地寻求和使用。这种心理依赖性的危害很难消除，而且会使吸食者难以自制，将寻觅毒品作为生存的唯一目标，以致失去理智而违法犯罪。

（三）违法性

毒品的违法性表现在它是受国家管制或禁止滥用的特殊药品。麻醉药品和精神药物，其医用、药用价值表明其属药品。麻醉药品药用能镇痛，尤其对严重创伤的疼痛有效。精神药物能作用于中枢神经系统使之兴奋或抑制。如对这两类药品使用不当或滥用，则使人产生药物依赖性，损害身体健康。国家对麻醉药品、精神药物的制造、运输、销售、使用以及原植物的种植和易制这些药品的化学物品都作了严格的管制，禁止滥用。凡违反规定，用于非医疗、科研目的而制造、运输、贩卖、走私、使用麻醉药品和精神药物时，这些药品即是毒品，反之，则是药品。法律法规对能用于毒品的药品的范围、种类作了明确规定，并列出了附表，超出法律规定范围的药品，即使有成瘾性、毒害性也不能成为法律意义上的毒品。

三、吸食毒品的危害

学习情境2

如果有人告诉你，有这样一种东西，吃了可以提神，可以"助性"，还不会上瘾，你会不会有兴趣？这个东西被称为冰毒，在最近十余年间逐渐成为新的"毒王"。据警方知情人士透露，很多吸食毒品者是在酒吧等地开始染上毒瘾的，吸食毒品后的性奋状态导致吸食毒品者乱交的现象常有发生，这也是为什么吸食毒品者总是男女相聚在一起的原因。近两年很多媒体起底了冰毒流行的现状：

"冰毒在21世纪里成了毒品主流。"这是某论坛上一个自称吸食冰毒者说的话。

其实早在20世纪，就有专家断言说："冰毒一旦被世人所认识、所接受，其危害将比当前任何一种毒品都可怕，到21世纪，世界毒品将是冰毒的天下，它将替代海洛因成为重要的毒品。"

这并非危言耸听。就在今天最新的一则报道里提到，北京地区吸食毒品人员滥用冰毒的占82.1%。而一份2015年5月的数字报告显示，福建近7万已知吸食毒品人员里，吸食冰毒的占72%。冰毒快速上位的原因说起来也简单，无非三个：易生产、效果强、能"助性"。

一、易生产

这是因为冰毒的主要成分麻黄碱可以从很多感冒药中提炼。所以现在很多药品在购买时需要提供身份证明。（如新康泰克、呋麻滴鼻液）

二、效果强

吸食毒品者张兵说他吸食冰毒后，曾经有半个月一直没有睡觉，门都不出，天天在家上网，还可以几天不吃东西。冰毒能产生其他大多数毒品所含的效果，如致幻、提神等，几乎"以一当百"。

三、能“助性”

这是冰毒快速传播的根本。吸食冰毒的人中，女性占了一半，“助性”带来的强烈性快感，是吸食毒品者选择冰毒的重要原因。因为如此，才产生了“陪溜妹”这个行业。能把贩毒和卖淫结合在一起，实现一条龙服务，从而赚取更大的利润，对于很多的性工作者来说，这是再好不过的事情。实际上，甚至不缺乏纯粹为了追求性快感而吸食冰毒的女性。据统计，吸食传统毒品的男女比例一般是 8 :2，但吸食冰毒等新型毒品的男女比例则变成了 5 :5。另一项统计显示，90%以上的女性初次接触冰毒是误信他人“不会上瘾”的谎，上瘾之后，她们便沉沦在快感之中不能自拔，性爱理所当然成为“排毒”的首选方式，被无限放大的欲望，蚕食着吸食者们的身体。吸冰毒造成的乱性，同时还会导致各类性病和艾滋病的传播，他们的结局多是“家破人亡，身体搞垮”。

冰毒吸一次必上瘾，吸两年可产成精神疾病。曾经的“毒王”海洛因，是一种镇静剂。而冰毒，是兴奋剂。

“冰毒与海洛因最大的区别就是，海洛因主要是生理上的依赖，而冰毒主要是心理上的依赖。”一个防复吸专家曾解释说，冰毒对人体的危害，就是直接对人体的大脑产生的摧残，破坏人体的大脑组织。每月吸食冰毒 5 次以上者，两年左右便可产生明显的精神病人的症状。而这些症状，是不可逆的。此外，比起吸食海洛因的人，吸食冰毒的人具有大得多的攻击性。

正因为吸食冰毒主要是产生心理上的依赖，所以靠物理上隔绝，是很难解除冰毒的。而且据说现在就算有人想戒冰毒，也找不到治疗的地方，束手无策。

据统计，前几年福建省吸食毒品人员参与非涉毒违法犯罪案件 7028 起、涉案人员 2820 人，分别占全省违法犯罪案件数、人员数总量的 8.1%和 0.8%，这些庞大的数字背后，是吸食冰毒者们无法戒断的瘾和悲哀。

2018 年 6 月 26 日，各省市集中销毁了海洛因、冰毒、氯胺酮等各类毒品，以及麻黄素等易制毒化学品以吨计，创下历史之最。其中，以冰毒、“K 粉”为代表的新型毒品，占了大部分。这也可以证明冰毒的危害确实非常大。比如现在一些戒毒医院，只要一听是冰毒吸食者，都不愿意收，收的还是海洛因等传统毒品吸食者。政府现在还没有针对冰毒等新型毒品所设的救治平台；吸食毒品者吸了海洛因后还有可以依赖的地方，但是吸了冰毒的没有。

吸食毒品是指未经法律授权或许可，为满足个体生理和心理的满足，对鸦片、海洛因、吗啡、大麻、可卡因以及法律规定管制的其他能够使人形成瘾癖的麻醉药品和精神药品进行吸食或注射的行为。

吸食毒品不仅严重地损害了人体健康，而且会导致一系列的家庭问题和社会问题。正如美国的《新闻与世界报道》杂志的一篇文章所说：“毒品对文明威胁之大，绝不亚于 20 世纪 30 年代的法西斯。在算这笔账时，必须再乘上今天毒品造成的家庭破裂、健康受损、生产力损失、意外事故、家庭暴力、虐待配偶及子女、婴儿先天染有毒瘾或智力低下等问题所带来的损失。连最低价格（的毒品）也负担不起的瘾君子，只会增加犯罪。"

（一）吸食毒品对个体的危害

1. 吸食毒品对人体身心健康的严重危害。在生理方面，长期吸食毒品会对人体的正常生理机能和免疫系统，特别是对人体最重要的神经、呼吸、心血管、胃肠道以及支气管平滑肌等组织、器官造成显著的毒性作用，它会使吸食毒品者生理功能紊乱、免疫力和体质严重下降。吸食毒品者由于神经系统、内分泌系统、呼吸系统和免疫系统受到毒品的强烈破坏，往往容易患胃病、肝病、败血症、肾脏并发症、脑脓肿、肺栓塞、性病、周围神经炎等疾病。

在心理或精神方面，吸食毒品人会出现智力衰退、精神颓废、人格变异等倾向。由于毒品对神经的抑制或兴奋作用，会使人的正常思维、情绪和行为受到严重干扰，注意力、记忆力、耐受力和意志力等遭到明显破坏。对毒品的依赖性经常使吸食毒品者丧失工作或学习的效率和兴趣，丧失对他人和社会的责任感，甚至会丧失羞耻感和起码的人格尊严。许多人正因为吸食毒品，才一步一步开始走向堕落，不仅肉体，甚至精神也完全被毒品所俘获。

2. 吸食毒品导致非正常死亡。

（1）死于超剂量吸食后中毒。吸食毒品者因为无法准确判断毒品含量或为最大限度地追求快感，过量吸食毒品而引起呼吸中枢受抑制而气绝身亡。经戒毒治疗后，吸食毒品者身体的对毒品已无耐药性，复吸时也易导致急性中毒而死亡。

（2）死于吸食毒品引发的并发症。吸食毒品者易出现病毒性肝炎、心内膜炎、肾炎、败血症、严重感染等并发症，又疏于治疗，最终导致死亡。再次，死于各种吸食毒品后发生的意外和犯罪事件。吸食毒品后会出现认知功能障碍、注意力和行为能力下降。在实际生活中，经常发生吸食毒品者因不能正确判断事物的性质、方向、距离、高度、速度而导致的车祸、坠楼、自伤等意外和不幸。吸食毒品者为了购买毒品而冒险参加各种违法犯罪活动，也提高了其被害的概率。

（3）死于吸食毒品后自杀。吸食毒品者时常受到戒断症状的折磨，又要忍受并发症的痛苦，同时被家庭和亲友抛弃，被社会歧视，最后在内心的悔恨和肉体的痛苦中选择自杀来了结自己可悲的一生。

（二）吸食毒品对社会的危害

📖 学习情境3

3 岁的丢丢，被吸食毒品并卖淫的单身母亲郭某抵押给吸食毒品人员林某、王某和王某妹三人，仅 1 个多月，狠毒的林某、王某等人每逢毒瘾发作，便将无辜的孩子当作发泄的对象，捆绑、踢打、打火机烧、烟斗烫，当孩子被解救出来时，周身已体无完肤，伤痕累累，惨不忍睹。

毒瘾是永远不可能得到满足的，因此一个家庭一旦出现吸食毒品者，从此就可能永无宁日，其结局常常是倾家荡产，债台高筑，家贫如洗，正常的生活都难以维持。"烟瘾一来人似狼，卖儿卖女不认娘"，长期吸食毒品会导致人精神变异，行为失常，在毒瘾的逼迫下甚至会做出完全泯灭人性的事情来。吸食毒品贻害无辜的下一代，婴儿会因母亲怀孕或哺乳期间吸食毒品而致先天性残疾、智能低下或感染毒瘾甚至中毒死亡。

1. 吸食毒品导致艾滋病快速传播与流行。艾滋病的传播方式主要是性接触传播、血液传播和母婴传播，而吸食毒品在上面三种传播方式方面都大大增加了感染艾滋病病毒的可能性。

2. 吸食毒品诱发违法犯罪，危害社会治安。吸食毒品者由于无法负担毒品高昂的价格而孤注一掷从事犯罪。吸食毒品成瘾后，会使吸食毒品者人格突变，无法控制自己的行为，从而进行暴力犯罪等行为。

3. 吸食毒品影响经济发展，败坏社会风气。很多瘾君子整日沉溺于在毒品中取乐，以长期大量吸食毒品为荣。他们不仅自己吸食毒品，还拉拢同他们有联系的其他人，尤其是未成年人吸食毒品。长期吸食毒品会使人体质下降，百病丛生，最终丧失劳动能力，形同废人。为治理毒品和吸食毒品问题，各级政府不得不动用大量的人力、物力和财力，这不仅加大了财政的压力，也制约了经济的发展。

项目二　毒品犯罪概述

学习情境4

"招工，男女不限，要求胆子大，身体素质好，没有被公安机关打击处理过，出差三五天，一次酬劳一万元。"2017年12月27日，16岁的重庆少年蒋某在百度贴吧里看到了这条招聘信息，万元高薪立刻吸引了他。

第二天，蒋某在对方的安排下，从贵阳前往云南，又一路辗转出境至缅甸。到了约定地点才发现，对方让他帮忙运毒，且不容他反悔。蒋某吞食了43粒包装成胶囊的海洛因"毒蛋"。

2018年1月4日5时许，蒋某从云南省昆明市乘飞机到达西安咸阳国际机场时被警方抓获。

正是这次应聘，蒋某把自己送进了监狱，而且高薪报酬没拿到，还差点因为体内残留毒品排不出来丢了性命。在咸阳市公安局渭城分局办案民警的帮助下，用了四天时间才将体内的毒蛋全部排出。蒋某对自己的犯罪事实供认不讳，据办案民警介绍，蒋某共吞食了毒品海洛因共计 246.15 克。

根据《刑法》第 347 条，走私、贩卖、运输、制造鸦片 1 千克以上、海洛因或者甲基苯丙胺 50 克以上或者其他毒品数量大的，处 15 年有期徒刑、无期徒刑或者死刑，并处没收财产。

一、毒品犯罪的涵义

毒品犯罪的概念根据其外延的不同，有广义和狭义之分。狭义上的毒品犯罪是指围绕毒品直接发生的贩卖、制造、种植、走私、滥用等犯罪，是违反禁毒法律法规，破坏禁毒管制活动，应受刑罚处罚的行为。根据我国刑法分则的规定，狭义的毒品犯罪可分为四种类型：一是经营牟利型毒品犯罪，包括走私、贩卖、运输、制造毒品罪，走私制毒物品罪，非法买卖制毒物品罪，非法种植毒品原植物罪，非法买卖、运输毒品原植物种子、幼苗罪。二是持有型毒品犯罪，包括非法持有毒品罪，非法携带、持有毒品原植物种子、幼苗罪。三是妨害司法机关禁毒活动罪，包括包庇毒品犯罪人罪，窝藏、转移、隐瞒毒品、毒赃罪。四是帮助毒品消费罪，包括引诱、教唆、欺骗他人吸食毒品罪，强迫他人吸食毒品罪，容留他人吸食毒品罪，非法提供麻醉药品、精神药物罪。

广义上的毒品犯罪是指，围绕毒品发生的贩卖、制造、种植、走私、滥用等违法犯罪问题，以及由毒品引发的社会治安、公共卫生、经济纠纷、国家安全等所有与毒品相关联的违法犯罪问题。依照广义的概念，不光制毒、贩毒等属于毒品犯罪，为了获取毒资进行的抢劫、盗窃、诈骗、卖淫，以及因为吸食毒品思维混乱而进行的侵害行为等，都属于毒品犯罪。广义上的毒品犯罪实际上是把毒品看成是一系列社会问题的核心或者源头，是一个大的社会问题集合。犯罪预防学中的毒品犯罪应指的是犯罪学意义上的犯罪概念，故本书采用的是广义的毒品犯罪概念。

二、毒品犯罪的特点

（一）被害人的不特定性

毒品买卖行为双方在明知犯罪的前提下，秘密、自愿地交易，所以没有一般刑事犯罪意义上的被害人。因此，毒品案件一般没有目击证人和报案人。即使有些案件是经群众举报侦破的，但群众也只能提供某些可疑情况，不能提供直接证据，这与普通刑事案件有质的区别。

（二）危害的滞后性

一般刑事犯罪的危害是即时的，而毒品犯罪首先是跨地区将毒品大宗贩运至某地区，经批发、分销，最后零包卖到吸食毒品人手中，而吸食毒品对个体或社会的危害往往更是在多年吸食毒品后才初现端倪。从这个意义讲，一般刑事犯罪的危害是"现在时"，而毒品犯罪的危害是"将来时"，种毒犯罪、制毒犯罪危害的滞后性就更为明显。

（三）犯罪现场的模糊性、行为方式的隐蔽性

一般刑事案件的现场是明确的，现场会不同程度地留下某些可证实犯罪行为的证据，如血迹、指纹、脚印、毛发及其他痕迹等。贩毒犯罪的行为形式一般为"贩运""携带""交易"，没有特定有意义的现场，一般也不会留下痕迹，这就决定了毒品案件的"取证难"。

（四）共同犯罪突出

二人以上共同故意实施涉毒犯罪，是我国出现的毒品犯罪中最普遍、最典型的形式。究其原因，主要是毒品贩运一般距离较远，将毒品转化为"商品"的环节较多，因而承担风险太大，如果没有他人协助，仅靠一人很难进行。共同涉毒犯罪主要表现为：有组织毒品犯罪、专门从事走私贩毒的犯罪集团、相对松散的毒品犯罪团伙、家族成员搭伙贩毒等主要形式。

（五）再犯、累犯比例高

毒品的成瘾性和毒品犯罪的超高犯罪收益，使犯罪人受到惩处后仍不思悔改，再次实施毒品犯罪。在毒品犯罪人中，有相当一部分人有犯罪前科甚至是累犯、再犯。

（六）引发的次生危害大

近年来，为获取毒资而实施的盗窃、抢夺、抢劫等犯罪，以及吸食毒品诱发的故意杀人、以危险方法危害公共安全的严重犯罪频繁发生，严重危害社会治安秩序和人民群众生命财产安全。同时，吸食毒品后致幻而引发的暴力案件，造成了严重的社会危害，严重影响了群众的安全感。

三、毒品犯罪的原因

学习情境5

漂亮的南非姑娘凡妮莎·古森，21 岁时参加南非小姐的选美，成为冠军，事业做得非常好，她和男友开了一家时装服装店。尽管她发现自己怀孕了，但凡妮莎还是决定自己亲自去泰国，寻找新的时装和供应商，这一去，她再回到南非，已是 16 年以后。

1994 年，21 岁的凡妮莎结束泰国的考察旅行，在曼谷机场等候上机安检准备回南非。包里只有一些换洗衣物，还有几本朋友托付她带回南非的书。但就是这几本书，让凡妮莎付出了沉重的代价。安检人员从他的枪套里抽出一把刀，从凡妮莎的包里拿出一本书，怀疑地盯着它。他把书的书脊切下来，白色粉末倾泻而出，撒了一地，凡妮莎惊恐地看着。那个安检人员很兴奋，脸上带着戏谑的神情"海洛因是死刑"，他用蹩脚的英语并指着身后的一张警告海报说着。

在回程前几天，来自南非的凡妮莎的朋友杰克逊给她打电话，说他的哥哥也在泰国，有几本书需要带回南非，问凡妮莎能不能帮忙，凡妮莎答应帮忙，并与杰克逊的兄弟见面。凡妮莎说："我完全没有起疑心。托我的朋友是多年好友，没理由怀疑他。"

削掉其他几本书的书壳和包装后，安检人员共找到了 1.7 公斤的海洛因。她不停地向警察解释自己不知情，只是帮朋友的忙，但空口无凭，警方完全没有相信她的辩解。在拘留所度过了痛苦的 10 天后，她被送上了法庭，被判死刑。托付她带书的朋友杰克逊杳无音讯，她不能证明自己是被人陷害。书是她主动打包放在行李里的，毒品也是在她包里发现的，百口莫辩。

1994 年 10 月 30 日，被判死刑的凡妮莎在狱中生下了女儿菲利西娅，刑罚从死刑转为终身监禁。女儿出生在监狱，在那里度过了生命的前 3 年后，女儿菲利西娅在她 3 岁生日那天离开了监狱。

2010 年，泰国国王生日，大赦了一批囚犯，凡妮莎苦熬 16 年后，才重获自由，只因一次善意帮助，竟让人生彻底覆灭，凡妮莎悔不当初。21 岁的南非小姐，已变成了年近四十的阶下囚。凡妮莎根据自己的亲身经历写成了一本书《毒骡：我在泰国监狱的 16 年》，利用她的经验来帮助别人，告诫随便相信朋友和贩毒的后果。"如果我能阻止其他无辜的人犯像我这样愚蠢的错误，我在监狱里度过的那些年不会是完全的浪费"。凡妮莎说道。

（一）毒品的自身特性导致犯罪发生

首先，毒品的药理性导致不可能完全排除毒品的流通。其次，毒品的毒理作用影响人的精神和意志，以至出现人格变态和精神病，最终导致毒品次生犯罪。最后，毒品的戒断症状是吸食者一旦停止使用或减少用量便非常痛苦，甚至危害生命，毒品的成瘾性诱导吸食毒品者产生再次吸食毒品和获得毒品的强烈愿望。

（二）经济因素导致犯罪发生

大部分毒品犯罪人来自于较偏远地区，由于长期受到贫困的困扰，当得知毒贩这一迅速的发财致富之道时，他们便不会想到这种行为所产生的后果，而是抱着侥幸的心理走上这条犯罪的道路。巨额利润的诱使与刺激使毒品犯罪人不惜铤而走险，据了解 1 克海洛因，在云南边境地区市价为 20 元左右，在昆明可卖到 150 元，到广州则可高达 400 元，尤其在严打黑市毒品供不应求时，售价竟高达 1000 元每克。

（三）文化因素导致犯罪发生

文化的核心是价值观念，在这个多元化的社会，利益与文化的多元化导致价值观念的多元化，这为毒品犯罪的萌芽提供了肥沃的土壤。改革开放以来，外国资本涌入的同时，外国良莠不齐的文化也一并传入中国，如暴力文化、吸食毒品文化等。

（四）个体主观因素导致犯罪发生

1. 对毒品及毒品犯罪危害的认识不够导致误入歧途。有的人认为毒品与吸烟没有什么差别，可以戒掉，可以控制；有的人意志薄弱，轻易相信"毒品可以普度众生，为世人排忧解难""吸食毒品可以使人飘飘欲仙""吸这玩意是一种时尚，欧美青少年都吸"等蛊惑人心的言论；有的人交友不慎，在"跟风"心态的影响下，在所谓的"哥们义气、姐妹情节"的怂恿之下，觉得"哥们推荐的，我只是吸两口，不碍事的"。

2. 好奇心理作祟导致身陷囹圄。一些涉世不深的青少年看到周围的人吸食毒品，总想体验一下，尝一尝，一尝之后，悔之晚矣，从而一步步从吸食毒品走向毒品犯罪的深渊。最后，过度膨胀的贪欲使人无视法纪、铤而走险。

项目三　毒品犯罪的防范对策

学习情境6

2018 年 3 月，北京市公安局禁毒总队发现网上贩卖毒品线索，遂立即联合网安总队对线索进行梳理，发现有 40 余人疑似从事网络吸贩毒活动。经细致工作，民警逐步掌握了层级清晰、指向明确的涉毒团伙关系网。据此，警方立即成立由禁毒总队、网安总队、北京市公安局丰台分局等单位组成的专案组开展侦查。

在随后的工作中，侦查员逐渐摸清了嫌疑人涉毒活动规律，发现近期共有 6 个网络吸贩毒团伙频繁利用微信、QQ 等网络工具购买、贩卖毒品，部分嫌疑人甚至会在家中组织"聚会"吸食毒品，毒品涉及大麻、冰毒。

抓捕时机成熟后，专案组在丰台公安分局洋桥派出所设立临时指挥部，以禁毒总队、丰台分局为主导，抽调丰台分局警务支援大队、网安大队及东铁匠营、新发地、洋桥等 20 个派出所 120 余名精干警力，组成 20 个工作组，全力开展集群打击。

3 月 13 日至 16 日，专案组兵分多路，集中开展收网行动，并持续深挖其他犯罪线索。经连续工作，共抓获涉毒人员 40 名，打掉涉毒团伙 6 个，收缴各类毒品 600 余克。

截至 2017 年，全国现有吸食毒品人员 255.3 万名。其中，35 岁以下青少年吸食毒品人数 143.4 万名。合成毒品变异加快，新类型毒品不断出现。据国家毒品实验室检测，全年新发现新精神活性物质 34 种，国内已累计发现 230 余种。2017 年，全国禁毒部门破获毒品刑事案件 14 万起，获各类毒品 89.2 吨。互联网成为贩毒人员勾连交易的平台。不法分子通过互联网发布、订购、销售毒品和制毒物品，贩毒活动更加隐蔽。寄递物流贩运毒品愈加突出，贩毒分子利用寄递物流渠道，通过假名、藏匿、夹带等手段走私贩运毒品，全年破获寄递物流渠道毒品犯罪案件 1499 起。

一、毒品犯罪的事前预防对策

毒品犯罪的事前预防就是指在与毒品有关的违法犯罪发生之前，通过全民教育、媒体传播、健全法律、发展经济、丰富生活方式等综合性手段，减少毒品的需求与供应，消除有利毒品犯罪滋生蔓延的各种社会条件，最终达到无毒的社会环境。

（一）心理预防与人格预防

吸食毒品者对于毒品存在着生理和心理的双重依赖，生理的依赖容易戒断，但心理的依赖很难根除。吸食毒品者通常具有独立性弱、没有责任心、价值观念偏差、自我控制力低、缺乏自尊、人格消极、盲目从众、赌气逆反等人格、心理特点，而这些心理特点可以说是其与毒品结缘的主观诱因。心病还需心药治，我们必须注重从心理、人格的角度对毒品犯罪进行预防。毒品犯罪心理预防与人格预防的主要防范措施有以下几方面：

1. 开展深化禁毒教育。教育是消除毒品犯罪根源的有力武器。通过开展"6.26"国际禁毒日及相关主题禁毒教育活动；把禁毒科目纳入学校必修课程；拍摄、发行禁毒相关影视作品和书籍等方式，建立家庭、学校、社会三位一体的立体化长效禁毒教育体系。在"润物细无声"般的教育和感化过程当中，使社会公众形成和养成"不吸食毒品、不想毒、不碰毒"的警惕意识和自保能力。

2. 全面加强禁毒宣传。通过在人群密集的市场、外来人员聚居地、闲杂人员较多的地方张贴海报，派发宣传资料，举办挂图巡回展览，播放宣传片，设立禁毒咨询服务台等形式，扩大禁毒宣传的覆盖面，使人人知晓毒品危害和预防毒品的有关知识，了解毒品带来的严重危害和目前社会面临毒品威胁的严峻形势，激发和调动人民群众参与禁毒斗争的积极性。

3. 对涉毒高危群体进行心理矫治和人格重塑。涉毒高危群体是指那些已经存在心理疾病、形成不良人格的群体，或是世界观、人生观、价值观尚未完全建立，极易受到不良引导的青少年群体，这些人因为自身人格心理的特点，更容易接触毒品、沾染毒品。通过正确的认知和需求引导，使其明辨是非、洞察利弊，形成正确的价值观。

（二）社会预防

社会情境预防的原理是通过对社会情境因素的改造，以减少对潜在毒品犯罪人的刺激，从而预防毒品犯罪动机的形成。流动性强、低龄、未婚状态、文化程度较低、低收入或无业的人员，因为自身所处环境的特点，更易接触沾染毒品。改变易对这类人群心理产生刺激的情境要素，以减少情境对毒品犯罪刺激的预防措施，会更具针对性、操作性。

1. 改造生活背景。生活背景指个体涉毒之前所处的对其有直接影响的生活环境。首先，需要健全家庭结构，不健全的家庭结构是青少年吸食毒品以及其他不良行为的一个重要影响因素。其次，父母应引导子女树立正确的金钱观与金钱获取的方式。最后，父母应施以灵活有效的教养方式，不少涉毒的青少年往往都存在父母溺爱而无知或放纵的情况。

2. 干预人际交往。人必然要和周围的同类进行交往，并在长期的交往过程中形成朋友关系，一个人的交际圈对于其心理或行为有着较大的影响。所谓"近朱者赤，近墨者黑"，很多涉毒者第一次的涉毒行为往往都是在身边朋友的带动下开始的，或者是经不住其他涉毒者的诱惑、施压，或者是出于一种模仿心理。社会公众应密切注意家人亲友的周围环境，了解有无吸贩毒人员出没，阻断其与吸贩毒人员或潜在人员的往来，避免堕入"毒"道。

3. 减少生活刺激。生活负面事件，如失恋、失业、冲突等，有可能使人们陷入极度痛苦、压抑或苦闷的状态，导致其希望借毒品寻求解脱或追求刺激。减少人为刺激，控制负面情绪的出现，同时提升个体在应对意外事件的抗挫折能力，缓解负面压力，防止误入歧途。

（三）法律预防

法律法规预防是指国家通过设立和适用法律法规来防止毒品违法犯罪发生的预防活动。正如瑞典学者契连所指出的，在某种情况下，法律的威慑作用"与其说是用恐惧的手段遏制住人的行为，不如说是它拨开了人们的双眼，使他们能看到行为的社会危险性，唤醒其良心，使其变得较为敏感"。

二、毒品犯罪的事中预防对策

毒品犯罪事中预防的主要任务在于通过加强对毒品犯罪的监控预警，及时发现和掌握带有苗头性、倾向性的毒品犯罪易涉毒人群、高危场所和高危物品，随之采取有力对策，将毒品违法犯罪的征兆消除，将犯罪的危害和损失降到最低。而要实现这个目的，构建一整套系统完善、科学合理、评估精确、反应灵敏的毒品犯罪监控预警机制是前提和基础。

（一）易涉毒人群监控

1. 开展深化涉毒排查。各级政府与职能部门、各村委会（居委会）、重点企业、场所、中小学校、社团签订责任书，广泛发动群众开展涉毒排查活动，注重专人排查与群众举报相结合，突击排查与日常排查相结合，对长期外出人员和流动人口的吸、贩毒情况进行调查了解，发现毒情及时报告，对易涉毒高危人群实行排查信息分析研判。

2. 社会力量一同监管。重视社会组织、个体、企事业单位以及家庭等力量在禁毒中的作用，各职能部门要调动义工、志愿者、楼栋长、社工、保安员、其他群防群治人员等社会各方力量参与支持禁毒工作，完善群众举报毒品犯罪奖励制度，充分调动广大群众参与禁毒的积极性。

（二）高危场所监控

1. 网格化管理涉毒高危场所。车站码头、集贸市场、娱乐中心、宾馆酒店、出租屋等场所人员构成复杂，人、财、物高度聚集且流动频繁，社会信息交流量大，极易发生涉毒犯罪，属于涉毒高危场所。在这些场所应成立专门的联防队伍和治保组织，建立、健全民警值勤巡逻制度。可设计为按涉毒高危场所的地理布局分成合理单元，每个单元内采取专人负责，根据不同场所的不同涉毒情况采取有针对性的管理方法。同时，通过明确涉毒高危场所管理者的责任，以加强场所内部对吸贩毒情况的控制。

2. 检查清理易涉毒场所。对公共娱乐服务场所、旅店、宾馆、网吧、棋牌室等易涉毒场所开展检查清理，有针对性地打击整治，通过检查场所禁毒基础管理和涉毒活动，取缔涉毒娱乐场所，营造良好社会氛围。

3. 清理铲除毒品生产场所。毒品生产场所有两种类型的划分：传统毒品的生产场所和新型毒品的生产场所。前者基于传统毒品必须依赖于作物种植这个特点，一般分布在适合罂粟种植、生长的贫穷、落后、偏远、边境地区。由于有作物的大范围种植，并且需要经过一段时期的生长周期，通过卫星勘察、飞机巡视和实地踏查等技术手段，能够比较容易地发现。后者由于新型毒品是化学合成毒品而无需依赖作物种植，导致不需要大片的、固定的种植空间，具有灵活、机动、更加隐蔽和化整为零的特点，一般不容易被发现。新型毒品生产场所的最大特点是隐藏于人民群众之中，从而具有更大的迷惑性和伪装性。

（三）高危物品监控

1. 监管易制毒化学品。当前泛滥的新型毒品均是由一些易制毒化学品加工而成的合成毒品，对其进行监管控制的及时性和有效性则关系到防止这些毒品传播的效果。首先，要对易制毒化学品的买卖运输实行许可制和市场准入制，通过明确管理者责任，让易制毒化学品的管理置于阳光之下。其次，加强重点药物管理。针对康泰克等含麻黄素类药物容易被毒品犯罪人利用，提炼受管制的麻黄素后用于制造毒品的情况，公安机关和药品监管部门要加强对此类药物的监管，严格管理企业间的交易行为，并要求零售药店核实、登记购买人身份信息，控制单次购买数量，堵塞漏洞。

2. 强化对毒品堵源截流。针对毒品犯罪活动的规律特点，按照"因地制宜、突出重点、合理布控、动静结合、多警联动"的工作原则，逐步构建起公安、海关、机场、铁路、交通等多部门各司其职、各负其责、通力协作的"海陆空"全方位、立体化的缉毒堵源截流网络和工作机制，最大限度地堵截毒品流入。

三、毒品犯罪的事后预防对策

事后预防，又称为再犯预防，就是要预防毒品违法犯罪人，再次实施毒品违法犯罪行为。即预防吸食毒品者再次吸食毒品，贩毒者再次犯罪等。

（一）预防重复吸食毒品

1. 收容强制戒毒。强制戒毒，是指对吸食、注射毒品成瘾人员，在一定时期内通过行政措施对其强制进行药物治疗、心理治疗和法制教育、道德教育，使其戒除毒瘾。我国当前实行的是强制戒毒占垄断地位的戒毒运行方式，即把戒毒的管理、规划与执行的基本动力和效果寄于公安或者戒毒警察的强制行为。

2. 社区预防。所谓社区预防，是指以定期尿检为基础，让戒毒者接近社会，并向社会公开，使其在常态社会中进行生活和心理矫正，并包括帮助其建良好的人际关系和家庭联系，培养生活自信心，提供就业机会等后期安置工作。完善以尿检为主体的吸食毒品人员帮教工作机制，科学帮助吸食毒品人员自控和摆脱毒瘾，巩固戒断率。

（二）刑罚预防

刑罚之所以能够成为犯罪预防体系中不可缺少的手段，就在于它具有强制限制或剥夺犯罪人再次实施严重社会危害行为的功能，即再犯预防功能。通过剥夺或者限制犯罪人的人身自由甚至生命的方式，从而完全预防其实施再次危害社会的行为，而这一功能又恰好可以弥补事前预防措施的不充分性。

📖 拓展阅读

最终我坐着轮椅被推出了首都国际机场[1]

一氧化二氮，俗称笑气，是一种无色有甜味的气体，有麻醉作用，可用于牙科手术。近年来有许多年轻人会在派对、酒会、音乐节等活动时吸入打在气球中的笑气，使身体短暂缺氧，兴奋放松。但在享受"玩气球"的快感的同时，自身也会受到损伤，可能会有后遗症。因此"气球"虽未列入毒品名录，但不可轻视。

"酒可以喝，迪可以蹦，烟可以抽，如果要打气，对不起，我们不认识。"我爸爸妈妈应该没有想到，我是坐着轮椅被工作人员推着出现在北京首都机场。他们当时震惊伤心的表情是我这辈子都不愿意去回想的画面。他们的宝贝女儿，送出国这么多年，学位没有拿到反而像个傻子一样被人送回来。他们开始自责这些年把我一个人放国外，对我的关心不够；我心里也难过，当初没碰气球应该多好。不知道什么时候西雅图开始流行起了吹气球，微信里到处充斥着贩卖气球的留学生，对于没有抽过烟没有喝过酒的我很是新鲜。于是一直蠢蠢欲动，闺蜜拧不过我，带着我去烟店买了几盒所谓的气弹。我跟闺蜜发誓我就尝尝是什么感觉，可是第一次之后我就开始沦陷了。

那几个月我花了几十万去干这件毫无意义伤人害己的事情，一直到今天我都还是

---

〔1〕　参见"最终我坐着轮椅被推出了首都国际机场"，https：//www.jianshu.com/p/57dacd3b586e，2017-7-8。

不能独自行走。我已经伤害了自己和家人朋友太多次，我看着周围同龄人该上学的上学，该工作的工作，该结婚的结婚，只有我一个人每天在医院过着这不正常的生活。

2016 年 11 月 12 日

我的心脏嘀了一下，我从睡梦中惊醒，我知道这是我的身体在提醒我不要死去。我迷迷糊糊地坐起来，看了看手机的十几条未读微信，我不知道我在半夜醒来要做什么，没有谈恋爱，没有去上学，在国外的日子浑浑噩噩。

我在思考我从哪里站起来，因为地上全都是外卖盒子，还有狗的屎尿。我小心翼翼地一步一步挪到沙发上坐下，嗓子痛得已经说不出话来，连喝水都困难。我的化妆桌上有几十只口红，有 laduree 的花瓣腮红，有香奈儿粉底液，还有 Lamer 一整套的护肤品。我是一个很爱漂亮的女孩子，我最喜欢做的事情就是坐在那里打扮自己然后开开心心地跟朋友出去玩，可是我好像已经很久没出门了。

2016 年 11 月 18 日

我感觉我的手和脚都开始变得很麻，我想伸手去拿面前的杯子，拿不起来。我瘫坐在椅子上，用力呼吸满屋子的腐烂空气味。我突然觉得人活着真的好难，每时每刻都在胡思乱想甚至出现幻觉。过马路的时候被车撞倒就会死去，眼睛里面进了东西可能还会瞎，我的狗会不会在我睡觉的时候把我吃掉，我喝水喝多了会水中毒不喝会死，以后生孩子可能因为难产死去。

我越想越绝望，感觉随便做点什么都会发生意外。我突然觉得周围的一切变得好陌生，我看着我刚才想拿起来的杯子，我在想这是用来做什么的。我的手开始起泡脱皮，护手霜就在桌上，我懒得伸手去拿。头发都已经一个礼拜没有洗了，还能管手？

2016 年 11 月 20 日

我已经一个星期没有出门了，我准备好好地洗个澡带我的狗去附近的公园玩。我的狗因为害怕奶油瓶的巨大响声，已经跟我不是那么亲近了。奶油瓶把我的手弄得到处起皮，还把我的大腿冻出了一个大窟窿，但我还是每天 15 个小时拿着它。我洗澡的时候发现我前胸和肚子上都有红色点点的小包，一片一片的，我有点冷漠地看着仿佛不是自己的身体，这一切好像显得不再重要。

2016 年 11 月 25 日

朋友来拖我出去逛街，说再不出门会闷死的。到了商场的停车场，下车闺蜜上来挽着我的手一起走。应该就 15 步，第 15 步的时候我扑通一下跪在地上。我以为我绊到了小石子摔跤了，我想站起来，却发现我竟然动不了我的双腿。我控制不住它们了，旁边的人赶快扶我起来，我刚站起来又扑通一下摔在了地上。

我的腿已经完全动不了了，他们帮我抬回家跟我说我多喝点水，明天就能动了。我开始过上了爬行生活，我像动物一样爬着去卫生间，像动物一样爬着给送外卖的开门，我知道我现在在别人眼里毫无尊严。

2016 年 12 月 10 日

我好几天没有睡个踏实觉了，因为我的心脏在我睡着了以后会突然抖一下，而且我睡觉的时候开始不会自动呼吸了，我感觉我随时都可能猝死。我想到了我的爸爸妈妈，他们在我初中的时候就送我到国外接受最好的教育，我很爱他们。可是我醒来不知道自己在哪，周围一切好陌生……

2016 年 12 月 24 日

今天是美国的平安夜，外面很热闹。我却在我的床上看到了尿和大便，原来我大小便失禁了，空气里除了腐烂的食物现在还有恶臭味。我慢慢地回想着以前，有一次朋友在我床上吃东西掉下了一点渣渣，我立刻发毛把床单拿去洗了。我再看看满床的小便大便，算了就这样吧，不用爬着去卫生间了。我变成了大家都讨厌的人，因为满身的小便和大便。

2016 年 12 月 25 日

朋友来看我，进我房间立刻惊呼。我满身屎尿被抬上了救护车，我出现了幻觉，感觉有人要追杀我。医生一直不停地问我叫什么名字，年龄多大了，知道现在是白天还是黑夜吗？我想了半天，告诉他们我现在很难受，请他们去问我朋友关于我的信息。但医生说需要亲自回答。我又想了半天告诉他们我的名字，但是我忘记了我今年多大，还有我不知道现在是不是白天。我努力解释我在家睡着觉就被救护车抬来医院了，我不知道现在是什么时候。

医生让我冷静，先睡一下。不知道睡了多久后，我被叫醒了。医生又开始问我叫什么名字，是哪一年出生的。

我停顿了几秒觉得很生气，我说医生你觉得这样很好玩吗，这些问题这么幼稚为什么反复问。

医生笑笑说，那就回答啊。

我突然发现我忘了我叫什么，不对，我没有忘记我叫什么，是我根本听不懂医生在说什么了。我痴痴呆呆地坐在那里不回答医生，旁边的朋友看着一直在流眼泪……

2017 年 1 月 1 日

我被送回中国北京。

躺在医院里，我想想自己还挺年轻的。我想去学茶艺，去学给狗美容，还想去学修汽车。等我治疗康复了，我一定要去好多好多地方玩。热浪岛的海风，罗马的战场，法国的铁塔，在美好的青春里有大把大把事等着我去做。

但愿这一切我还来得及去完成吧。

🖐 实训项目 ⌐

根据本单元内容，请以班级为单位策划并组织一次禁毒宣传活动。

学习单元十五

盗窃犯罪与预防

📖 学习导语

防范犯罪于未然胜于惩罚犯罪于已然。

📖 学习情境1

2008 年 12 月 9 日，深圳机场 B 号候机楼二楼出发大厅。当天上午 8 时 20 分左右，梁某（女，今年 40 岁，是河南开封人）如常在机场候机大厅里打扫卫生。当她第一次走到 19 号登机柜台时，看到垃圾桶附近有两个女乘客带着一个小孩在嗑瓜子，她们中间有一辆行李车，车上放着一个类似方便面箱的小纸箱。过了五六分钟，两位旅客急急忙忙跑进安检门。梁某第二次来到 19 号柜台垃圾箱旁，看到那个小纸箱还在行李车上，以为是她们丢弃的，左右看看也没有人，就顺手把小纸箱当作丢弃物清理到清洁车里。然后梁某继续在大厅里工作。约 9 时左右，梁某走到大厅北侧距案发现场约 79 米远的 16 号卫生间处，告诉同事曹某称自己"捡"到一个纸皮箱，里面可能是电瓶，先放在残疾人洗手间内，如果有人认领就还给人家。

9 时 40 分左右，梁某和其他清洁工聚集在 3 楼一起吃早餐，期间梁某又告诉大家其捡到一个纸箱，比较重，可能是电瓶。这时另一名清洁工马某就提出去看一下，如是电瓶就送给他用于电鱼。于是马某和曹某就到楼下放纸箱的残疾人洗手间，打开纸箱后发现里面竟然是一包包的黄金首饰。两人取出两包首饰一人分一半后就离去了。快下班时曹某看到梁某，告诉她捡到的纸箱内装的可能是黄金首饰。梁某不相信，来到那个洗手间从纸箱拿出首饰查看，并拿一件首饰让同事韩某拿到大厅内的黄金首饰店询问。韩某回来告诉梁某，这首饰和首饰店里所卖的黄金首饰是一样的。梁某以为韩某跟自己开玩笑，觉得这么贵重的东西不可能没人要，顶多是从路边小摊买的假首饰。反正是捡的又不是偷的，不如下班拿回家给小孩子玩或送给亲戚朋友。中午下班后梁某就把小纸箱带回自己家中。

到了 16 时，梁某同事曹某在她出租屋楼下喊，说你捡的东西，人家失主报警了。梁某告诉曹某，说明天上班交上去不就行了。傍晚约 18 时左右，两个人来到梁某家，说他们是警察，问她是否捡到一个纸箱。梁某确认他们真是警察后，就主动从床下拿出那个纸箱交给他们。警察把梁某一家人带到派出所。

原来，当天上午 9 时许，机场派出所接到了一位叫王某的男子报案，说自己是东莞市厚街镇永泰东路金龙珠宝公司员工，早上 8 时许在 19 号柜台前办理行李托运手续时，机场工作人员告诉他贵重东西不能托运，他于是马上到距离 19 号柜台 22 米远的 10 号柜台找值班主任咨询，却把装有 14 公斤黄金首饰的纸箱放在行李车上，而该行李车就停放在 19 号柜台旁边的垃圾桶处。10 分钟后，当王某返回原处，发现纸箱不见了，便急忙向警方报警。

深圳市公安局侦查终结后，以涉嫌盗窃罪把梁某案移送深圳市人民检察院审查起诉。深圳市人民检察院办案人员认为以盗窃罪起诉不妥，遂移交深圳市宝安区人民检察院审查起诉，而宝安区检察院的办案人员却倾向于梁某涉嫌构成盗窃罪。2009 年 9 月 25 日，检察机关认定梁某盗窃罪的证据不足，不构成盗窃罪，但涉嫌侵占罪。9 月 26 日，失主回应，不会对梁某提起诉讼。

项目一　盗窃犯罪的涵义

一、盗窃犯罪与盗窃现象

盗窃是指采取秘密的，不为人知的手段或者方式窃取他人财物的行为。盗窃犯罪不仅仅是指已经触犯刑法的盗窃行为，还包括一些尚未纳入刑法的评价视野，但是使他人财产蒙受损失的盗窃行为。

盗窃现象在动机上表现为行为人意图窃取财产或财产性利益，在手段上表现为偷盗、扒窃等，在结果上表现为被害人损失财产或行为人窃得财产。有研究发现，盗窃行为人"在性格上呈现偏差，除个性懒惰占首位外，亦具有好奇、冒险及缺乏抑制力等特性，而少年盗窃累犯具有较高之外向、神经质、精神病、精神官能症等倾向，且自我概念趋于消极、不健全，有更多之冲突与变态现象"，"盗窃累犯在学生时代较常有严重的偏差行为，长大后恶性也较严重"。

二、盗窃犯罪的危害

（一）导致严重的财产损失

犯罪分子选准作案对象和地点后，往往连续作案，频频下手，"贼不走空"。如果没有盗得钱物，还会发泄情绪，故意损害受害人的其他财产，并且可能临时起意，伴有其他犯罪行为的发生，由一罪衍生出数罪。

（二）盗窃行为暴力化，容易造成被害人身体和精神伤害

盗窃行为人作案时常常夹带凶器，一旦被发现，就会使用凶器反抗，采取暴力手

段，致使他人遭受极其严重的人身侵害。此种情形，盗窃案特别是入室盗窃案，会演变成抢劫案。

（三）严重影响社会治安的稳定性

盗窃行为直接严重侵害公民的人身和财产安全，而且盗窃行为发生频率高，挑战社会治安的稳定性，负面影响渗透到社会机体的其他方面。

项目二　盗窃犯罪的特点

学习情境2

2006 年 4 月 21 日 22 时，被告人许某来到天河区黄埔大道某银行的 ATM 取款机取款。结果取出 1000 元后，他惊讶地发现银行卡账户里只被扣了 1 元，狂喜之下，许某连续取款 5.4 万元。当晚，许某回到住处，将此事告诉了同伴郭某。

两人随即再次前往提款，之后反复操作多次。后经警方查实，许某先后取款 171 笔，合计 17.5 万元；郭某则取款 1.8 万元。事后，二人各携赃款潜逃。

同年 11 月 7 日，郭某向公安机关投案自首，并全额退还赃款 1.8 万元。经天河区法院审理后，法院认定其构成盗窃罪，但考虑到其自首并主动退赃，故对其判处有期徒刑 1 年，并处罚金 1000 元。而潜逃 1 年的许某，17.5 万元赃款因投资失败而挥霍一空，同年 5 月在陕西宝鸡火车站被警方抓获。

广州市中院审理后认为，被告许某以非法侵占为目的，伙同同案人采用秘密手段，盗窃金融机构，数额特别巨大，行为已构成盗窃罪，遂判处无期徒刑，剥夺政治权利终身，并处没收个人全部财产。许某随后提出上诉，2008 年 3 月，广州中院认定许某犯盗窃罪，判处有期徒刑 5 年。许某再度上诉，2008 年 5 月，广东省高院二审驳回上诉，维持原判。

学习情境3

被告人王某原系南昌市商业银行东湖支行李家庄二级支行的保安，同时兼代收客户以现金方式交纳的水电费并指导客户使用自助终端机。2007 年 4 月始，王某利用工作便利在自助终端机上先后猜测到 78 位储户的密码、账号，并以化名"王剑波"的假身份证在商业银行开设 2 个账户，用于转账支取款项。自 5 月 1 日至 4 日，王某在自助终端机上分 84 笔，通过储户邓某的账户为中转账户或直接经转账的方式，将 78 位储户共计 235 372 元的存款转至"王剑波"账户上，并于 5 月 1 日、2 日从该账户支取现金 23 500 元。当银行追查时，王某 4 日下午从该账户中支取现金 20 万元，藏匿于家中，当日被抓获。案发后，追缴赃款 20 万元，王某挥霍 2.31 万元，余款在账户中未支取。

检察院以王某犯盗窃罪向法院提起公诉，王某辩护人认为王某是利用职务之便利秘密窃取商业银行的巨款，构成职务侵占罪。法院审理后以盗窃罪对被告人王某定罪处刑。

一、盗窃犯罪时空特点

犯罪现象作为人类社会生活中某些失调状态或者矛盾、冲突比较激烈的反应，在一定时空范围内对某种现实的社会价值和社会秩序的侵害，表现出相应的时空特性。盗窃行为受制的因素包括季节、社会活动的规律、社会群体的普遍作息等，在时间的分布上有明显特点。

（一）时间特点

1. 发案率自秋季开始提升，冬季的发案率最高。秋冬季节意味着家庭开始积累劳作后的收获。冬季的衣服厚实，人们感官反应迟钝，利于扒窃行为人得手。尤其是元旦、春节期间生活消费出现高峰，市场较为活跃，犯罪分子利用的机会增多。

2. 夜晚的发生概率大于白天。盗窃行为人利用工作日的早晨和中午，趁被害人外出工作，不在家中，进行盗窃。非工作日时此种变化规律恰恰相反，盗窃人因被害人熟睡之际入室盗窃的情况更为多发。

3. 入室盗窃有一定的季节变化和时间规律。入室盗窃案件多数发生在比较炎热的月份，被害人紧闭卧室的门窗休息或外出度假的时机，利于盗窃者进入家中的寻找盗窃机会。

（二）空间特点

盗窃犯罪活动有发案高发点、高发带、高发线和高发区。盗窃犯罪多以大中城市的人流密集区或院校集中的区域为重点，这些地方财物集中，数额较大，且被害人的防范意识弱，易于得手。另外人口密集便于得手后藏匿，不易被发现；交通发达，便于潜入逃出；便于犯罪分子的集结、联络和流窜。

二、盗窃犯罪对象特点

📒 **学习情境4**

2015年5月底，舒女士和往常一样去外面进货，临走前，舒女士还特地检查了一下卷帘门，见门已经锁好，舒女士就放心出门了，然而到第二天上午10点多，舒女士到店里时却发现卷帘门被撬开了，舒女士保护好现场的同时赶紧拨打了110报警，报警后警察赶到了现场，经过清点发现只是柜台上的物品被翻动了，但并没有丢失任何物品。

正当民警展开调查时，2015年6月初又有一个报警电话打到了派出所，民警赶到现场后发现，这一起案件与舒女士家商店被盗案作案手段基本一致，都是撬门进入店内，不同的是，这一次，商店内林林总总被盗的香烟等物品价值高达 2 万余元，民警调取监控发现，一名头戴带鸭舌帽的男子，在凌晨 2 点时进入店中，之后就径直到监控处将电源掐断。由于监控未能清晰拍摄到小偷的面孔，此时调查陷入僵局。

第三起盗窃案在月底再次发生，这次依旧是街边小商店被盗，盗窃手法与物品与上次基本一致，整个商店被盗物品价值达 1 万多元。

这一次，小偷就没那么幸运了，民警在一处监控中获得了小偷的清晰照片，在总结了这三起案子的所有资料，并经过长达 5 个月的细致调查走访后，犯罪嫌疑人杨某某的身份终于浮出水面。

正所谓"常在河边走，哪有不湿鞋"，2015 年 11 月底，民警辗转多地将犯罪嫌疑人杨某某一举抓获，经审讯，杨某某 1 月份从自己上学的学校毕业后到一家企业上班，仅仅干了三四个月就辞职了。据杨某某交代：自己辞职后也没敢和家里说，一直无业至今，而自己平时十分留恋网吧，可以说是"无网不欢"，由于自己没有收入，为了维持自己上网的费用，就生出盗窃的想法，正所谓"月黑风高夜，入室盗窃时"杨某某决定在凌晨时分进行第一次盗窃，很快杨某某把舒女士的店选做了第一次盗窃的目标，杨某某撬开门后，由于经验不足，在舒女士店中翻找了好几个抽屉却没有找到现金，而且舒女士是卖女装的，带走了也不好处理，就无奈离开了。6 月 2 号，杨某某由于囊中羞涩，再次出来寻找作案目标，由于有了上次的教训，这次杨某某选了一家百货商店动手，撬开门后杨某某将店里的现金席卷一空，同时把店中的香烟盗走，总价值近 2 万余元，尝到了甜头的杨某某并没有罢手，而是接连出手，前后总共盗窃 5 起，涉案价值近 3.5 万元。就这样，杨某某一步步坠入犯罪的深渊，最终因盗窃被刑事拘留。

犯罪目标必须符合盗窃犯罪行为所指向的标准。盗窃犯罪，首先必须有一个适合的犯罪目标，而盗窃行为人在寻求合适的犯罪机会之前首先选定的是供其欲望所求的合适的标的物。盗窃罪作为一种财产性犯罪，其合适的标的物往往以财物的身份出现，并且只能是有体物。

（一）价值性

即符合犯罪人谋取财物所具有的价值，可以是心理上给予盗窃者的满足也可以是物质方面的利益。

（二）物理特性

物体本身所具有的特性是犯罪人实施犯罪时必须考虑的因素。为了将被盗物品运出、携带、变卖，犯罪人在采取犯罪行为之前首先要考虑的是标的物的外在表现形式，包括是否便于携带、是否易于毁坏等。

（三）显著性

标的物具有吸引盗窃犯罪人的特性，易于被盗窃者发现才能让犯罪者产生犯罪欲望，为之付出实际行动。

（四）易接近性

标的物所处范围没有良好的安全防范设施，防盗功能不强，易于盗窃行为人接近、得手。

三、盗窃犯罪方法和手段

传统的盗窃犯罪，犯罪行为主要有扒窃、入室盗窃、机动车辆盗窃、盗窃融机构等实体性的盗窃行为。随着科学技术的日益进步和迅猛发展，盗窃犯罪分子的作案手段日益高明和发达，呈现明显的智能化趋势，一些高科技产品、高科技知识和一些高科技能力都被运用到犯罪中来了。例如，盗窃犯罪中运用的智能开锁技术和计算机程序，伪造银行门禁刷卡器盗取用户银行和密码，使用汽车遥控钥匙干扰器来实现车内财物盗窃。总体而言，盗窃犯罪呈现以下特点：

1. 多有预谋窥测踩点过程。
2. 流窜作案是当前盗窃方式的总特征。
3. 犯罪手段多有习惯性和连续性。
4. 盗窃完成后普遍具有销赃行为。

四、盗窃犯罪主体特征

在传统犯罪中，实施盗窃行为的人常常被称之为"小偷"或"贼"，盗窃行为的主体往往比较简单划一，现在的盗窃犯罪分子表现出新的特点如下所示：

（一）主体人群的集中性

除了因贫致盗和临时起意偷盗的外，盗窃犯罪的主体大部分集中在"黄、赌、毒"人群中，这类人群收入不稳定、需求迫切。

（二）团伙性

单独实施犯罪的现象越来越少，团伙、结伙作案的形式越来越多。团伙盗窃之间有严密的组织，有严格的分工，有人负责踩点，有人负责把风，有人负责实施，有人负责销赃，形成远近结合、内外勾结的作案特点。

（三）低龄化

未成年人盗窃行为的增加使盗窃表现出低龄化的主体特征。未成年的盗窃行为人包括因失学流浪社会的主动主体和被成年人控制的被动主体。未成年人作案不容易引起注意，且容易受成年人控制，这种情况往往是成年人暗中操控，一群未成年人在其指挥下进行盗窃，一旦失手，成年人迅速离开现场，被抓获的是未成年人，未成年人对部分行为可以不完全承担刑事责任，所以在盗窃犯罪中未成年人作案越来越普遍。

（四）特殊人群

盗窃犯罪中的特殊人群指的是利用与生俱来的身份特点或身体健康情况的特殊性

进行盗窃的人群。与未成年的盗窃行为人相似，特殊人群实施盗窃行为一般不容易引起注意。有的扒窃团伙中的孕妇作案或怀抱婴儿的女性犯罪嫌疑人作案，虽然被抓，因按规定无法关押，只好取保候审，无形中造成了对其打击的困难。少数民族犯罪嫌疑人利用刑法关于语言方面的规定，规避法律的制裁。聋哑扒手、残疾扒手他们抗审心理强，且在审理、关押和适用法律等方面存在诸多实践性难点问题，大多数对象只作一般治安处罚。

项目三　盗窃犯罪的原因

学习情境5

小曼，系浙江省台州市一家舞蹈中心的舞蹈老师，面容姣好，笑起来相当甜美，深受小朋友的喜欢，小朋友们都热情地称呼她为花小曼。如果不是民警找上门来，很难把她和一个"惯偷"联系在一起……

小曼的父母经商，家境优越，因为是家中独苗，父母恨不得把星星月亮摘给她，满屋的芭比娃娃，深受小伙伴们羡慕。为了给她提供最优质的教育，4岁时，父母把她从老家送往上海学习舞蹈，租了房子，请了保姆，家对她来说，只是空荡荡的房子，无尽的黑夜。10岁时，父母离异，这个原生家庭给她的除了物质真的不能再多一丝一毫。一次偶然的机会，她随保姆去小超市，看到小超市阿姨抽屉里的小灵通手机，一时起意，就顺手拿走了，紧张而略带刺激，事后竟没被察觉，该小灵通还一直锁在她的柜子里，从此一发不可收拾。据她母亲说已经记不得有多少次这样的过程：被抓，赔偿损失，求得原谅，表示悔过，下次再犯，再赔偿……上学期间因病理性盗窃被劝退学，后受聘于台州某舞蹈培训机构，因盗窃被行政拘留2次、被判拘役2次。

2018年1月的某天，小曼来到台州某商场一楼某专卖店购物，萌生盗窃念头，趁店内工作人员不注意，将该店内的2件毛衣和1件大衣顺走，总价3000多元，后退赔6000多元，并取得店长的原谅。2018年2月15日，正处于监视居住期间的小曼来到某超市，取走饼干、糖果等零食后未付钱离开。次日，又拿走矿泉水、巧克力等被超市保安人员抓获，经清点价值130余元，母亲称小曼有病遂又加倍退赔人民币600元并取得超市谅解。

从司法实践看，"病理性盗窃"案件有一些不同于一般盗窃案件的特点：犯罪嫌疑人一般具有正当的工作与稳定的收入，生活无忧，而且个别案例中的犯罪嫌疑人还是当地知名人士，社会地位较高；犯罪嫌疑人难以控制自己的行为，见到他人物品时情不自禁想窃取，盗窃成瘾；被盗物品多样，不仅有价值较高的物品，还包括一般的生活用品、衣物。此外，有些犯罪嫌疑人盗窃成功后不会使用或出卖窃得的物品，而是将物品摆放在一起欣赏。因此，这种盗窃的社会危害性比一般盗窃行为要低。检察官建议，对病理性盗窃的法律制裁，可以进一步明确相关条文，尤其是进一步完善相关司法鉴定程序，这样既能给这些"病患"以改过自新的机会，也能防止个别人利用法律漏洞规避法律责任。

一、经济原因

经济因素是导致盗窃犯罪发生的主要外因。古谚云："饱暖思淫欲，饥寒起盗心。"盗窃属于经济驱动型犯罪，个人的经济状况对于犯罪发生往往有实质的影响，不少盗窃犯罪都是由于贫穷而引发的。因为贫穷可能意味着失去在社会中生存的基础，为了满足生存之需求，人们可能会不择手段甚至是犯罪。在经济足够充裕，能够较好地生活时，很少有人会选择盗窃，因为相较而言，盗窃罪的成本明显高于收益，很少有人愿意为了获得财物而触碰司法的禁区。

二、社会原因

失业是社会经济发展过程中的产物，对于失业者和无业者而言，在没有找到合法的生活方式以前或者在没有获得生活救济的时候，丧失正当的物质生活来源。此时对物质生活资源的需求成为绝对优先的需要，而且这种需要非常强烈。当盗窃的时空条件具备时，行为人极有可能愿意采取这种通过使用违法犯罪手段参与社会资源分配的方式去获得物质资源，并且这种可能性随着行为人对物质生活资源需求的强烈程度上升而上升。

另一方面，物质财富的增减和经济活动的频繁为盗窃犯罪提供了更多的目标和机遇，加上社会管理的疏漏和公民自我保护与防范意识不强，使行为人容易得逞。犯罪机会存在，犯罪成本降低，刺激产生了更多的犯罪动机。

而在心理层面上，美国社会学家斯托夫曾经使用"相对剥夺感"一词来解释相对贫困更容易导致包括诸如盗窃等财产犯罪在内的犯罪问题。贫困不一定会产生犯罪，但是因贫困而产生不满会导致犯罪的发生。在富裕国家的相对剥夺的人们中间比在贫困的真正被剥夺的人们中间更有可能因贫困而产生不满情绪。斯托夫认为，人们具有将自己的收入与地位、空间接近的人进行比较的倾向，当自己的收入不如别人的时候，便会产生相对贫困的判断，进而产生被剥夺的感受，这种"相对剥夺感"成为一些人实施盗窃犯罪的心理动因。

项目四　盗窃犯罪的防范对策

学习情境6

2018年6月，韩国有一段视频在网上流传，引起网友纷纷"点赞"。视频中，一名

12 岁的少年在警察局外徘徊，手中还拿着一张悔过书，被警察发现后，男孩哭诉是妈妈让他来自首。

原来少年表示因为没有拿到零花钱，自己偷拿了妈妈 1 万韩币（折合人民币约 60 元），事后自己也很后悔，没有给家里帮忙还让妈妈伤心。妈妈知道后，作为惩罚，让少年写悔过书并交到警察局找警察叔叔签字，并保证以后再也不偷东西。

当事警察局了解情况后，表示这位少年的母亲很了不起，为配合其母亲的教育方式，口头教育了少年，并在少年的悔过书上签字。

一、社会预防

（一）家庭预防

家庭是人类最早接触的场所，在人类社会化过程中发挥着启蒙的作用。充分发挥家庭的教育指引功能，可以抑制和减少犯罪的发生。原生家庭破碎，父母管教方式不合理的家庭，相比较完整、有爱的家庭，更容易使人产生盗窃的心态。家庭在承担预防盗窃犯罪的功能主要依靠两点：其一，父母对子女的良好教育。子女在青少年的成长过渡期时，通常会表现出对一些无价值或者少价值但又明显需要的物品会有渴望占有的心态，对这种现象父母应以身作则，采取科学的教育方法和教育态度，正确地培养和教育子女，使子女从小形成良好的个性品质和健全的人格。其二，家庭成员之间要相互体恤关爱。大部分盗窃行为人在成长过程中，往往是处于亲子关系比较极端的家庭，要么家长过度纵容，要么家长过度苛刻，亲子间没有平等和互相尊重的关系。行为人得不到正常的精神与物质满足，就通过盗窃、偷拿的方式实现自我心理需求。因此，若发现有盗窃、偷拿的行为倾向时，家庭成员应对其加以疏导，多多沟通，及时化解其不良心理，释放其不良情绪，遏制其犯罪人格的形成，减少犯罪的发生。

（二）学校预防

学校是青少年在成长期中生活时间最长的场所，其重要性不言而喻。但学校本身也是盗窃犯罪的高发地。面对学生中潜在的盗窃犯罪行为和学生容易成为被盗的对象，学校可以采取相应措施预防盗窃犯罪的发生。一是学校要强化素质教育。针对广大青少年学生的不同特质，采取科学的教学模式，帮助广大青少年学生形成正确的世界观和价值观。青少年是社会中最富有朝气的一个群体，能够以其特有的敏感对社会上出现的各种思想和观念做出迅速的反应。对于社会上的很多思想流弊，青少年是能够有所察觉并自觉抵制的，但是拜金主义、享乐主义等会对他们的人生观和价值观产生难以察觉的影响。学校引导学生用正确的物质利益观念和价值取向、积极的人生目标构筑思想的主线，抵制不良思想的侵袭。既要通过多种途径对他们的物质消费进行指导，防止物质需要的过度膨胀，还要帮助其树立依靠自己的奋斗获得物质条件的观念，更要鼓励他们追求更高层次的精神需要，引领青少年体会精神满足所带来的强烈幸福感，形成正确的人生价值判断和积极的人生目标。二是健全贫困学生救助体系。为了预防因贫困而导致的青少年侵财犯罪，要进一步健全贫困学生救助体系。首先，完善助学贷款制度。奖学金和补助相比，国家助学贷款更能有效解决贫困学生的生活困难。其次，给予经济帮助的同时，还要关注心理健康。贫困学生比其他学生面临着更大的心理压力和焦虑，容易产生自卑心理和人际交往方面的问题。最后，要为贫困学生的就业和创业提供机会。这不但可以帮助他们偿还助学贷款，也能够使他们避免因为对前途的悲观而走上犯罪道路。

（三）社区预防

学习情境7

英国的邻里守望组织始于 20 世纪 80 年代初，在国家相关机构支持和公众认可下，邻里守望得到了较快发展，目前已成为英国最大的志愿者组织之一。

邻里守望是最大和最成功的预防犯罪措施，该做法基于一个简单思想，即邻居们行动起来，互相帮助就可以遏制犯罪。邻里守望不仅仅是预防犯罪，更多的是关注社区安全。它引导当地民众团结互助，为改善他们的生活作出实际贡献。守望组织对那些易受伤害的邻居承担责任，帮助减少犯罪和对犯罪的恐惧，使居民们互为好邻居。

邻里守望最初是为了减少入室盗窃。但是，随着时间的推移，邻里守望无论在形式和内容上都逐步有了新的发展。形式上，在继续做好邻里守望的同时，逐渐增加了农村守望、商务守望、河道守望、旅店守望、马路守望等；内容上，在继续坚持以预防犯罪为核心工作的基础上，逐步增加了制止故意损坏公共或他人财物等行为，禁止涂鸦、遗弃汽车等行为。

邻里守望的价值观是守信、负责、透明、关爱、真实、包容、可持续和独立。目标是通过提升公众警惕性，加强家庭安全措施，培育社区互助精神，密切伙伴间的合作，及时发现犯罪和可疑事件并向警方报告，帮助人们保护自身及他们的财产安全，抑制犯罪和不良行为，建设治安稳定、安全防范能力强、生活工作环境良好的社区。

社区作为社会成员生活的最主要场所，也是犯罪发生的主要空间，社区预防毫无疑问地在预防犯罪活动中发挥重要作用。首先，推进公安基础工作，加强社区巡逻，及时发现安全隐患。公安机关全面整合情报、指挥、巡逻、视频、卡口五位一体的警务资源，把建设立体化治安防控体系机制推进到社区，与交通检查站、治安卡点相呼应，严密构筑入室盗窃犯罪防控网络。其次，邻里守望和群防群治是社区预防的主要措施。城市是陌生人的社会，多数社区的居民基本不了解邻居的基本情况。陌生的邻里关系，给窃贼以可乘之机。通过邻里守望（neighborhood watch）的相互接触、熟悉、关心、帮助，将共有的居住环境作为直接生活的一部分，形成共同防御外来侵害的意识。邻里间的相互帮助，可使预防盗窃犯罪变被动为主动，达到有效预防治理目的。

二、治安预防

（一）加强户口管理

户口管理的内容包括户籍管理、居民身份证管理、暂住人口管理和重点人口管理。人口流动性（流出、流入）太大会导致盗窃犯罪的增加，也会导致相应的社会管理职能缺失，进而又造成了盗窃犯罪的高发。加强户口管理可以准确、及时地了解社会人口信息及基本情况，掌握重点人口动态，发现违法犯罪嫌疑人，限制和防范犯罪分子的破坏活动。

（二）加强公共场所治安管理

公共场所治安管理是指公安机关依照有关治安管理法规的规定，对公共场所的治安秩序进行行政管理的活动。这里的公共场所是指向社会开放，供人们进行社会活动的场所。例如，增加街面巡逻的频率、建立治安联防组织、设立治安耳目进行防范控制。

三、被害预防

（一）强化被害人的预防意识

被害预防意识其实就是要求社会成员形成警惕意识和防范意识，目的是使社会成员在遭遇特殊事件、应对敏感人物时具有敏锐的观察力和迅速的应变力。一方面，盗窃行为的被害人可以是具体的个人，社会中的每个人都可能是潜在的被害对象。强化个人的被害预防意识应当克服麻痹思想，主动发现并自觉消除自身存在的各种容易致害的因素，避免自己成为被害人；另一方面，社会群体和社会环境也可以是盗窃行为的被害对象，社会群体之间要有意识地培养并提高应对犯罪行为的心理承受能力，主动消除存在的盗窃隐患，互相增强彼此的被害预防意识，最大限度地减少犯罪行为所造成的损失。

（二）被害人对自我行为进行一定的约束

盗窃行为通常针对易侵害对象或发生在易侵害环境中，在这些对象或环境中，如果被害人通过暴露财物或张扬财物等行为，会使犯罪人或潜在犯罪人由正常的社会心理逐渐演变为犯罪心理，诱使其犯罪行为的发生。

四、情景预防

🗨 学习情境8⌐

纽约的一项对照研究表明，照明可以将夜间犯罪减少39%。

纽约市警察局、纽约市房屋管理局、科学研究小组 Crime Lab 与刑事司法办公室一

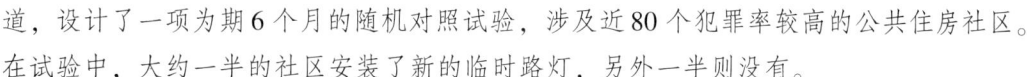

道，设计了一项为期 6 个月的随机对照试验，涉及近 80 个犯罪率较高的公共住房社区。在试验中，大约一半的社区安装了新的临时路灯，另外一半则没有。

研究发现，安装新路灯的社区的犯罪率明显低于没有新路灯的社区。提高照明水平能将所谓的犯罪指数总体减少 7%，在晚上，犯罪指数能减少 39%，2/3 的居民对新灯具感到满意。

虽然之前有关灯光对犯罪的影响的研究不多，但此次研究首次采用严格的随机对照试验（RCT）来衡量街道照明对犯罪的影响。

这项研究结果对纽约和世界各地的城市都有影响。纽约证明，照明有可能减少犯罪，同时降低监狱人口数量。

纽约警察局进行了警务创新，环境设计不仅可以影响犯罪，而且对诸如新路灯等自然环境变化的投资可以增加公共安全，并有助于减少城市范围内的犯罪。

（一）增加实施盗窃犯罪的难度

1. 目标加固。采取犯罪防控相关手段，增加犯罪标的物的坚固程度，设置阻止犯罪行为的障碍。靠近犯罪标的物旁设置物理性障碍，或者使目标本身设置保护性措施。例如，对于盗窃体积较大的无人看管的标的物，应尽量保障财物固定于难以瞬间移动的固定物上，增加窃贼的盗窃难度。

2. 出入口严格控制。对特别区域的进出采用"门禁制度"，需要电子通行令表明出入者身份，严格限制陌生人出入，合理限制单位时间内的人群进入量，分散人流。如住宅区、金融机构进出口处检查证件，引进现代门禁高新技术，使用公寓住房对讲系统、电子门禁卡、包裹行李自取显示屏等。加大盗窃者盗窃财物后逃跑的难度，大厦小区出入门可以使用刷卡验票制度，超市、杂货店普及货物电子条形码扫货管理。

3. 加强对盗窃犯罪工具和犯罪推动因素的管理和控制。犯罪工具可以有效地帮助犯罪人进行盗窃，降低盗窃的难度。控制犯罪工具或盗窃装置，禁止类似盗窃工具的买卖，加强市场管理，从而阻碍犯罪者获得工具。从治安管理的角度出发，对盗窃物的处理应采取"从严态度"，防止盗窃物进入市场流通，从而洗清其"赃物"的身份。

（二）提高盗窃犯罪被发现的风险

1. 加强自然监控。改善街面和门户的照明条件，有效避免夜色黑暗昏沉所形成的自然犯罪便利因素。

2. 完善报警系统。安装灵敏的报警系统，对建筑物的进出口采用视频监控和报警的结合系统，如仓库使用静态视频监控，对摄像头前没有物体移动的，监控屏幕采用静态单色画面或无画面显示，对物体移动的，恢复正常的视频监控状态，以此提高准确报警效率。

3. 加强日常关注度。提高警惕意识，对随身财物保持密切的关注，不露财、不张扬；对建筑物可以制造有人看管的假象，鼓励邻里联防。

（三）降低盗窃行为人的预期收益

1. 设置财产标识。对明显有价值的财物设置外观区别于其他物品的标识，标识不易被损毁、涂抹，增加财产的辨识度。

2. 增加盗窃行为的收益障碍。在赃物的流通和交易渠道设置非现金交易、来源登记、价值网上评估等措施，增加收益变现的障碍和难度。

（四）避免诱发盗窃行为的动机

1. 隐藏目标。隐藏财产，特别是财产存放的集中处，避免使人意识到财产的存放地点。

2. 公共场所减少拥挤程度。公共场所可以根据人流的拥挤程度，对人流进行疏导或疏散，减少排队时间，以便通过减少压力感来弱化潜在犯罪人的犯罪动机。

3. 设置有助于唤醒社会良心的公共标识。在公共场所采用设置标语、标识，播放提示广播，指示附近报警地点等方式，提高社会群体对人身和财物的关注度。对可能发生或已经发生的盗窃行为，可以明确求救方式，迅速采取有效制止措施。

📖 拓展阅读

英国"博物馆大盗"专偷中国文物，是阴谋还是巧合？[1]

2018 年 4 月 17 日 1 时左右，英国巴斯东亚艺术博物馆（MEAA）被盗，被盗物品包括清代玉鸳鸯、明代玉猴、明末清初的木盒、明朝一组金色牌匾和南宋的瓷器花瓶，可以说损失惨重。警方在接到报警后 5 分钟内赶到现场，但已经来不及了。警方称："由于盗窃的物品和盗窃的速度，4 个蒙面小偷是有计划地实施了本次作案，他们从博物馆一楼破窗而入，之后乘坐一辆深色 SUV 离开。"为什么小偷专偷中国文物？难道有什么特殊喜好？其实，东亚艺术博物馆是英国唯一一家专注于理解和欣赏东亚及东南亚艺术和文化的博物馆，在 1993 年开放。馆内收藏以中国艺术品为主（也藏有少数来自日本及韩国的艺术品），藏品包括陶器、玉器、青铜器等。博物馆内 2000 件永久珍藏品大多数源于中国，年代跨度 7000 年，从公元前 5000 年至今。馆藏的部分中国竹刻及木刻艺术品堪称整个欧洲同类藏品中的精华。现在警方正在抓紧破案。

无独有偶，4 月初，法国的多布雷博物馆也被盗，盗贼也是破窗而入进行盗窃，尽管触发了警报，但他们还是带着一个价值不可估量的 16 世纪的金匣子逃跑了。

前几天，美国密苏里州历史博物馆里一对名叫"圣路易斯市"和"天塔"的 19 世纪的宝石皇冠被盗，还是工作人员在周一的例行检查中发现。这对皇冠自 20 世纪 60 年代以来一直被收藏在博物馆，自 2005 年以来开始展出。当地警方已经介入了调查。

---

〔1〕 参见"英国'博物馆大盗'专偷中国文物，是阴谋还是巧合？"，https://mp.weixin.qq.com/s/zkcm-DGNJcsf3L7L_btH4Jw，2018-4-20。

话说世界级博物馆的防盗工作究竟是怎么做的？窗户难道是谁想开就能开吗？事实上，博物馆的安防系统并非固若金汤，否则也不会发生那么多盗窃事件，即便是顶级博物馆，也存在安全隐患。

一方面是安保的疏忽大意。对于博物馆来说，保安常常是防盗的主要力量。想要成为一名博物馆的保安，需要具备如下素养：

没有案底。为了确保安全警卫工作，入职博物馆前的员工背景调查是很重要的。善于观察，而且要果断。如果游客违反了博物馆的规定，例如在不应该拍照的地方拍照，或者离艺术品太近，一定要反应迅速，并在极端情况下要求他们离开。

对艺术有所了解。博物馆的保安人员必须训练有素，对艺术有所了解。他们不仅要能够协助游客游览博物馆，也能够回答关于艺术品的基本问题。

身体健壮，要有很强的体能，需要能够举起和操作一个50磅的灭火器。

还需要有出色的听觉、视觉和嗅觉，眼观六路耳听八方，可以敏锐地观察到周围的环境变化。

良好的书面和口头表达能力。因为撰写报告和向参观者讲话是这项工作的重要组成部分。

另一方面，博物馆屡屡被盗，防盗技术被各种限制也是个大麻烦。每个博物馆都有其自身的安全限制，例如博物馆的位置、安保预算、艺术品本身的影响等。例如，如果在文艺复兴时期的油画上放置传感器会被视为违反保险政策；如果博物馆位于历史建筑中，还会被限制改造。这样一来安全防范就很难做。

博物馆除了保障安全，还必须保证艺术体验。博物馆不是银行、珠宝店，展品是要拿出来展览的，或者做研究、做保养，设置太多机关游客也不能亲近，工作人员移动起来也很困难，安全和观赏性很难两全。

令人遗憾的是，博物馆的东西一旦丢失，找回来非常不容易。例如1990年两名小偷冒充警察铐住保安，从波士顿伊莎贝拉·斯图尔特·加德纳博物馆偷走价值5亿美元的13幅名画，至今还下落不明，近30年来，博物馆花了1000万美元悬赏，也徒劳无功。直到现在，随着技术发展，博物馆才能利用虚拟现实的技术让大家可以继续欣赏这些被盗的作品。

据《纽约时报》报道，根据FBI的数据，在所有博物馆失窃案中，90%以上都涉及某种形式的监守自盗。博物馆不被"职业"小偷青睐的原因很简单：绝大部分偷窃艺术品的人只能干一次，因为太困难，而且倒卖一件著名艺术品也几乎是不可能的事。高价艺术品失窃引发的广泛关注使被窃物品在贩卖时很容易被认出来。而且很少有人有足够的钱去买一件他们永远不能拿出来给人看的名作。

所以，被盗后最好的侦查方式通常是盯紧活跃在当地的盗窃团伙，并调查过去以及现在员工与犯罪分子之间可能存在的联系。加强员工背景调查并留心观察游客的举动也可以防止盗窃。

📝 实训项目 ⌐

根据本单元的学习内容，以学校为调查地点，调查大学生盗窃犯罪被害及预防情况，制作《大学生盗窃犯罪被害调查报告》。

一、调查方法

采用问卷调查和抽样调查的相结合形式，了解当前大学生受盗窃犯罪侵害的程度、被害原因、被害心理及被害需求等。问卷应当包括封闭式问题和开放式问题。

二、调查结果的统计与分析

（一）基本情况

包括被调查人的基本情况、被害人的基本情况和被害率、易被害群体的分析。

（二）被害时间

包括被害时间和易被害时间的统计与分析。

（三）被害空间

包括被害地点和易被害空间的统计与分析。

（四）受损财物、价值和报案情况的统计与分析

（五）被害人心理、被害人需求和被害影响的统计与分析

（六）被害原因分析

（七）大学生对盗窃犯罪的认识和社会治安的评价

三、结论

（一）调查结论

（二）调查建议

注意：在调查建议部分要突出盗窃犯罪防范对策的应用。

学习单元十六

未成年人犯罪与预防

项目一 未成年人犯罪概述

✍ 学习导语

穷养富养，不如好的教养。

✍ 学习情境1

北京石景山曾发生过一起震惊全国的绑架杀人案，4 名少年因没钱去网吧，其中一人提议说："我们可以做个大案，反正我们都不到 18 岁，法律不能判死刑。"于是他们绑架一名 16 岁的同学，勒索 150 万，还将其残忍杀害。破案后，4 名少年相继抓获，最终 2 名 17 岁少年被判无期，16 岁少年被判 15 年，15 岁少年被判 3 年。听到判决后，4 名少年竟相视而笑。

因为有"未成年人"的身份，就明目张胆作为免死金牌，甚至认为"犯罪要趁早"，钻法律的空子。14 岁之前要大干一场，16 岁之前也可以干，但是到 16 岁之后就要收敛。这些青少年并不是因为不知法而犯法。类似情节既令人震惊，又引人深思。

一、未成年人犯罪

根据国家统计局发布的数据显示，2016 年，全国未成年人犯罪人数为 35 743 人，比 2010 年减少 32 455 人，减幅达 47.6%。虽然未成年人犯罪人数呈逐年递减的趋势，但是未成年人犯罪手段残忍，后果严重，仍是一个严肃的社会问题。

根据我国《刑法》的第 17 条规定，我国未成年人的刑事责任年龄可以划分为 3 个阶段：其一，未满 14 周岁，无论触犯任何形式，均不负刑事责任。其二，已满 14 周岁未满 16 周岁的未成年人故意触犯了《刑法》第 17 条列举的 8 项罪名之一，应当负刑事责任。其三，已满 14 周岁未满 18 周岁，无论触犯何种罪名，均应负刑事责任，但应比较成年人犯罪从轻或减轻处罚。最高人民法院在《关于审理未成年人刑事案件具体应用法律若干问题的解释》中提到的"未成年人刑事案件"，是指被告人实施被指控的犯罪时已满 14 周岁不满 18 周岁的案件。

二、我国未成年人犯罪的现状

（一）犯罪低龄化且犯罪性质恶化

表 2　近年来国内发生的青少年恶性案件

案件	施害者年龄	被害者年龄
重庆某女孩电梯摔婴	10 岁	1 岁
广东东莞女童因玩耍发生矛盾	11 岁	7 岁
浙江某女孩残忍杀害幼女	12 岁	3 岁
广西桂平某男孩杀死亲弟弟	13 岁	4 岁半
广西岑溪市沈某诱骗杀死儿童	13 岁	年龄为 4、7、8 岁的三姐弟
广东从化某少女掐死堂弟	14 岁	6 岁
福建某男孩打完女童将其勒杀	14 岁	8 岁
湖北十堰某柯某入室抢劫杀人	14 岁	20 岁
广东花都某女孩杀祖母	15 岁	六旬老人
安徽某男生奸杀女孩抛尸	16 岁	10 岁
北京昌平某男生奸杀女生	17 岁	16 岁
湖南沅江罗某杰杀害老师	16 岁	47 岁

根据最高人民法院 2018 年 6 月 1 日发布的未成年人权益司法保护和犯罪特点司法数据分析报告显示，我国青少年犯罪已占全国刑事犯罪总数的 70% 以上，未成年人中 14~16 岁年龄段所占比重正逐年提升，青少年犯罪的低龄化叠加恶性化正加速发展。

虽然未成年人犯罪数量总体下降，但犯罪低龄化现象突出，从犯罪年龄看，已满 16 周岁不满 18 周岁未成年人犯罪，占未成年人犯罪总人数的 85.04%；已满 14 周岁不满 16 周岁未成年人犯罪，占比 14.96%；未成年犯初中和小学文化程度占大多数，其中初中以下学历占 93%，高中或中专以上学历仅占 7%；未成年人犯故意杀人罪中，80% 以上罪犯集中在 14 岁和 15 岁。

（二）盗窃居未成年人犯罪首位

学习情境2

广东河源市紫金县蓝塘镇甘某和赖某两名初中生为了搞点上网费，潜入八旬文婆家中盗窃，被发现后将文婆残忍杀害。

甘某的奶奶76岁，算是文婆最好的朋友，所以文婆经常到甘某家坐客。事发前几日，文婆到甘某家闲聊时说到，香港亲戚知道自己的生日快到了，给她寄了几千块钱，这话被甘某听到后记在了心里。2017年3月6日，甘某和赖某潜进文婆家中准备偷钱，正在盗窃时，文婆从外面回到家。甘某和赖某就藏了起来。文婆找她养的猫时，发现了甘某和赖某。二人情急之下，用衣服将文婆的头包住，直到老人窒息死亡，事后盗得4000余元现金及其他财物。二人听说死者死亡前看到的东西会记录在瞳孔里，又残忍地拿打火机将文婆的眼珠烧毁。因怕被发现，二人竟学着影视片中的方法，用湿布将指纹擦掉，最后警方是从门把手下侧的一枚残留指纹发现了二人的踪迹。

随着社会的进步与发展，未成年人普遍早熟，在当今诸多未成年人犯罪中，作案动机明确、作案手法成人化的案件也趋向增多。

2016~2017年，全国法院新收未成年人犯罪案件中，犯罪类型相对集中，仍以侵犯财产罪、侵犯公民人身权利罪和妨害社会管理秩序罪为主，其中犯抢劫和盗窃罪的占未成年人犯罪总数的60%~80%。盗窃、抢劫轮流排在未成年人各类犯罪的第一位和第二位，排在第三位的一般是故意伤害、寻衅滋事或者强奸。近年来，犯罪类型逐渐呈扩展趋势，网络诈骗、金融合同诈骗和危害计算机网络安全犯罪等智力犯罪不断增加。

（三）校园暴力案件中涉寻衅滋事、聚众斗殴案件比例最高

　　学习情境3

2017年2月28日下午3点起，5名被告人在北京某职业学院内，对两名受害人实施了长达6个小时的欺凌，其中一名受害人被拍摄了羞辱殴打视频，被告人后将视频在自己微信群中传播。其中，5名被告人在欺凌过程中，让受害人叫"爸爸"，上述举动导致了1名受害人身体与心灵均受到创伤，截至案件宣判时，仍无法正常生活与学习。

校园本应该是一个充满阳光、温暖的地方，也应该是学生心中最安心的存在，可是这一起又一起的恶性事件发生，不仅给学生内心留在阴影，更让整个社会为之担忧。湖南数名女生在不到100秒的视频当中，掌掴另一个女生32个巴掌；重庆一名初二学生在厕所内被同学围殴，最后被刀捅死；山西一名15岁少年在网吧被6名同学打了4个小时后死亡；身穿北京延庆二中校服的学生在厕所的蹲坑旁，用手抓起坑内的粪便，他捂着脸，对着镜头外的人说着"饶了我吧"，仍遭遇脏话辱骂、敲打……各种暴力犯罪事件如同病毒，在未成年人的心里互相传染。似乎每个班级里总要有一个人被欺负，如果你不去欺负别人，也许之后就会轮到自己，这种"集体意识"的存在，让"恶行"一旦发生就会表现出不加掩饰的纯粹和残酷。

在校园暴力案件中被告人与被害人往往没有什么实质的矛盾。"被告人觉得心情不爽，随意选择的被害人"，事发时被害人的一个举动便成了被告人实施凌虐的"导火

索"。

2016年5月，最高人民法院对2013~2015年各级法院审结生效的100件校园暴力刑事案件进行了梳理，校园暴力犯罪案件涉及的罪名相对集中。针对人身的暴力伤害比例最高，其中，故意伤害罪占57%，故意杀人罪占6%，寻衅滋事罪占10%；性侵、侵财犯罪各占12%，聚众斗殴罪与绑架罪分别占2%、1%。

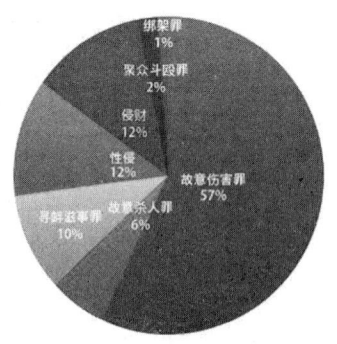

图7 2013~2015年校园暴力刑事案件发生概况

（四）未成年人犯罪以男性为主，但在部分地区未成年女性犯罪比例有增高现象

学习情境4

小林是那种在人堆里一眼就可以被看到的女孩，大大的眼睛，洗得发白的囚服把脸庞衬托得越发的白皙，是那种江南女孩姣好的面容。如果不是在未成年犯管教所里遇到小林，很难把她和犯人联想到一起，更无法想象她曾经参加组织卖淫团伙。小林小学毕业，有一个哥哥，由于父母长期在外做生意，一直与阿姨一起生活，平时因无人管教，与社会上闲散人员接触频繁，很少回家，最后干脆离家出走，后来被卖淫团伙的头目利用，参与组织卖淫，被判有期徒刑11年。

未成年人心智不成熟，极易冲动，再加上法治观念淡薄，很容易犯错而不自知。很多未成年犯的无知导致了被别人利用，在教唆和诱惑下伤害了别人，自己也成为受害者。

一些少女开始涉足过去由男性"一统天下"的某些违法犯罪，利用其"性角色"作案。大部分涉案未成年人都处于青春叛逆期，或是出于好奇心，或是因交友不慎，容易被犯罪团伙利用。有的团伙为了控制犯罪人使用毒品、谈恋爱等方式，往往使女性未成年人越陷越深，走上犯罪的不归路，毁了自己一生。

（五）我国未成年人重新犯罪率增高

学习情境5

2004年7月，黑龙江省通河县13岁的男孩赵某强奸了同村14岁女孩。受害者家长报警，但警方认为这位孔武有力的男孩不满14周岁，不用承担刑事责任，立即将其释放，只是责令其家长或者监护人加以管教。次年，法庭对受害者家长提起的民事诉讼作出判决：被告人向受害者赔偿 9021 元，由其法定监护人履行，几天后，有了法律启蒙的赵某对判决怀恨在心，将受害者母亲杀害。

2016 年广州番禺一名涉嫌奸杀 11 岁女童的 19 岁男子被媒体曝出，他未成年时就曾掐死过同村 4 岁男童，因未满 14 周岁免于刑事处罚。后来他又捅伤了一名 6 岁女童，准备将其扔河里淹死时被村民发现（女童被评定为 10 级伤残）。

违法犯罪的青少年，既有可塑性强、易于改造的一面，同时也存在较大的反复性，如在看守所、监狱的"交叉感染"，使其学会更多的犯罪"技术"，因此对其行为的矫正注定是一个长期且反复的过程。

对于 14 周岁以下犯罪的，一律不能处以刑罚——其所犯罪行性质、恶劣程度、社会危害一概不论。这是法律为了保护没有独立思考能力，如果犯罪有更大被改造空间的 14 周岁以下孩子，以方便他们日后更好地融入社会……但是在司法实践中，有些未成年人把"14 周岁"当了免责金牌。近年来，我国未成年人心智成熟越来越早，犯罪行为低龄化趋势凸显，甚至有些未成年人抱有"犯罪要趁早"的想法。对此不少学者和专家认为，应当降低刑事责任年龄。公安部在 2017 年初的《治安管理处罚法（修订公开征求意见稿）》中，将我国未成年人的责任年龄改为 14 周岁。

现在的法学界主流观点倾向于保护人权、贯彻人道主义思想，法律面前人人平等，即便是犯罪嫌疑人，也应当有《宪法》赋予他们的人权，未成年人心智不成熟，遇事易冲动，应该给予他们改过自新、重归社会的机会。目前公民尚未形成法治意识，道德依然是大众看待事件的普遍标准，守法公民的人权比起罪犯的人权更应当予以保护。此时，若谈论犯罪嫌疑人的人权，大家是很难理解和接受的。

所以，当未成年人——一个受法律保护的群体——利用法律给予他的保护横行霸道，却不能受到应有的惩罚，大家无法接受，甚至质疑法律，呼喊修正。

其实，法律的意义并非在于惩戒，而是对每一个主体的尊重。未成年人犯罪的根源在于家庭、在于学校、在于社会，除了谈论《未成年人保护法》，更应该谈论未成年人犯罪对应体系的构建，应该谈论如何从预防和事后的拯救出发，构筑一个健全、完整的未成年犯罪对应体系。

由此看来，降低刑事责任年龄、使用更加严厉的刑罚来震慑和预防未成年人犯罪的提议是不科学的。未成年人的身心发展状况与成年人是完全不同的，降低刑事责任年龄、严厉惩戒的措施不仅违背了我国宽严相济的刑事政策，而且忽视了刑罚运用的主要目的。其实质是将作为底线的刑法滥用为管理未成年人的手段措施，为解决未成年人的暴力犯罪问题而草率地将国家可实行的最严厉的法律手段不分情况地施加于未成年罪犯之上。

这种严厉的打击和震慑手段当然能够在短期之内起到一定的作用，但是从长远来看，惩罚为主、以暴制暴，其造成的后果是不堪设想的。未成年人犯罪与其缺乏家庭教育和学校教育、缺乏正常的社会联系纽带、较差的家庭经济状况等一系列因素有关联，种种环境因素的影响加上未成年人其自身的个体原因所引起的犯罪，如果单纯地使用降低刑事责任年龄、处以较重刑罚去解决问题，那么意味着刑法将未成年人与成年人做了同等看待，这对于辨认控制能力尚不及成年人的未成年人来说是极不公正的。修改刑事责任年龄，未成年人犯罪率并不会因此降低，届时一定会有一个数据变化，那就是未成年人罪犯的人数会增加。

简单粗暴不是解决一切问题的良药，可能在短时间内有效，但是治标不治本。

项目二　未成年人犯罪的原因

未成年人思想单纯，对事物的分析判断能力较差，自我控制能力不强，在外界条件的刺激下易怒，行为不计后果。未成年人在实施犯罪行为前鲁莽行事，犯罪后仍然意气用事，不能对自己的行为及后果做出正确的判断，手段往往非常残忍，造成这样的状况是多方面的。

一、未成年人犯罪的个体因素

学习情境6

小王（15岁）与小常（13岁）是中学同学，并发展为恋爱关系。交往过程中，小王明知小常不满14周岁，仍然与她发生性行为并致其怀孕。小王带小常去做人流时，两人因费用过高发生争执，结果不欢而散，他们的恋爱关系随之结束。随着时间推移，小常怀孕的事情被家人发现，她说出真相后，家人报警。依据《刑法》规定，与不满14周岁的幼女发生性行为构成强奸罪，小王因此被判处刑罚。

未成年人在成长过程中出现错误在所难免，并且对于大多数青少年来说都只是阶段性的。但是正是因为成人社会长期以来对其生存权、发展权、受保护权、参与权等基本权利的漠视，才导致了他们成长过程中的错误没有得到纠正，出现严重偏差。

11~17周岁的未成年人正处于少年时期，该阶段是由儿童期向青年期过渡的年龄阶段，外国学者称之为心理断乳期。正处在成长发育阶段，生理发育很快，但心理发展却比较慢，在思想上表现为不成熟性，容易走向歧途；并且易受到外界感染、刺激，产生感情冲动，走向极端。一旦实施犯罪要么行凶杀人、严重伤害，要么暴力抢劫，犯罪手段恶劣，都带有一定程度的疯狂性。

二、未成年人犯罪的家庭因素

学习情境7

2013 年 2 月 17 日，李某等 5 人在海淀区一酒吧与 18 岁的女子杨某喝酒，后使用殴打、恐吓等手段将杨某带至宾馆，以为杨某醒酒为由，开房后 5 人在违背被害人意愿的情况下，先后与杨某发生性关系。

李某家庭条件优越，父母在教养李某时，当李某犯错时，父母出于溺爱，极力为其解决后续麻烦、对其纵容，而这种过度保护没有使他养成该有的责任感、控制力和判断力。

根据北京一中院发布的《未成年人案件综合审判白皮书》中数据显示：有超过 1/3 的未成年人罪犯来自父母离异、父或母一方过世、父或母一方下落不明或者父母双亡的家庭。在被判处 7 年以上有期徒刑的未成年犯中，来自单亲家庭或父母双亡的家庭占 50% 以上。缺少来自父母的关心和爱护，是未成年人走向犯罪道路的关键因素。家庭是一个人最早的学习、生活的场所，在不健全的家庭里，子女往往得不到应有的父母之爱，遭受到疏远、冷漠或怨恨，幼小的心灵一旦受到伤害，容易形成病态性格，继而产生不良行为。

三、未成年人犯罪的学校因素

学习情境8

2017 年 11 月 12 日，湖南沅江鲍某作为高三 1502 班班主任将高考励志短片向学生播放，并要求学生写观后感。罗某拒绝，鲍某表示不想写就转班，然后回到了办公室。三五分钟后，罗某走出教室。罗某很快又回到教室。校服上有几处血渍，右手拿着刀，他走到鲍某的女儿面前，说了一句："我把你爸爸给杀了"，随即跑了出去。

罗某在接受警方讯问时，谈及杀人原因，回答"一时冲动"。

学校注重学生的成绩，而忽视了学生的心理问题，以至于像罗某这样的事件发生得毫无预兆。这暴露了学校教育的失败。

《预防未成年人犯罪法》中明确规定了教育行政部门和学校的预防未成年人犯罪责任，由于受到升学考试制度的导向，有的学校教育片面强调学生的升学率，将全面教育演变成应试教育。学校对其在未成年人犯罪预防中应起的作用认识不到位，德育教育、法治教育流于表面、形式。学生无法从学校获取系统必要的关于法律法规、道德观念的知识，也没有主动意识和时间去学习法律知识，由此难以避免对法律底线的逾越。

四、未成年人犯罪的社会因素

学习情境9

小苏因父母常年在外打工，被父母从农村老家送到太原上学，但他由于缺少父母管教，经常逃课泡网吧。其间，他被一些黄色网站"污染"，后来便时常在手机上寻找一些不健康内容，导致精神萎靡，每天无精打采。2017年7月，无所事事的小苏路过一居民小区时，遇到一名打扮艳丽、面容姣好的女子，便尾随女子进入电梯，持刀威胁对该女子实施了猥亵。小苏逃离后，女子及家人向警方报案。没过几天，小苏再次窜至小区寻找作案目标时，被居民认出并抓获。法院认为，小苏的行为已构成强制猥亵罪，对他判处拘役5个月，缓刑10个月。

小苏的父母从未对孩子进行生理知识的教育，对正处于青春期的青少年来说，对异性充满好奇，而辨别能力尚未成熟，且无法抵御网络带来的负面影响，最终走上了犯罪道路。

在信息和网络极其发达的今天，小说、漫画、影视剧、微博等让未成年人每天接触到这个纷乱世界良莠不齐的信息，我国缺乏分级制度，很多色情、暴力等负面的信息极深地影响着未成年人。许多未成年人由于受不良影视、手机网络文化的影响，沉迷于各种暴力游戏等。而长期浸淫于这种不良文化氛围中，未成年人就会过多吸收其中传递的错误信息，产生社会化的偏向，使他们的行为失去准则，从而导致各种违法犯罪行为发生，直至转化为犯罪心理。

项目三　未成年人的犯罪预防途径

学习情境10

赵某某系南京某职校学生，酷爱网络技术，并加入有关QQ群向他人拜师学习，期间结识施某某、岳某某。2011年4月至5月，被告人赵某某会同施某某，利用黑客技术攻破某购物网站，从中窃取了共计6000余条信用卡信息。后二人将信用卡信息提供给岳某某，并由施某某、岳某某出售给方某某等人。事后赵某某获利共计人民币2万余元。案外人持凭借上述信用卡信息伪造的信用卡在上海消费时被抓获。2011年9月28日，被告人赵某某被公安人员抓获。

法院经审理认为，被告人赵某某犯罪时已满16周岁不满18周岁，依法减轻处罚；到案后能如实供述，依法应当从轻处罚；在审理时能自愿认罪，酌定从轻处罚。被告人赵某某在犯罪后有积极悔罪表现，在观护帮教期间表现良好，得到所在学校的充分肯定，并继续自己的学业，宣告缓刑不致对其所居住社区有重大不良影响，可依法对其宣告缓刑。

　　判决生效后，法院与公检法司召开联席会议，决定共同对该被告人探索进行辖区第一例未成年人的轻罪封存，为其放下包袱继续学业打下良好基础。鉴于赵某某在网络方面学有所长但需要加强引导的情况，法院法官与某市有关网络安全技术部门联手，多次赴南京对其进行帮教，引导其利用所学知识运用到网络安全技术服务上来。缓刑考验期间，法院在有关部门支持下，安排其到某知名网络公司进行实习，帮助其不断提高技术水平。赵某某在缓刑考验期，发现国内知名网站存在安全漏洞，并提交报告至相关部门及时进行弥补，因此，两次获得中国网络安全协会颁发的奖励证书。

一、自我预防

　　从未成年人自身入手，应该在日常生活和学习中，处处遵守国家法律、法规、社会公德和社会公共规范，如尊老爱幼、礼貌待人、爱护公共财物，从小养成良好的品行，抵制各种不良思潮和不良行为的影响和诱惑，树立自尊、自律、自强的人生态度，树立正确的世界观、人生观和价值观。

二、家庭预防

　　家庭是未成年人成长和接触社会的第一环境，家长是孩子的第一任老师，家庭预防是未成年人犯罪预防的重要组成部分，是未成人犯罪预防体系的第一道基础防线。父母需要不断提高自身修养，以身作则，营造良好的家庭教育环境。父母应当重视孩子早期的思想道德教育，不仅要给予物质上的帮助，同时要在精神上和行为上引导，特别要注重青春期子女的正确教育。

三、学校预防

　　学校教育质量的高低关系到一个人能否成材，对人的一生影响重大。学校从思想根源上预防未成年人违法犯罪，教育未成年人成为一个知法、懂法、用法、守法的公民也是学校的责任。

　　教育内容全面性是青少年健康成长的基础，学校教育在注重知识教育的基础上，还应进行包括青春期教育、性教育、心理教育、法制教育等全方位内容，把教书和育人结合起来；建立家庭与学校、家长与教师联动机制，有利于整合学校教育和家庭教育的优势，弥补学校教育和家庭教育的不足，有效降低未成人犯罪的可能性；在学校，教师承担着教育和保护未成年人的职责。

四、社会预防

　　未成年人能否健康成长与社会风气、社会环境的优劣直接相关，建立健全社会调查、法庭教育、社会观护、心理干预、犯罪记录封存等有关制度；提高和发展社会经济、文化和国民整体素质，建立未成年人保护和教育的协调机构，建立健全市场经济体制的法律体系，完善社会治安防范网络，强化治安管理，依法加强对未成年人犯罪分子的教育改造，切实降低累犯、再犯率。

五、司法预防

司法机关广泛宣传刑罚的目的是预防犯罪，贯彻针对未成年犯罪"教育、感化、挽救"的工作方针和"教育为主、惩罚为辅"的原则。执法机关建立追踪回访考察制度，建立帮教体系，对判处刑罚的青少年采取确定专人帮教，定期考察，对后进青年、轻微违法犯罪的未成年人做好教育挽救工作，做好失足未成年人的帮教工作。刑罚的主要目的在于预防犯罪，因此对于未成年罪犯最好的结果是通过适当的教育改造使其走上正确的道路不致再次犯罪，使其能够回归社会、回报社会，这就需要将曾经促成其犯罪的因素通过教育的手段来扭转，而非生硬地套用刑法制裁，否则刑罚结束后的释放可能成为下一次犯罪的开始，不仅没达到目的反而得到与预期截然相反的结果。

复杂的社会问题既然出现，其原因必定不会单一。粗暴地采用惩戒或者仅简单地施行教育实际上都无法从根本上遏制、解决未成年人犯罪的问题。未成年人犯罪问题的根源在于各项社会管理措施的缺位，只有依靠科学有效的社会常态化管理，才能真正起到实效。

项目四　未成年人的犯罪预防体系构建

一、科学完善立法活动与法律的修改

1. 法律创制不仅仅要考虑到未成年罪犯这一层面，也要考虑到因此类犯罪而遭受法益侵害的受害者群体，要将二者同时纳入法律所要规制、保护的范围之内。

2. 法律的修改不仅仅考虑到实体法的修改，也要考虑到有关程序法的修改。

3. 法律创制的目的不仅仅在于犯罪后的惩罚应对，还要注重犯罪前的预防教育，即不仅要着眼于《刑法》《治安管理处罚法》等法律修改，更要重视《未成年人保护法》《反家庭暴力法》《教育法》《预防未成年人犯罪法》等法，甚至要重视《广告法》《广播电视管理条例》《出版管理条例》《娱乐场所管理条例》等有关联的法律法规。

4. 立法（这里指广义的立法）应当切合地方的实际情况，地方性法规、地方政府规章可以在不违背《立法法》的前提下灵活变通，以确保国家法律运行能达到最优效果。

二、建立与法律法规相配套的社会管理体系

1. 建立完备的社会规范体系与当前的法律法规相衔接。这个社会规范体系应当包

括学校规章制度、营业性歌舞厅以及其他未成年人不适宜进入的场所针对未成年人设立的禁止性规定、影院和广播电视台等演播单位内部的有关管理办法等一系列社会规范体系。

2. 探索建立家庭、学校之外的未成年人社会教育机构管理体系。将青少年活动中心、博物馆、文化宫等机构充分利用起来，加强对未成年人的法制教育、公民教育、心理健康教育、亲情教育等一系列教育。

3. 建立与社区矫正部门相配套的相关社会团体和民间组织以及社会志愿者管理体系，使得未成年人的社区矫正工作，真正落到实处、起到实效。

三、切实追究相关人员、相关单位的法律责任

1. 切实追究直接违反与未成年人犯罪相关法律法规的人员、单位的法律责任。

2. 对玩忽职守的国家机关工作人员追究法律责任。

法律责任的追究通常由有关的政府行政主管部门或司法机关来执行，如果这些机关单位的国家工作人员玩忽职守，对违法行为视而不见，那么所有的法律规定都将沦为一纸空文，所以有必要严肃追究其作为管理者、监督者、执法者的法律责任。

四、落实各项监督工作

既然未成年人犯罪问题需要在法治的框架下得到解决，那么必定少不了法律监督的存在。法治的解决方案，实际上是给这套常态化的管理体系一个运作的法律依据和程序规范，并给其设定一个明确的法律底线，将问题的解决制度化和明确化，在这套框架和体系之下精确地划分权力与责任，明确所有相关人和单位其法定义务的范围，应对未成年人犯罪这一问题是国家治理体系和治理能力的一个缩影。

拓展阅读

日本第一个未成年人死刑案例

1999 年 4 月 14 日，日本的山口县光市发生一件残忍的凶杀案。23 岁的本村洋先生于晚间 7 点左右下班回家，发现大门没有锁。进了家门之后，四处不见妻子跟 11 个月大的女儿夕夏的踪影。家里一片凌乱，不安的本村洋先生找寻妻女的踪迹。最后在收纳棉被的柜子里面，发现妻子半裸而且已经变僵硬的尸体。本村洋先生马上报警，警察抵达之后，在收纳柜最上层的地方，发现用塑胶袋包着，当时才 11 个月大的夕夏的尸体。

1999 年 4 月 18 日，警方逮捕当时刚满 18 岁又 1 个月的少年（日本法律规定 20 周岁为成年）。根据犯人的供述，他于 4 月 14 日当天下午 2 点左右，乔装成排水管检查的工人，按门铃顺利进入被害人家中。目的只有一个——强奸被害人。少年将本村弥

生压在身体下面，可是遭到被害人激烈的反抗。少年于是动手掐死被害人，被害人弥生窒息死后，加害者的少年用事先准备好的胶带将被害人双手捆绑，并在口鼻处也黏上胶带（预防被害人"万一"苏醒），对死去的被害人进行尸奸。当时11的月的婴儿夕夏一直在妈妈的旁边哭泣不休，少年将婴儿抛往别处，可是婴儿还是挣扎哭着，往已死去的母亲遗体处爬去。兽性大发的少年怕婴儿的哭声引起邻人的注意而坏了他的好事，于是将哭闹不止的夕夏从母亲遗体旁边拉开，重摔地面数次之后再用绳索勒毙。虽然加害的少年当时未满20岁，可是所犯的案情残忍重大，山口县的少年法庭决议将全案移交山口地检署审理。

第一次开审议庭时，本村洋先生抱着妻女的遗照出庭，却被法官阻止。法官的考量是被害者的遗照会影响加害少年的心理和情绪。是的，你没有看错，当时主审的法官确实是这么说的："因为被害者的遗照会影响加害者的心理情绪"。开庭时，福田孝行穿着拖鞋进入法庭。辩护律师推推他的手示意，福田这才对着被害人家属的方向鞠躬，说了一句：真是对不起，我做了无法宽恕的事。这句"对不起"，成为之后法官认定犯人"已经有悔改意思"的参考。杀了两个人，只要事后表现出"我很抱歉"的样子，就代表有悔改，然后就可以得到宽恕。本村洋先生不断跟法官抗议。最后，法官准许他带遗照进去，条件是必须用黑布将照片盖住才可以。当时一审判决是无期徒刑。但日本并没有真正的无期徒刑。尤其当时的少年受少年法保护，至多关押七八年（表现良好的话）就可以出狱。当时被告的辩护律师，竟然在法官下了无期徒刑的判决时，对着旁听席的被害家属，比了一个"胜利"的手势。本村洋先生在判决之后召开记者会："我对司法很绝望。原来司法保护的是加害人的权益，司法重视的是加害人的人权。被害者的人权在哪儿？被害家属的权益在哪儿？如果司法的判决就是这样，那不如现在就把犯人放出来好了，我会亲手杀了他。"

记者会结束之后，本村先生走进担任本命案的检察官办公室。检察官吉田先生戴着银框眼镜，个性沉稳内敛。平时给人一种酷酷的感觉的吉田先生，突然以愤怒颤抖的声音对着本村先生说出自己的想法，这突然的举动让本村先生屏息。吉田检察官说："我自己也有个年幼的女儿，无法想象有人可以狠心到，将一个还不会走路却拼命爬往母亲身旁的婴儿，抓起来往地面重击然后残忍杀害。如果司法对这样的人无法做出严重的惩戒，那还要司法做什么？我绝对不认同这样的审判结果！你若屈服于这样的审判结果，以后这个案子就会成为法官判案的基准。我绝对不容许！就算是我的上司持反对意见，我也要控诉到底。就算失败一百次我也要试第一百零一次。本村先生，让我们一起为推动司法改革而奋战吧！"吉田检察官的这番话，让本村先生的脑海里第一次浮出"使命"这两个字。为了不让妻女宝贵的生命就这样白白地牺牲，本村先生决定，他要扛起改变司法的使命。走出吉田检察官的办公室之后，本村先生从宇部机场搭飞机前往东京羽田机场，参加日本朝日电台的热门新闻节目现场演出。自从"使命"这两个字浮现在脑海之后，本村先生决定透过电视传播媒体向一般社会大众表达自己的主张，让社会大众更加了解犯罪被害者的心境以及犯罪被害者在司法前受到的不平等待遇。当天晚上 10 点半，本村先生准时出现在节目上。脸上的表情已经没有中午开记者会时的激动，他已经意识到自己的使命，所以他冷静客观地对着全国观众诉说："在现今的刑事诉讼法中，就我知道的范围之内，关于被害家属权利的部分，什么都没有。不但没有权利这两个字，就连被害家属可以做什么也完全没有提及。现状是这样的：国家独占了刑罚权，居于强势位置的国家（政府）裁决处于弱势地位的被告人（人民），所以对于处于弱势地位的被告人（人民），有着许多法规保障被告人（人民）的权利。可是在这样的体系之中，完全将受害者及其家属摈弃在外，今天我带妻女的遗照出庭，也被阻止。"本村的诉求，很快就得到正面的回应。当时的总理回答记者的提问时说："法律对于无辜受害者的救济跟保障很显然是不够的。身为政治家的我们，对本村的情境跟诉求不容忽视！"在回应的 11 天后，总理因为脑梗塞紧急送医、不幸于 5 月 14 日逝世。可是在他过世前两天，《犯罪被害者保护法》《改正刑事诉讼法》《改正检察审查会法》这三个法案在国会全数通过。检察官不服第一审无期徒刑的审判，决定继续上告广岛高等裁判所（法院）。2002 年 3 月 14 日，广岛高等裁判所将检察官对被告求处极刑的控诉驳回。理由是："犯人当时才刚满 18 岁又 1 个月，思想尚未成熟，顾及被告未来还有无限的可能性。对于将来，不能论定犯人完全没有更生的概率，所以驳回检方死刑的控诉，维持无期徒刑的判决。"二审虽然又被法院驳回，可是检察官还是不屈不挠，决定继续上诉最高裁判所（法院）。检察官得知被告在狱中曾经寄出几封信件给外面的友人，于是挨家挨户地查访，终于探访到寄出信件的收件人，并且得到收件人（被告友人）的同意，取得被告亲笔书写的信件。对于自己犯下的强奸杀人罪，被告福田孝行是这么写的："不过就是一只公狗走在路上，碰巧遇到一只可爱的母狗，公狗自然而然地就骑上去了……这样也有罪吗？"

　　被告福田孝行因为法律的保障，国家有义务提供替他辩护的律师，费用由国家全数支出。特别值得指出的是，这次福田被告的辩护律师并非由国家提供，而是民间的律师团体自愿出任。本案上诉到最高法院时，被告福田孝行的辩护律师由原来的两人（自愿担任）增加为 21 位，规模之大，堪称世纪辩护律师团。这些辩护团律师成员们正是所谓的人权拥护者，以废除死刑为最大的使命以及任务。第一、二审时，被告福田对于犯罪的经过以及对受害人的杀意完全没有否认也没有争论的地方。可是到了最高法院开庭公审，福田被告的辩护律师从原本的两人改成 21 位辩护律师团之后，突然全盘否定之前的供述。辩护团的主任律师指出，在他接见被告时，被告向他宣称，当时他对受害人本村弥生以及本村夕夏并无杀意。之所以没有在一、二审的时候提出，是因为被告当时的主张并没有被采纳。世纪辩护团提出以下的主张：被告福田的母亲是自杀身亡，被告因为渴望母爱，希望被母亲拥抱的欲望过于强烈，才会在见到被害人时情不自禁地抱紧被害人，最后造成被害人死亡的遗憾。被告并非出于强奸目的而侵入民宅，而是想求取失去的母爱。至于被害人死后还对被害人尸奸的行为，世纪辩护团的律师是这样辩解的：因为被告福田认为，只要将精子送入被害人的体内，被害人就会起死回生。所以死后对遗体的性行为并非污辱遗体，而是一种起死回生的仪式。至于用绳索勒毙夕夏小妹妹也不是心存杀意。因为夕夏妹妹一直哭泣，福田被告想让夕夏妹妹停止哭泣，所以在她的脖子上绑上蝴蝶结而已。世纪辩护团律师的结论是：被告并非故意强奸杀人而是伤害致死。检方因为想让被告被处死刑，所以把被告塑造成十恶不赦的形象。检方提供福田被告寄给友人的信件做为证据。对照一审跟二审法官认为被告未来仍然有无限的可能性以及被告已经有悔改之意的说辞与福田被告寄出信件的内容，无疑是一大讽刺。

2008 年 4 月 22 日，法官对被告一方的辩护主张全面否定，宣判福田被告因恶行重大处以死刑。此时距离命案发生时已经过了 9 年。

死刑宣判后的记者会上，本村先生并没有任何"胜利"的喜悦。2002 年审下了无期徒刑的判决时，本村先生曾经这样说过："死刑的意义在于，让一个犯了杀人罪的犯人，诚实面对自己犯下的错误，从心里反省自己的误行，决心将自己剩余的人生用来赎罪并对社会做有意义的奉献。一个本来十恶不赦的坏蛋，最后可能会脱胎换骨变成真诚努力的善人。可是，国家社会却要夺去这位，已经重生的'善人'的性命。很残忍，很冷酷，是不是？是的！无情的夺取他人宝贵的生命的确是很残忍的一件事。相对的，这个时候犯人才会真切地体会到，被自己残忍杀害的人，他们的生命也是这样的无价。死刑存在的意义不是报复手段，而是让犯人可以诚实面对自己所犯的恶行的方式。"

二审被判无期徒刑时，福田本身也很清楚，大概七八年之后就可以假释出狱。写给友人的信件当中，充满了侮辱被害人以及其家属的言论，其中还有藐视司法的部分："这世界终究是由恶人获胜的"，"七八年之后，等我出狱时，你们要举办盛大的 party 欢迎我啊！"可是在被判死刑之后，福田终于意识到自己犯下的罪的严重性，开始写信表达自己的忏悔。

很遗憾，有些人只有在自己的生命受到威胁时，才会了解生命的尊严及意义。

实训项目

1. 根据本单元内容，请给身边的一位未成年朋友，或者有未成年人的家庭，一些预防未成年人犯罪的忠告、建议，送出对未成年人的关爱。

2. 如果要参加未成年人犯罪预防宣传的支教活动，应当从哪些方面展开活动？请制定一份未成年人犯罪预防的策划书。

参 考 文 献

1. ［美］路易丝·谢利著，何秉松译：《犯罪与现代化——工业化与城市化对犯罪的影响》，中信出版社 2002 年版。

2. ［荷］W. A. 邦格著，吴宗宪译：《犯罪学导论》，中国人民公安大学出版社 2009 年版。

3. ［意］贝卡利亚著，黄风译：《论犯罪与刑罚》，中国法制出版社 2002 年版。

4. ［意］恩里科·菲利著，郭建安译：《实证派犯罪学》，中国人民公安大学出版社 2004 年版。

5. 张敏发、刘洪主编：《犯罪学原理与实务》，中国政法大学出版社 2015 年版。

6. 张卓：《攻击与暴力犯罪的神经心理学研究》，中国政法大学出版社 2014 年版。

7. 李林、田禾主编：《中国法治发展报告 NO. 12（2014）》，社会科学文献出版社 2014 年版。

8. 张远煌主编：《中国未成年人犯罪的犯罪学研究》，北京师范大学出版社 2012 年版。

9. 李明琪主编：《犯罪学理论与实务教程》，对外经济贸易大学出版社 2012 年版。

10. 康树华编著：《新中国犯罪学研究形成与发展》，北京大学出版社 2011 年版。

11. 康树华、张小虎主编：《犯罪学》，北京大学出版社 2011 年版。

12. 张远煌等：《犯罪学专题研究》，北京师范大学出版社 2011 年版。

13. 王牧主编：《新犯罪学》，高等教育出版社 2010 年版。

14. 张旭、单勇：《犯罪学基本理论研究》，高等教育出版社 2010 年版。

15. 吴宗宪：《西方犯罪学史（第 1-4 卷）》，中国人民公安大学出版社 2010 年版。

16. 杨燮蛟：《现代犯罪学》，浙江大学出版社 2010 年版。

17. 李明琪主编：《西方犯罪学概论》，中国人民公安大学出版社 2010 年版。

18. 张弘主编：《犯罪预防学》，中国人民公安大学出版社 2004 年版。

19. 张可创主编：《犯罪学的实证研究方法》，广西师范大学出版社 2009 年版。

20. 张小虎主编：《中国犯罪学基础理论研究综述》，中国检察出版社 2009 年版。

21. 李锡海：《现代化与犯罪研究》，中国人民公安大学出版社 2009 年版。

22. 魏平雄、赵宝成、王顺安主编：《犯罪学教科书》，中国政法大学出版社 2008 年版

23. 周良沱：《犯罪学群论》，中国人民公安大学出版社 2007 年版。

24. 张小虎主编：《犯罪学研究》，中国人民大学出版社 2007 年版。

25. 许章润主编：《犯罪学》，法律出版社 2007 年版。

26. 王娟主编：《犯罪学概论》中国政法大学出版社 2007 年版。

27. 康树华：《当代中国犯罪主体》，群众出版社 2005 年版。

28. 康树华、张小虎主编：《犯罪学》，北京大学出版社 2004 年版。

29. 张旭：《犯罪学要论》，法律出版社 2003 年版。

30. 黎国智、马宝善主编：《犯罪行为控制论》，中国检察出版社 2002 年版。

31. 刘强编著：《美国犯罪学研究概要》，中国人民公安大学出版社 2002 年版。

32. 张远煌：《犯罪学原理》，法律出版社 2001 年版。

33. 吴鹏森编著：《犯罪社会学》，中国审计出版社 2001 年版。

34. 皮艺军：《犯罪学研究论要》，中国政法大学出版社 2001 年版。

35. 郝英兵："2000-2008 年中国犯罪现象分析"，载《中国人民公安大学学报（社会科学版）》2010 年第 1 期。

36. 靳高风："2010 年中国犯罪形势与刑事政策分析"，载《中国人民公安大学学报（社会科学版）》2011 年第 2 期。

37. 靳高风："2011 年中国犯罪形势与刑事政策分析"，载《中国人民公安大学学报（社会科学版）》2012 年第 2 期。

38. 靳高风："2012 年中国犯罪形势与刑事政策分析"，载《中国人民公安大学学报（社会科学版）》2013 年第 2 期。

39. 靳高风："2013 年中国犯罪形势分析及 2014 年预测"，载《中国人民公安大学学报（社会科学版）》2014 年第 2 期。

40. 吴笛："严格履行审判职责依法严惩毒品犯罪——近年来人民法院禁毒工作综述"，载《人民法院报》2014 年 12 月 12 日，第 3 版。

41. 马亚雄、张广宇："应激型杀人犯罪行为形成机制研究——药家鑫故意杀人犯罪行为的个案分析"，载《中国人民公安大学学报（社会科学版）》2013 年第 3 期。

42. 宋浩波："中国古代的犯罪研究及犯罪学在中国的发展"，载《法治研究》2011 年第 8 期。

图书在版编目（ＣＩＰ）数据

犯罪预防/齐霞，许戈垠主编. —北京：中国政法大学出版社,2019.2（2023.1重印）
ISBN 978-7-5620-8826-4

Ⅰ．①犯… Ⅱ．①齐… ②许… Ⅲ．①预防犯罪－教材 Ⅳ．①D917.6

中国版本图书馆CIP数据核字(2019)第036108号

出 版 者　　中国政法大学出版社

地　　址　　北京市海淀区西土城路 25 号

邮　　箱　　fadapress@163.com

网　　址　　http://www.cuplpress.com（网络实名：中国政法大学出版社)

电　　话　　010－58908435(第一编辑部) 58908334(邮购部)

承　　印　　固安华明印业有限公司

开　　本　　787mm×1092mm　1/16

印　　张　　13.25

字　　数　　267 千字

版　　次　　2019 年 2 月第 1 版

印　　次　　2023 年 1 月第 2 次印刷

印　　数　　3001~6000 册

定　　价　　38.00 元